汉语脞论

Hanyu Cuolun

陈明富　张鹏丽　著

全国百佳图书出版单位
ARTIME 时代出版传媒股份有限公司
时代出版 黄山书社

图书在版编目(CIP)数据

汉语脞论 / 陈明富，张鹏丽著.—合肥：黄山书社，2014.12

ISBN 978-7-5461-4872-4

Ⅰ. ①汉…　Ⅱ. ①陈…　②张…　Ⅲ. ①汉语-文集　Ⅳ. ①H1-53

中国版本图书馆 CIP 数据核字(2014)第 282122 号

出 品 人　任耕耘
责任编辑　周振华　郑　程
装帧设计　钱志刚
出版发行　时代出版传媒股份有限公司(http://www.press-mart.com)
　　　　　黄山书社(http://www.hsbook.cn)
地址邮编　合肥市蜀山区翡翠路 1118 号出版传媒广场 7 层 230071
印　　刷　合肥锐达印务有限责任公司
版　　次　2014 年 12 月第 1 版
印　　次　2014 年 12 月第 1 次印刷
开　　本　880mm × 1230mm　1/32
字　　数　300 千
印　　张　11.25
书　　号　978-7-5461-4872-4
定　　价　59.00 元

服务热线　0551-63533706
销售热线　0551-63533761
官方直营书店(http://hsssbook.taobao.com)

目 录

汉 字

训 诂

词 汇

语 法

方 言

辞 书

其 他

汉 字

“甪”音义及相关考

“甪”字不常见，一般人较陌生，不过喜欢旅游者如去过苏州，也许听说过那里的古镇“甪直”。汉语词汇中，除了“甪直”外，还有“甪里”、“甪堰”、“甪端”等几个。“甪端”为神兽名，“甪直”、“甪里”、“甪堰”均用作地名，其中“甪里”又可以做复姓。这些词语主要见于《汉语大字典》、《汉语大词典》、《辞源》、《现代汉语词典》等辞书。

那么“甪”什么读音？什么意义？何时开始出现呢？考察发现，至迟元代起即有关于“甪”的记录，如《古今韵会举要·屋韵》：“甪，兽角挺。”[1]又《字汇·用部》：“甪，兽名。”“甪，卢谷切。”[2]《正字通》：“甪，角字之讹。”[3]《汉语大词典》：“甪，lù，《字汇》卢谷切。”[4]《辞源》：“甪，《字汇》卢谷切，音六。‘角’字本有‘禄’音，或省作‘甪’。”[5]可见，“甪”本卢谷切，即今音 lù，直音读作“六”（读为 lù）或“禄”。

同时从《辞源》可知，“甪”本为“角”字，“角”本有“禄”音，“甪”是“角”后来省笔而产生的[6]。也就是说“甪”为“角”的别字。这种说法可靠吗？依据何在？“角”又是何时省作“甪”的呢？先来看看“甪”与“角”有没有音义关系。《汉语大词典》中“角”有四个注音：jiǎo，《广韵》古岳切，入声，觉韵，见母；jué，《广韵》古岳切，入声，觉韵，见母；lù，《广韵》卢谷切，入省，屋韵，来母；gǔ，《字汇补》古酷切。[7]“角”在《广韵》中的确有三个读音。《广韵·屋韵》：“角，卢谷切。”“角里先生,汉时四皓名,又音觉。”《广韵·觉韵》:“角,古岳切,又古孝切。”[8]即今音 jiǎo、jué、lù。《字汇补》“古酷切”(gǔ)的“角”专作象声词“角角”。看来,“角”确有“禄”音。“jiǎo”、“jué”、“lù”三音之间什么关系?“角”为何本有“禄(lù)”音呢?“角”之今音“jiǎo”与“jué”在《广韵》中均为“古岳切,入声,觉韵,见母”,所以这两个音属于“古岳切”之一声之转。“角”之“jiǎo”、“jué”音在《广韵》中为“觉韵,见母”,在上古为见母屋部,而“角”之“lù”音在《广韵》中为“屋韵,来母”,在上古为来母屋部,见母为牙音,来母为半舌音,两者发音有时是可以相通的,因而“角”之“lù”音与“jiǎo”、“jué”音也为一声之转。关于“角”有“禄”音,《辞源》还提供了一条有力的佐证,即对“角里”的解释:“角里,汉初隐士。商山四皓之一。《史记·留侯世家》‘顾上有所不能致者,天下有四人’《索引》引《陈留志》:‘角里先生,河内轵人,太伯之后,姓周名术,字符道,京师号曰霸上先生,一曰角里先生。’唐李匡乂《资暇集》上:‘汉四皓,其一号角里,角音禄。今多以觉音呼,乖也。是以《魏子》及孔氏《秘记》、荀氏《汉纪》,虑将来之误,直书禄里,可得而明也。’”[9]“角”有“禄”音又见《汉语大字典》对“甪”作姓氏的解释:“甪,姓,又作‘角里’,复姓……《史记·留候世家》司马贞索引引《陈留志》作‘角里先生’,又引孔安国《秘记》作‘禄里’。”[10]“角”之“禄”应为俗音。

“甪”由“角”之“禄”音(即六,lù)变化而来,已经没有疑义了,不过两者在意义上是否有关系呢?《汉语大词典》对“甪”(lù)的解释为:“甪里:1. 古地名。在今江苏省吴县。明王载《登莫厘峰》诗:‘徘徊犹在东山顶,恍惚烟岚甪里招。’参见‘角里’。2. 即角里先生。唐李匡乂《资暇录》:‘汉四皓,其一号甪里。’清归庄《甪里先生祠》诗:‘洞庭西麓黄叶村,甪里荒祠千载存。’”[11]又《汉语大字典》:“甪,姓,又作‘角里’,复姓。《通志·氏族略三》:‘甪氏,亦作甪里氏。汉初商山四皓有甪里先生,以其所居在甪里。后汉有甪若叔者,其后也。’按:《史记·留侯世家》司马贞索引引《陈留志》作‘角里先生’,又引孔安国《秘记》作‘禄里’。”[12]又《辞源》:“甪里:汉初隐士。商山四皓之一。《史记·留侯世家》‘顾上有所不能致者,天下有四人’《索引》引《陈留志》:‘角里先生,河内轵人,太伯之后,姓周名术,字符道,京师号曰霸上先生,一曰甪里先生。’”[13]可见,“甪里”即“角里”,地名,又可作姓氏。“甪”即“角”(禄音),为“角”(禄音)的别字。可能由于“角”是多音字,读“禄”音的“角”常被误读为觉,所以后来就干脆用省笔的别字“甪”来替换“角”(禄音),这样“角”的多音问题就解决了。正如《正字通》:“甪,角字之讹。”[14]其实这也是汉语在古代汉语双音化程度不高的时代自我积极调节的结果。

“甪”最早什么时候出现的呢?从考察来看,至少在汉初就已经出现,汉以前尚没发现,汉以后多有使用。《汉语大字典》:“甪,姓,又作‘甪里’,复姓。《通志·氏族略三》:‘甪氏,亦作甪里氏。汉初商山四皓有甪里先生,以其所居在甪里。后汉有甪若叔者,其后也。’”[15]《辞源》:“甪里,复姓。东汉有甪里若叔。见《续通志》八八《氏族》八。”[16]《汉语大词典》:“甪,指甪里先生。元柳贯《三月十日观南安赵使君所藏书画古器物》诗:‘绮园甪夏四神坐,刻字寸许无葩䓫。’”[17]此处之“甪”即“汉初商山四皓”之甪里先生。《汉书·王吉传》:“汉兴,有园公、绮里季、夏黄公、甪里先生,此四人者,当秦之世,避而入商雒深山,以待天下之定也。”[18]《抱朴子内篇·至理》:“良本师四皓,甪里先生绮里季之徒,皆仙人也。”[19]刘禹锡《酬令狐相公见寄》:“身在行台为仆射,书来甪里访先生。”李德裕《伊川晚眺》:“汉储何假终南客,甪里先生在谷中。”温庭筠《春日访李十四处士》:“花深桥转水潺潺,甪里先生自闭关。”[20]等等。“甪”与“角”(禄音)可能有过一个混用的过程。《辞源》:“甪里,汉初隐士。商山四皓之一。《史记·留侯世家》‘顾上有所不能致者,天下有四人’《索引》引《陈留志》:‘角里先生,河内轵人,太伯之后,姓周名术,字符道,京师号曰霸上先生,一曰甪里先生。’”[21]《陈留志》,晋江敞撰,说明晋时,“角里先生”有时也可写作“甪里先生”。《汉语大词典》亦有相似记载:“甪里先生……明胡侍《真珠船·古人名字人少知者》:‘角里先生姓周,名术,字符道。’按,《史记·留侯世家》唐司马贞索隐作‘角里先生’。”[22]

“角”虽然早在汉初就已经出现并使用,但“角”进入辞书却是很晚的事情,从现有的资料来看,直到明代梅膺祚的《字汇》才收录“角”字,之前的《说文解字》、《玉篇》、《集韵》、《广韵》等都未收录,就连《说文》段注都未加提及。究其原因,主要是“角”为“角”的别字,属异体字,俗字,所以没能及时进入辞书之中。

最后讨论一下“角”为什么多用作地名。这与“角”、“角”的意义关系密切。《周礼·地官·泽虞》“以时入之于玉府”郑玄注:“谓皮角珠贝也。”贾公彦疏:“角,麋角。”《淮南子·原道》:“羽翼奋也,角觡生也。”高诱注:“角,鹿角也。”《说文·角部》:“角,兽角也。象形,与刀角相似。”[23]《玉篇·角部》:“角,兽角上骨出外也。”[24]《广韵·觉韵》:“角,芒也,竞也,触也。”[25]可见“角”最初是指一般的兽角,又可特指鹿角、麋角。语音方面,“禄”与“鹿”在《广韵》里的读音均为卢谷切,入声,屋韵,来母,上古均为屋部,来母。段玉裁《说文解字注》:“角,古岳切,三部,按旧音如縠,亦如鹿。”[26]“角”(禄音)写作“角”后,仍表兽义,也可特指鹿。《古今韵会举要·屋韵》:“角,兽角挺。”[27]《字汇·用部》:“角,兽名。”[28]《汉语大词典》:“角,传说中的兽名。”[29]《汉语大字典》:“角,兽名。”[30]可见不论是“角”(禄音)还是“角”,都与兽义有关,还可特指“鹿”或“鹿角”等,而鹿类动物在古人心中是一种吉祥之物。如神兽麒麟就是鹿身、牛尾、马蹄、鱼鳞之物,主要像鹿。鹿在古代还常比喻政权或执政者,如《史记·淮阴侯列传》:“秦失其鹿,天下共逐之。”裴骃集解引张晏曰:“以鹿喻帝位也。”《文选·扬雄〈解嘲〉》:“往昔周网解结,群鹿争逸。”李善注引服虔曰:“鹿喻在爵位者。”词语“鹿女”、“鹿玉”、“鹿皮翁”、“鹿弁”、“鹿行锦”、“鹿门人”[31]等都说明了鹿在古人心中为一种吉祥的瑞兽。基于这样的心理,“角”用作地名的原因就很好理解了。如“角直”命名一说源于经过此地的一种神兽“角端”,“角端”外形似麒麟(麒麟又像鹿),因而“角直”的名字含有吉祥及风水宝地之意。《汉语大词典》:"甪端,传说中的神兽名。"[32] 此说虽有神化色彩,但确有道理,今天"甪直"古镇上还矗立着"甪端"的石雕。另据清彭方周《吴郡甫里志》记载,"甪直"原名为甫里,因镇西有"甫里塘"而得名,最初并不叫"甪直"。后来由于镇东有许多直港河道穿行而过,这些河道俯视形状如"甪"字,因而变名为"甪直"。此说恐有些牵强。

除"甪直"外,"甪"用作地名还有"甪里"、"甪堰"等词。《汉语大词典》:"甪……地名用字。古代有甪里。现代有甪直,在江苏省;甪堰,在浙江省。"又"甪里,古地名。在今江苏吴县西南。"[33]《辞源》:"甪直,镇名。在江苏吴县东,接昆山县界。"[34]《现代汉语词典》:"甪直,地名,在江苏。""甪堰,地名,在浙江。"[35] 关于人名和姓氏之词"甪里",《汉语大词典》:"甪里,指甪里先生。"[36]《辞源》:"甪里,汉初隐士,商山四皓之一……复姓,东汉有甪里若叔。"[37]《现代汉语词典》:"甪里:1. 古地名,在今江苏吴中西南。2. 姓。"[38] 用作人名和姓氏之"甪里"实际是地名之"甪里"的延伸,在语义上是有关联的,正如《汉语大字典》:"汉初商山四皓有甪里先生,以其所居在甪里。后汉有甪若叔者,其后也。"[39] 即为佐证。

综上所述,"甪"为"角"(禄音)之后起别字,至少在汉初就已出现。"角"音由"古岳切"变为"卢谷切"(甪音),实为一声之转。由于"甪"可指鹿等瑞兽,因而"甪"多用于地名和神兽名,"甪"表人名与姓氏是地名的延伸。由于"甪"为俗字,因而辞书收录较晚。

注释:

[1][27](元)黄公绍、熊忠撰,《古今韵会举要》,北京:中华书局,2000 年版。

[2][28](明)梅膺祚撰,《字汇》,上海:上海辞书出版社,1991 年版。

[3][14](明)张自烈撰,《正字通》,北京:中国工人出版社,1996 年版。

[4][7][11][17][22][29][31][32][33][36]罗竹风主编,《汉语大词典》,上海:汉语大词典出版社,1986—1993 年版。

[5][6][9][13][16][21][34][37]商务印书馆编辑部等编,《辞源》(修订本),北京:商务印书馆,1988 年版。

[8][25]周祖谟撰,《广韵校本》,北京:中华书局,2004 年版。

[10][12][15][30][39]徐中舒主编,《汉语大字典》(缩印本),成都:四川辞书出版社、武汉:湖北辞书出版社,1993 年版。

[18]王先谦撰,《汉书补注》,北京:中华书局,1983 年版。

[19]王明撰,《抱朴子内篇校释》(增订版),北京:中华书局,1985 年版。

[20]黄钧等校点,《全唐诗》,长沙:岳麓书社,1998 年版。

[23][26](汉)许慎撰,(清)段玉裁注,《说文解字注》,上海:上海古籍出版社,1988 年版。

[24](南朝·梁)顾野王撰,《原本玉篇残卷》(影印本),北京:中华书局,1985 年版。

[35][38]中国社会科学院语言研究所词典编辑室编,《现代汉语词典》,北京:商务印书馆,2005 年版。

(原载《汉字文化》2012 年 01 期,陈明富)

“花”作孩童义考

——兼析“花”之字形及语义演变

“花”是古今汉语中较为常见的词语,属常用词之一。“花”的意义多为花朵、开花等含义,也可比喻如花的事物,如水花、美女等。但“花”也有一些特殊的含义,如《金瓶梅词话》第七回:“这婆子守寡了三四十年,男花女花都无,只靠侄男侄女养活。”第三十五回:“去年东门外一个大庄屯人家,老儿六十岁,见居着祖父的前程,手里无碑记的银子，可是说的牛马成群，米粮无数，丫鬟侍妾成群，穿袍儿的身边也有十七八个。要个儿子花看样儿也没有。"《歧路灯》第四十一回："难说跟前没个儿花女花，熬什么呢？"这里的"男花女花"、"儿花女花"即男孩女孩之义，"儿子花"即小男孩之义。可见，"花"有"孩童"之义。关于"花"表"孩童"之义，大型语文辞书大多漏收，如《康熙字典》[1]、《辞源》[2]、《汉语大字典》[3]、《故训汇纂》[4]、《现代汉语词典》[5]等均未收录，仅在《汉语大词典》[6]中见到释义："花，指小孩。《儒林外史》第十七回：'黄公中了一个进士，做任知县，却是三十岁上就断了弦，夫人没了，而今儿花女花也无。'"从"花"的常用义来看，很难看出与"孩童"义之间有什么必然联系。

那么，"花"是如何有"孩童"之义呢？本文主要探讨这一问题。通过对文献和训诂资料的梳理和分析，我们认为，"花"之"孩童"义是由"花"的最初意义逐步引申演变而来的。

首先来看"花"的字形，《说文》[7]中并无"花"字，但有"华"字。从训诂学及文字学的角度看，"花"即古"华"字，如《论语·子罕》："唐棣之华。"皇侃疏："华，花也。"[8]《尔雅·释畜》"黄白杂毛，駓。"郭璞注："今之桃华马。"[9]陆德明释文："华，本亦作花。"又《释草》："华，荂也。"[10]《说文·华部》"华"字段玉裁注："华，俗作花，其字起于北朝。"[11]《广雅·释草》："花，华也。"[12]《文选·张翰〈杂诗〉》："黄华如散金。"刘良注："华，花也。"又《江淹〈杂体诗三十首〉》："清池映华簿。"张铣注："华，花也。"又《王融〈三月三日曲水诗序〉》："紫脱华，朱英秀。"吕向注："华，花也。"[13]《玉篇·草部》："花，今为华、荂字。"[14]《资治通鉴·隋纪五》："素冠练衣，焚香持华。"胡三省注："华，读曰花。"[15]《康熙字典》引《唐韵古音》："花字自南北朝以上不见于书，晋以下书中间用花字，或是后人改易。"[16]《辞源》："古草木之花作'雩'，荣华之华作'䔢'，隶变混为一字作'华'，别造'花'字。其字起于北朝，前此书中花字，出于后人所改。"[17]可见，"花"即古"华"字的俗字，根据段玉裁的说法，应该起于北朝。“华”又为“荂”，关于“华”与“荂”的关系，《尔雅》和《方言》均有阐释，《尔雅·释草》：“华，荂也。”郭璞注：“今江东人呼华为荂。”[18]《方言》卷一：“华、荂，晠也。齐楚之间或谓之华，或谓之荂。”[19]“荂”即“华”的方言俗字。总之，“花”即“华”的后起俗字，有时也可写作“荂”，“荂”即“华”的方言俗字。

既然“花”为“华”的后起俗字，因而探讨“花”的意义应结合“华”来分析。“华”的最初意义是什么呢？《尚书·益稷》：“山龙华虫。”孔安国传：“华，象草华。”[20]《诗经·小雅·皇皇者华》：“皇皇者华。”朱熹集传：“华，草木之华也。”[21]《管子·地员》：“其种大华细华。”尹知章注：“华，草名。”[22]《尔雅·释草》：“华，荣也。”又“木谓之华，草谓之荣。”《大戴礼记·曾子疾病》：“夫华繁而实寡者，天也。”王聘珍解诂：“华，草木华也。”[23]《说文·华部》：“华，荣也。从草从𠌶。凡华之属皆从华。”[24]又《木部》：“荣，桐木也。”[25]《后汉书·张衡传》：“恃已知而华予兮。”李贤注：“华，荣也。”[26]《玉篇·华部》：“华，荣也。”[27]《正字通》：“花，草木之葩也。”[28]《辞源》：“花，花朵。”[29]《汉语大词典》：“荣，草木的花。”[30]可见，“华”最初指木之花，“荣”除指桐木外，又可指草之花，与“华”指木之花相对而言，后来“华”的词义扩大，“荣”的词义逐渐缩小，“华”将“荣”之草之花之义也一并揽在身上，这样，“华(花)”就有了“草木之花”的含义。

“花”由一般的草木之花，又可引申为像(草木)花朵一样的东西。如《汉语大词典》：“花，形状像花朵的东西。南朝梁简文帝《照流看落钗》诗：‘流摇妆影坏，钗落鬓花空。’白居易《睡后茶兴忆杨同州》诗：‘沫下曲尘香，花浮鱼眼沸。’清纳兰性德《生查子》词：‘短焰剔残花，夜久边声寂。’”[31]《现代汉语词典》：“(～儿)形状像花朵的东西：灯～儿|火～|雪～儿。”[32]

考察发现，人们在用花来形容和比喻事物的时候，往往表达一种亲切怜爱的情感，同时暗含一种小巧可人的潜在意义。如上面所举的“鬓～”、“灯～儿”、“火～”、“雪～儿”等，无不含有小的意思。

为什么会这样呢？因为在日常生活中，花是人们非常喜欢的事物，它不仅五颜六色，异彩纷呈，沁人心脾，而且能引人遐思，令人陶醉。人们对花总是爱不释手，赞不绝口。人们不仅游山玩水赏花，茶余饭后谈花，吟诗填词引花，甚至还将花比作君子、美人等。人们对花的喜爱可见一斑。爱不释手、赞不绝口的东西往往是小巧而美丽的，惹人喜爱的，更何况是花朵呢？这一点从人们对花的形容方式"一朵朵"、"一瓣瓣"、"一枚枚"等也不难看出。另外，从"花"的最初含义也不难看出其本身蕴含小巧之义，"花"最初指木之花，后来也可指草之花，无论是木之花或草之花，在现实中都是不大的，即使有一些花稍大一些，也往往是由若干小花构成，同时花朵又都是由若干小花瓣组成，因而花朵给人的印象总体上确实是小巧的。这样，人们在用花来形容或比喻事物的时候，除了一般含有美的意义外，还往往暗含小的潜在意义。

关于人们在用花来形容或比喻事物时含小义，我们不妨来详细考察一下由"花"所构成的系列词语。下面是《现代汉语词典》[33]中由"花"构成的一系列词语，我们来看一下《现代汉语词典》对它们是如何释义的，以求找出端倪。

灯花：（～儿）灯芯燃烧时结成的花状物。

钢花：飞溅的钢水。

火花：迸发的火焰：烟火冒出灿烂的～◇生命的～。

蜡花：（～儿）蜡烛点了一些时候之后烛心结成的像花一样的东西。

浪花：（1）波浪激起的四溅的水。（2）比喻生活中的特殊片段或现象。

泪花：（～儿）含在眼里要流还没有流下来的泪珠。

芦花：芦苇花轴上密生的白毛。

萝卜花：眼球角膜发生溃疡，好转后，在角膜上遗留下的白色瘢痕，俗叫萝卜花。

刨花：刨木料时刨下来的薄片，多呈卷状。

雪花:空中飘下的雪,形状像花,因此叫雪花。

血花:飞溅的鲜血。

腰花:(~儿)把猪或羊的腰子划出交叉的刀痕后切成的小块儿,供食用。

邮花:〈方〉邮票。

烛花:蜡烛燃烧时烛心结成的花状物。

花儿针:绣花用的细针。

花鼓:一种民间舞蹈,一般由男女两人对舞,一人敲小锣,一人打小鼓,边敲打,边歌舞。

花絮:比喻各种有趣的零碎新闻(多用做新闻报道的标题):大会~|球场~。

从以上涉“花”系列词语不难看出,它们都暗含有“微小”、“细微”、“细小”等“小”义。

既然有这种潜在意义存在,这样,“花”就可以逐步引申出“小”义来。对于“花”之“小”义,一些语文辞书有收录。如《新华字典》:“花,某些细嫩的东西:蚕花。鱼花。”[34]《辞源》:“花,物之微细者。清李调元《南越笔记》十‘鱼花’:‘(鱼)子曰花者,以其在藻荇之间若花。’又方言凡物之微细者皆曰花也。亦曰鱼苗。”[35]《汉语大字典》:“花,指某些幼小细微的东西。如:鱼花;蚕花;猪花。”[36]《汉语大词典》:“花,指某些幼嫩细微的东西。”[37]又如明谢肇淛《西吴枝乘》:“吴兴以四月为蚕月……又有小虾亦以蚕时出,市民谓之蚕花。”清李海观《歧路灯》第二十五回:“灯里满注上油,壶内预烹上茶,面叶、豆花、炒米、莲粉、参汤儿都预备停当,候儿子醒了,好用。”清李宝嘉《官场现形记》第十三回:“后来连枕头底下,褥子底下,统通翻到,竟没有一点点影子花。”清屈大均《广东新语·鳞语·鱼花》:“南海有九江村,其人多以捞鱼花为业,曰鱼花户。”碧野《青山常在水长流》:“这孵化出来的鱼种,分为冬花和夏花。当各种小鱼花培育成大鱼花以后,就分类在浅水滩里用细网拦住饲养,稍大,放进深水湾里用大网拦住饲养。”这里所说的“鱼花”、“蚕花”、“猪花"、"豆花"等仅表物之小者,与"花"的本义或比喻义已经没有任何联系了。

说到这里,我们不能不说说《现代汉语词典》[38]的遗憾之处。《现代汉语词典》中已经收录了一些含"小"义的涉"花"词语,解释也完全正确,但遗憾的是在"花"的义项设置上居然丝毫没有提及"小"义。如其中对于"葱花"、"盐花"、"油花"及"鱼花"等的释义为:"葱花:(~儿)切碎的葱,用来调味。""盐花:(1)(~儿)极少量的盐:汤里搁点儿~儿。(2)〈方〉盐霜。""油花:(~儿)汤或带汤食物表面上浮着的油滴。""鱼花:鱼苗。"这里的"葱花"、"盐花"、"油花"及"鱼花"之"花"显然已引申为抽象的"小"义了,与"花"的本义及其比喻义无关,应该设为一个新的义项。

"花"表"小"义的时代及其流行情况是什么样的呢?从语料的考察来看,"花"至迟在明代就已有了抽象的"小"义。"花"表"小"义最初可能盛行于南方某些方言区,然后传到北方。《辞源》:"方言凡物之微细者皆曰花也。"[39]我们不妨来考察一下上文列举的几位作者的籍贯或早年生活区域,其中谢肇淛为福建长乐人,李调元为四川绵阳人,李宝嘉为江苏武进人(虽其生在山东,长在山东,但乡音的影响肯定是存在的),屈大均为广东番禺人,碧野为广东大埔人,他们均为南方人,只有李海观为洛阳人,属于北方。因而我们推测"花"表"小"义可能最初盛行于南方,然后波及北方,逐渐普遍起来。

"花"由物之"小"义,很自然地引申出人之"小"义,即表"孩童"、"小孩"义,由物及人,这是很顺理成章的事情。关于"花"表"孩童"义,本文开头说过,大多语文辞书都漏收这一义项,仅有《汉语大词典》[40]有收录。又如《金瓶梅词话》第十四回:"他今年五十六岁,男花女花都没,只靠说媒度日。"第五十八回:"玉楼叫平安儿:'你问他,你这后娶婆儿今年多大年纪了?'老子道:'他今年五十五岁了,男女花儿没有,如今打了寒才好些,只是没将养的,心中想块腊肉儿吃。老汉在街上恁问了两三日,白讨不出块腊肉儿来。甚可嗟叹人子。’”

那么“花”表“孩童”义是什么时候出现的呢？又是怎样流行的呢？从语料的考察来看，“花”表“孩童”义至少在明代《金瓶梅词话》时代就已经出现，主要盛行于明清时期。关于其流行路径，仅从本文语料收集来看，《金瓶梅词话》主要反映山东一带方言，《歧路灯》作者李海观为洛阳人，《儒林外史》作者吴敬梓为安徽全椒人，他们主要属于北方人，这说明明清时期“花”之“小”义在北方盛行以后，很快便有了“孩童”义。至于“花”作“孩童”义在南方的使用情况，在本文考察的语料中尚未发现，在此不能妄断。

总之，“花”即“华”的后起俗字，主要始见于北朝时期。“华”有时也可写作“荂”，“荂”即“华”的方言俗字。“花”表“孩童”义是“花”的语义逐步引申演变的结果，其演变轨迹为：木之花→草木之花→像花的东西→事物之微小者→孩童，小孩。其中，“花”表物“小”之义最初可能盛行于南方，然后波及北方，逐渐普遍起来。“花”表“孩童”义主要出现于明清时期，从语料考察来看，主要见于北方文献。

注释：

[1][16]（清）陈廷敬，张玉书等编撰，《康熙字典》，北京：中华书局，1958 年版。

[2][17][29][35][39]商务印书馆编辑部等编，《辞源》（修订本），北京：商务印书馆，1988 年版。

[3][36]徐中舒主编，《汉语大字典》（缩印本），成都：四川辞书出版社、武汉：湖北辞书出版社，1993 年版。

[4]宗福邦等主编，《故训汇纂》，北京：商务印书馆，2003 年版。

[5][32][33][38][40]中国社会科学院语言研究所词典编辑室编，《现代汉语词典》（第 5 版），北京：商务印书馆，2005 年版。

[6][30][31][37][40]罗竹风主编，《汉语大词典》，上海：汉语大词典出版社，1986—1993 年版。

[7][11][24][25](汉)许慎撰,(清)段玉裁注,《说文解字注》,上海:上海古籍出版社,1988年版。

[8](南朝·梁)皇侃撰,高尚榘校注,《论语义疏》,北京:中华书局,2013年版。

[9][18](晋)郭璞注,(宋)邢昺疏,王世伟整理,《尔雅注疏》,上海:上海古籍出版社,2010年版。

[10](唐)陆德明撰,张一弓点校,《经典释文》,上海:上海古籍出版社,2013年版。

[12](三国·魏)张揖撰,(清)王念孙疏证,《广雅疏证》,南京:江苏古籍出版社,2000年版。

[13](南朝·梁)萧统主编,(唐)李善等注,《六臣注文选》,北京:中华书局,2012年版。

[14][27](南朝·梁)顾野王撰,《原本玉篇残卷》(影印本),北京:中华书局,1985年版。

[15](宋)司马光主编,(元)胡三省注,《资治通鉴》,北京:中华书局,1956年版。

[19](汉)扬雄撰,《方言》,北京:中华书局,1985年版。

[20](汉)孔安国撰,《尚书正义》,上海:上海古籍出版社,2007年版。

[21](宋)朱熹撰,赵长征点校,《诗集传》,北京:中华书局,2011年版。

[22]黎翔凤撰,梁运华整理,《管子校注》,北京:中华书局,2004年版。

[23](清)王聘珍撰,《大戴礼记解诂》,北京:中华书局,1983年版。

[26](南朝·宋)范晔撰,李贤等注,《后汉书》,北京:中华书局,1997年版。

[28](明)张自烈撰,《正字通》,北京:中国工人出版社,1996年版。

[34]中国社会科学院语言研究所词典编辑室编,《新华字典》,北京:商务印书馆,1998 年版。

(原载《汉字文化》2010 年 06 期,陈明富)

“汩”之音义关系考

——兼论古书混淆“汩”“汨”字形之误

“汩”,《新华字典》注音为“gǔ”,释义为“水流动的声音或样子(叠)。”[1]《现代汉语词典》“汩”的注音也为“gǔ”,释义和例词分别为:“汩,(古)水流的样子。”“汩汩,形容水流动的声音。”“汩没,(古)埋没。”[2]在现代汉语中,“gǔ”是“汩”最常见的读音,词语“汩汩”是“汩”最常见的构词。在古汉语中,“汩”之音义并非在现代汉语中这么单纯。如《楚辞·离骚》:“汩余若将不及兮,恐年岁之不吾与。”王逸注:“汩,去貌,疾若水流也。”洪兴祖补注:“汩,越笔切。[3]《方言》云:疾行也,南楚之外曰汩。”这里的“汩”就不读“gǔ”,而是读“yù”。“汩”,“去貌”,“疾行也”。又《广雅·释诂》:“汩,疾也。”[4]《汉语大词典》中,除“gǔ”与“yù”外,“汩”还有一个读音“hú”。在古汉语中,“汩”较现代汉语中要复杂得多,不仅体现在“汩”的音义较多方面,还体现在“汩”各音义之间的搭配关系方面。另外,“汩”与“汨”之间的字形之误,也较复杂。

读音方面,《汉语大词典》“汩”音义有三:“yù,《广韵》于笔切,入质,云。疾行。”“gǔ,《广韵》古忽切,入没,见。治水。”“hú,《集韵》胡骨切,入没,匣。涌波。”[5]《广韵》没有“胡骨切”。[6]《集韵》没有“汩”字,只有“汨”字,“汨”的音读有四:“汨,胡骨切,入,没韵。涌波也。”“吉忽切,入,没韵。治也。一曰水声。”“[illegible],入,质韵,越筆切。《说文》水也,或作汨減。”“莫狄切,入,锡韵。《说文》:‘长沙汨罗渊屈原所沈之水’或作溟。”[7]从“汨”的反切用字与释义来看,

《集韵》中前三个"汩"的音读与《汉语大词典》是一样的,后一个为"汨罗"之"汨"(mì),《集韵》将"汩"与"汨"的字形完全混为一体。《康熙字典》:"汩,《唐韵》于笔切,《集韵》《韵会》越笔切,并音颱水流也。与𣲖同。"此处"汩"今音应读"yù";又"汨,(古文)淿《唐韵》《集韵》《韵会》《正韵》并莫狄切,音觅。《说文》长沙汨罗渊,屈原所沈之水。""又《广韵》《集韵》《韵会》《正韵》并古忽切,音骨。治也。汩作,书亡篇名。""又《集韵》《韵会》《正韵》并胡骨切,音搰。涌波也。"[8]从反切及释义可知,《康熙字典》中后三个"汨"读音中,第一个为"汨罗"之"汨"(mì),后两个"汨"实为"汩"之字误,《汉语大词典》中"汩"音"gǔ"与"hú"即分别为"古忽切"与"胡骨切"。《汉语大字典》"汩":"gǔ,《广韵》古忽切,入没见,术部。治水。""yù,《广韵》于笔切,入质云,术部。同'𣲖(𣲖)',水流。迅疾貌。""hú,《集韵》胡骨切,入没匣,术部。涌波。"[9]《辞源》"汩":"gǔ,《集韵》古忽切,入,没韵。治理,疏通。""yù,于笔切,入,质韵,于。迅疾貌。""hú,《集韵》胡骨切,入,没韵。"[10]《说文·水部》:"汩,治水也。从水曰声。于笔切。"[11]《说文》中"汩"只有一个读音"于笔切"。

从以上来看,各辞书对"汩"的注音不一,少则一个,多则三个,或者两个。这里面有个复杂的问题是古辞书对"汩"与"汨"的字形多有混淆,这一点直接影响"汩"的读音和意义的判定及归属。为了更好地分析"汩"的音义,我们首先来解决这个问题。"汩"与"汨"本来是读音意义不同的两个字词。关于"汨",《说文》的解释为"汨,长沙汨罗渊,屈原所沈之水。从水冥省声。莫狄切。"[12]《康熙字典》:"汨,《说文》长沙汨罗渊,屈原所沈之水。"[13]《汉语大字典》:"汨,《广韵》莫狄切,入锡明,锡部。水名。"[14]《汉语大词典》:"汨 mì,《广韵》莫狄切,入锡,明。水名。湘江支流。发源于江西省,流入湖南省,与罗水合流称汨罗江。"[15]"汩"的音义与"汨"是不同的,这一点从上文《说文》、《广韵》、《辞源》、《汉语大字典》、《汉语大词典》等对"汨"的释义就已经说明了问题。虽然"汩"与"汨"音义字形不同,但古书中常常将两者混淆,如上文《集韵》中就将"汩"

与“汩”统写作“汩”；又如《广韵》将“古忽切”之“汩”写作“汨”：“汨，汨没”；又如《康熙字典》虽有“汩”有“汨”，但还是将表“治”、“涌波”、“汩没”等义的“汩”写作“汨罗”之“汨”，如“《佩觿集》汨，莫的翻。汨罗江。又音骨，没也”。辞书尚且如此，更不必说一般古籍了，如《说文通训定声》：“《离骚》：‘汨余若将弗及兮。’注：‘去貌。’此‘汨’之误字，从‘曰’不从‘日’。”[16]“汩”与“汨”为何易淆呢？《辞源》：“‘汩’、‘汨’古义相近，篆变为隶，形又相混。古籍中从‘曰’从‘日’，常互通用。”[17]据《说文》，“汩”声符为“曰”声，“汨”声符为“冥”省声，即“日”。“曰”与“日”小篆差别明显，可是在隶书中则相差无几，因而极易混淆。加之古人字词概念区分不强，也多少影响了对字形“汩”、“汨”的辨别。

解决了“汩”、“汨”字形混淆的问题，再来看“汩”的音义情况。从上文分析来看，“汩”的读音，《说文》只有“于笔切”：“治水也。”而《集韵》、《广韵》、《辞源》、《康熙字典》、《汉语大字典》、《汉语大词典》（破除字形之误后）等综合反映的情况是“汩”有三个读音：“yù，于笔切，入质，云。”“gǔ，古忽切，入没，见。”“hú，胡骨切，入没，匣。”其中每个读音表示什么意义，三个读音之间又有何关系呢？首先来看“汩”之音义配合情况。《集韵》“胡骨切”：“涌波也”；“古忽切”：“治也，一曰水声”；“越笔切”：“《说文》水也。或作汨（汩之误）减”。[18]《广韵》“古忽切”：“汨（汩之误）没”；“于笔切”：“同‘𣲙’，《说文》曰‘水流也’”。[19]《康熙字典》“古忽切”：“音骨。治也。汨（汩之误）作，书亡篇名”“又水声”“又通也”“又乱也”“又汨（汩之误）没也”；“胡骨切”：“音搰。涌波也”；“于笔切”：“《唐韵》于笔切，《集韵》《韵会》越笔切，并音颶。水流也。与𣲙同”“又疾貌”“又净貌”“又汩越，光明貌”“又拂汩，鼓动之貌”。[20]《辞源》“古忽切”：“治理”“光洁貌”“扰乱”“沉沦”“象声词，汩汩，汩活，汩董”；“于笔切”：“迅疾貌”；“胡骨切”：“涌出的泉水”。[21]《汉语大字典》“古忽切”：“治水”“乱”“搅”“淹没”“水流声”；“于笔切”：“同‘𣲙’，水流”“迅疾貌”“光洁貌”；“胡骨切”：“涌波”。[22]《汉语大词典》"古忽切":"治水""扰乱""搅浑""沉迷""淹没""象声词,汩汩"等;"于笔切":"疾行""光洁貌""深水";"胡骨切":"涌波"。[23]

从以上音义关系来看,尽管各家对"汩"的释义总体差别不大,但对于"古忽切"、"于笔切"、"胡骨切"与各种解释的搭配关系则有一定龃龉之处。如同为"光洁貌"之义,《康熙字典》、《汉语大字典》等为"于笔切",《辞源》为"古忽切";同为"治"、"治水"之义,《集韵》、《康熙字典》等为"古忽切",《说文》为"于笔切"。这究竟是什么原因呢?这个问题得从"汩"的音韵入手。

《说文》只有"于笔切",后来除了"于笔切"外,又多了"古忽切"、"胡骨切"。通过考证发现,"于笔切"、"古忽切"、"胡骨切"实为一声之转之结果,"于笔切"、"古忽切"、"胡骨切"均为"于笔切"分化而来。这一点,段玉裁已有所发现,《说文解字注》:"汩,于笔切。十五部。俗音古忽切。训汩没、汩乱。"[24]"于笔切"的俗音为"古忽切",正说明它们之间的关系。具体来看,《汉语大词典》"汩"音:"yù,《广韵》于笔切,入质,云";"gǔ,《广韵》古忽切,入没,见";"hú,《集韵》胡骨切,入没,匣。"[25]又"汩,《集韵》胡骨切,入没,匣。涌波。《庄子·达生》:'吾始乎故,长乎性,成乎命。与齐俱入,与汩偕出,从水之道而不为私焉。'陆德明释文:'与汩,胡忽反。司马云:涌波也。郭云:回伏而涌出者,汩也。'"[26]可见,唐宋时"胡骨切"也即"胡忽反",即今音"hú"。三音均为入声,从韵来看,"于笔切"为"质"韵,"古忽切"为"没"韵,"胡骨切"或"胡忽反"为"没"韵。"质"韵的主元音为"e","没"韵的主元音为"ə",在元音舌位图上分别为"前半高不圆唇元音"和"央元音",这两个音的舌位很容易转换,如"汩"上古为"质"部,《广韵》为"没"韵。因而《汉语大字典》"汩":"《广韵》古忽切,入没见,术部。""《广韵》于笔切,入质云,术部。""《集韵》胡骨切,入没匣,术部。"[27]"于笔切"、"古忽切"、"胡骨切"均为"术"部,故其上古韵部是相同的。再看声纽,"于笔切"为"云"母、"古忽切"为"见"母、"胡骨切"为"匣"母。"云"即《广韵》的"喻三",根据曾运乾的研究,上古"喻三归匣",正好填补"匣"

母三等字之缺失，因而《广韵》“云”母实为上古“匣”母，“云”“匣”相通。如“彙”《广韵》为“于贵切，云未”，上古为“匣物”；“鸮”《广韵》为“于娇切，云宵”，上古为“匣宵”；“于”《广韵》为“羽俱切，云虞”，上古为“匣鱼”；“运”、“晕”、“韵”《广韵》为“王问切，云母”，上古为“匣文”；“筠”、“蒟”《广韵》为“为赟切，云真”，上古为“匣真”；“陨”、“殒”《广韵》为“王分切，云文”，上古为“匣文”，等等。“见”母和“匣”母上古也是可以相通的，“见”母为牙音，“匣”母为喉音，牙喉发音部位相近，容易相通。如“会”、“绘”上古为“见月”（依王力）[28]，《广韵》为“黄外切，匣泰”。有一些音，今天读音相同，古代却分属于牙喉二音，这也说明牙喉二音的相通性，如“系”、“係”今读相同，但古代“系”为“匣”母、“係”为“见”母；又“洽”、“恰”今音相同，但古代“洽”为“匣”母、“恰”为“溪”母。另外，从汉字谐声也可以看出牙喉音的相通性，如谐声字“胡”，其声符为“古”，“胡”上古“匣鱼”，《广韵》“户吴切，匣模”，而“古”上古“见鱼”，《广韵》“公户切，见姥”；谐声字“狐”，声符为“瓜”，“狐”上古“匣鱼”，《广韵》“户吴切，匣模”，而“瓜”上古“见鱼”，《广韵》“古华切，见麻”；谐声字“憨”，声符为“敢”，“憨”上古“晓谈”，《广韵》“呼谈切，晓谈”，而“敢”上古“见谈”，《广韵》“古贤切，见敢”；谐声字“鼾”，声符为“干”，“鼾”上古“晓元”，《广韵》“许干切，晓寒”，而“干”上古“见元”，《广韵》“古寒切，见寒”。从以上谐声字与其声符的声纽来看，牙喉音如“见”母、“匣”母在上古是完全可以相通的。[29]综上所述，“于笔切”、“古忽切”、“胡骨切”实为上古音一声之转。

“于笔切”、“古忽切”、“胡骨切”为一声之转，这只是从音韵学的角度分析的，在意义上，三音是否相同或相通呢？《说文·水部》：“汩，治水也。从水曰声。于笔切。”[30]《说文解字注》“汩，《天问》：‘不任汩鸿何以尚之？’王云：‘汩，治也。鸿，大水也。’引伸之，凡治皆曰汩。《书》序《汩作》。汩，治也。汩本训乱。如乱之训治。故《洪范》：‘汩陈其五行。’汩，乱也。上文淈训浊。而《释诂》云：‘淈，治也。’郭景纯云：‘淈汩同’”[31]《说文通训定声》：“汩，治水也，从水，曰声。”[32]可见“治水”义是“汩”之最初意义，“沉迷”、“疾行”、“水流”、“光洁貌”、“涌波”等都是“治水”义引申的结果。从意义角度，也可说明“于笔切”、“古忽切”、“胡骨切”实为一声之转。

“于笔切”、“古忽切”、“胡骨切”中，哪个音是最初的基本语音呢？《说文·水部》：“汩，治水也。从水曰声。于笔切。”[33]《说文解字注》：“汩，于笔切。十五部。俗音古忽切。训汩没、汩乱。”[34]可见，“于笔切”表“治水”义，应该是最初的基本读音，“古忽切”、“胡骨切”应为“于笔切”之俗音或方言变体。当俗音或方言变体使用长了，也可能代替原音以至于达到音变造词的效果。

对于“汩”，现代汉语中使用最多的就是双音词“汩汩”，表“水流声”。《文选·木华〈海赋〉》：“崩云屑雨，浤浤汩汩。”李善注：“浤浤汩汩，波浪之声也。”[35]“汩汩”今读“gǔgǔ”，即“古忽切”。其实，“gǔgǔ”最初只是俗音，其正音为“于笔切”，即“yùyù”。“汩汩”又同“𡿧𡿧”。王力《同源字典》：“jiet 汩，喻母，yù 音，同 jiet 𡿧。《方言》六：‘汩，疾行也。’注：‘汩汩，急貌也。’《华严经音义》下引《珠丛》：‘汩，流貌也。’《楚辞·九章怀沙》：‘汩徂南土。’注：‘汩，行貌。’又：‘分流汩兮。’注：‘汩，流也。’《广雅·释诂一》：‘汩，疾也。’《列子·汤问》：‘汩流之中。’殷敬顺曰：‘汩，疾也。’《文选·左思〈吴都赋〉》：‘汩乘流以砰宕。’刘注：‘汩，疾也。’《楚辞·离骚》：‘汩余若将弗及兮。’注：‘汩，去貌。疾若水流也。’”“《说文》：‘𡿧，流也。’按，在水流的意义上，‘汩，𡿧’实同一词。《广韵》：‘汩，同𡿧。’”[36]又《说文通训定声》：“𡿧，水流也，从川曰声。《广雅·释训》：‘𡿧𡿧，流也。’子史皆以汩为之。”[37]“汩汩”今天已约定俗成，不再读“yùyù”，而是统读为“gǔgǔ”了，实是俗音“古忽切”之今读。

综上所述，“汩”与“汨”是两个不同的字词，由于都与水有关，又加上篆书隶变的原因，古籍多有混淆。“汩”之三音“于笔切”、“古忽切”、“胡骨切”实为一声之转，其最初读音为“于笔切”，最初的基本意义为“治水”，“沉迷”、“疾行”、“水流”、“光洁貌”、“涌波”等义都是其引申的结果。“汩汩”,表“水流动的声音或样子”,本应读“于笔切”,即“yùyù”,由于受后来俗音“古忽切”的影响,已约定俗成读为“gǔgǔ”了。了解了“汩”音义特点,对于古代辞书中“汩”音义搭配龃龉的现象,也就不足为怪了。

注释:

[1]中国社会科学院语言研究所词典编辑室编,《新华字典》,北京:商务印书馆,1998 年版。

[2]中国社会科学院语言研究所词典编辑室编,《现代汉语词典》(第 5 版),北京:商务印书馆,2005 年版。

[3](宋)洪兴祖撰,《楚辞补注》,北京:中华书局,2002 年版。

[4][5][15][23][25][26]罗竹风主编,《汉语大词典》(第 5 卷),上海:汉语大词典出版社,1990 年版。

[6][19]周祖谟著,《广韵校本》,北京:中华书局,2004 年版。

[7][18](宋)丁度等编,《集韵》(影印本),上海:上海古籍出版社,1985 年版。

[8][13][20](清)陈廷敬,张玉书等编撰,《康熙字典》,北京:中华书局,1958 年版。

[9][14][22][27]徐中舒主编,《汉语大字典》(缩印本),成都:四川辞书出版社、武汉:湖北辞书出版社,1993 年版。

[10][17][21]商务印书馆编辑部等编,《辞源》(修订本),北京:商务印书馆,1988 年版。

[11][12][24][30][31][33][34](汉)许慎撰,(清)段玉裁注,《说文解字注》,上海:上海古籍出版社,1988 年版。

[16][32][37](清)朱骏声,《说文通训定声》,北京:中华书局,1984 年版。

[28]王力主编,《古代汉语》(第二册),北京:中华书局,1999 年版。

[29]郭锡良编,《汉字古音手册》,北京:北京大学出版社,1986

年版。

[35](南朝梁)萧统主编,(唐)李善等注,《六臣注文选》,北京:中华书局,2012 年版。

[36]王力著,《同源字典》,北京:商务印书馆,1982 年版。

(原载《河南科技大学学报》2013 年 04 期,陈明富)

训　诂

刘淇的虚词观与《助字辨略》的释词法

《助字辨略》，清人刘淇所撰。它是我国历史上第一部具有完整体例的虚词专著。全书共收虚词四百七十六个，并按四声对所收虚词分卷编次，依韵排列。同时类聚条析，讲解精当。《助字辨略》在体例和释义上有许多独到之处，对其后的虚词著作影响很大，是我国虚词研究史上的奠基之作。《助字辨略》在释词方面有许多独特之处，这也是作者虚词观的具体体现。

（一）刘淇的虚词观

文言虚词在古代汉语中占有重要的地位。我国研究文言虚词的历史十分悠久，可以上溯到春秋战国时期。自汉代到清代，古代学者在这方面取得了卓越的成就。关于古汉语虚词的特点与作用，我国古代学者早已注意并有所说明，如宋代陈骙《文则》说："文有助词，犹礼之有傧、乐之有相也。礼无傧则不行，乐无相则不谐；文无助则不顺。"楼暾《过庭录》中指出："文字之妙只在几个助辞虚字上……助辞虚字，是过接斡旋千转万化处。"清刘大櫆在《论文偶记》中说："……上古文字初开，实字多，虚字少。典谟训诰，何等简奥，然文法自量未备。至孔子之时，虚字详备，作者神态毕出。左氏情韵并美，文彩照耀。至先秦战国，更加疏纵。汉人敛之，稍归劲质。文必虚字备而后神态出，何可节损……"清袁仁林在《虚字说》中说："虚字者，语言衬贴，所谓语辞也。""凡书文发语、语助等字，皆属口吻;口吻者,神情声气也。”

由上可知,对于虚词特点、作用的分析解释,虽然不同的分析者有不同的说法,但他们大都能抓住其质,依据自己的感受和体验来注重说明的对象。

传统虚词研究的早期主要是围绕解读典籍来阐释虚词的,这是因为,在封建社会中,经传典籍是封建文化的主要组成要素,文人学士通晓经籍,阐发教义也就成为一种必需。就虚词研究而言,古人认为“经传中实字易训,虚词难释”。如果能把虚词问题解决了,“当不悖谬于经传矣”。(《经传释词·阮序》)而到了汉魏以后,则把为写诗作赋,做好文章服务作为虚词研究的另一个重要目的。关于这一点,前人在涉及虚词研究时都有明确的说明。胡长孺在给卢以纬《语助》作序时说:“庄左马班,手段固殊,韩柳欧苏,家数亦别,然资助于余声接字,同一律令,作文者不参乎此,其能句耶?”这里的“律令”就是虚词运用的规律,作文者不参乎这个“律令”,是不可能写好文章的。对此,刘淇在《助字辨略·自序》中讲得更为具体清楚:“构文之道,不过实字虚字两端,实字其体骨,而虚字其性情也。盖文以代言,取肖神理,抗坠之际,轩轾异情,虚字一乖,判于燕越,柳柳州所由发哂于杜温夫者邪!且夫一字之失,一句为之蹉跎;一句之误,通篇为之梗塞;讨论可阙如乎!”[1]刘淇在这里把文章比作一个人,认为实词就像人的身体骨骼,作为本体,是文句的主干;虚词就像人的性情,作为声气,是表达文句的神情。在刘淇看来,文言文的写作,最基本的就是要把实词虚词的用法掌握好,否则用错一字就谬之千里。从《自序》中可看出,刘淇的《助字辨略》重点是研究虚字表达性情方面作用的。当然,研讨虚字在文章中表达性情和语气方面的作用并不是刘淇之独创,而是前人早已有之的,如前面提到的陈骙、袁仁林等人的论述,都涉及了这方面,但他们的论述,都不如刘淇论述的准确详尽。

综上所述,我们可以说,刘淇是把自己的著作放在“构文之道”范围内的,这一点在刘淇《自序》结尾处表现得更为明确。刘淇写道:“大都古辞韵语,往体今言,义各有归,淆用斯舛,能自得之,庶几善变耳。他如辨体制,研风尚,溯流穷源,枝节分解,则有挚虞《文章流别》,刘勰《文心雕龙》之属,述之备矣,所不赘焉。”在这里,刘淇把《助字辨略》与挚虞的《文章流别论》和刘勰的《文心雕龙》并提,可见刘淇在撰写《助字辨略》时是从“构文”角度出发,重点阐述的是助字在构文中表达情感语气作用的,而这一点,是不同于王引之等人的著作的。《经传释词》、《词诠》共同的性质都是意在解释词语之义,使其意“明”而已,而刘淇除了从词义角度对虚词作解释之外,同时又从如何使用虚词的角度来研究虚词在文章中的表达作用。由此可见,“《助字辨略》不仅是一部语言文字学方面的著作,而且还是一部从‘助字’角度研究文章表达的文章学著作”[2]。

(二)刘淇解释虚词的方式

为了具体贯彻他的虚词观,刘淇在《助字辨略》一书中采用了许多独创而又灵活的释词法,其中所使用的释词方式主要有以下几种:

1. 正训:与“反训”相对,指用同义词来训释词语。

如:“疾”条下——“疾,急也。”

“翻”条下——“翻,反也。”

2. 反训:即用反义词来训释词语。如:

“苟”条下——“《论语》:‘苟志于仁矣。’朱注云:‘苟,诚也。’苟得为诚,故诚亦得为苟。诚与苟义相违而相通者,反训也。”

“方”条下——“张子平《南都赋》:‘方今天地之睢剌,帝乱其政,豺虎肆虐,真有革命之秋也。’……愚按:方今,犹云向时,不必以向属高,以今属光。方今得为向时者,反训也。”

3. 通训:即被训释词和训释词不是同一含义,只是某一方面词义相当,或引申可通,正如段玉裁所说的“义隔而通之”[3]。如:

“常”条下——“《高帝纪》:‘高祖常繇咸阳。’此常字,与尝通,犹云曾也。”

三

综上所述,《豳风·七月》中"猗彼女桑"之"女桑"应释为"柔长的小桑枝",其中"女"字含有"小"、"嫩"、"柔"、"弱"等含义。将"女桑"释为"荑桑"、"小桑"等虽形式简洁,但却语义模糊,不能充分准确地概括出诗经中"女桑"的含义和特点。古注中郑玄的解释相对较为合理。

在后世的典籍中,"女桑"多表"小桑树"之义。如枚乘《七发》:"女桑河柳,素叶紫茎。"王夫之《九昭》:"飘女桑之季叶兮,哀弱丧之便娟。"但这已经不是诗经"女桑"的最初含义了。

说明:

①见《汉语大词典》(第 4 卷)"女妻"、"女垣"、"女奚"、"女郭"条。

注释:

[1][20][26][27][31][35][36](汉)毛亨传,郑玄笺,(唐)孔颖达疏,《毛诗正义》,北京:北京大学出版社,1999 年版。

[2][14][28](宋)朱熹撰,赵长征点校,《诗集传》,北京:中华书局,2011 年版。

[3](清)马瑞辰撰,陈金生点校,《毛诗传笺通释》,北京:中华书局,1989 年版。

[4][10](晋)郭璞注,(宋)邢昺疏,王世伟整理,《尔雅注疏》,上海:上海古籍出版社,2010 年版。

[5](南朝·梁)萧统主编,(唐)李善等注,《六臣注文选》,北京:中华书局,2012 年版。

[6][21]商务印书馆编辑部等编,《辞源》(修订本),北京:商务印书馆,1988 年版。

[7][29][33]高亨著,《诗经今注》,上海:上海古籍出版社,1980 年版。

[8][15][23][39]罗竹风主编,《汉语大词典》,上海:汉语大词典出版社,1986—1993 年版。

[9][30][34][38]程俊英、蒋见元著,《诗经注析》,北京:中华书局,1991 年版。

[11](唐)陆德明撰,张一弓点校,《经典释文》,上海:上海古籍出版社,2013 年版。

[12][16][17](汉)许慎撰,(清)段玉裁注,《说文解字注》,上海:上海古籍出版社,1988 年版。

[13][32](清)陈奂疏,《诗毛氏传疏》,上海:上海古籍出版社,1995 年版。

[18](晋)韩康伯、(三国魏)王弼注,孔颖达正义,《周易正义》,北京:中国致公出版社,2009 年版。

[19](唐)李贺著,(清)王琦等注,《李贺诗歌集注》,上海:上海古籍出版社,1977 年版。

[22]徐中舒主编,《汉语大字典》(缩印本),成都:四川辞书出版社、武汉:湖北辞书出版社,1993 年版。

[24](唐)杨倞注,《荀子》,上海:上海古籍出版社,2010 年版。

[25]梁启雄注,《荀子简释》,北京:中华书局,1983 年版。

[37](清)俞樾著,《群经平议》,上海:上海古籍出版社,1995 年版。

[40](清)胡承珙笺,郭荃之点校,《毛诗后笺》,合肥:黄山书社,1999 年版。

(原载《西南交通大学学报》2011 年 02 期,陈明富,张鹏丽)

《诗经》"雨雪霏霏"及相关考辨

一

《诗经·小雅·采薇》:"昔我往矣,杨柳依依。今我来思,雨雪霏霏。”诗句用“杨柳”与“雨雪”两个对比鲜明的意象,含蓄地表达了战争给人们带来的创伤和痛苦,这两句可谓千古名句,历来为人们所称道。但学界对于其中“雨雪霏霏”一句尤其“雨雪”二字的理解,却多有纷争。

对于此处“雨雪”二字,多数注本、译本和教材都解释为“下雪”,如郭锡良《古代汉语》:“雨(旧读 yù)雪:下雪。雨,动词。”[1]聂石樵《诗经新注》:“雨(yù),降下。”[2]袁世硕《中国历代文学作品选》:“雨(yù),落,下。”[3]也有作模糊处理的,如高亨《诗经今注》没有对“雨雪”作阐释,只对“霏霏”作了注释:“霏霏,形容雨雪之密。”[4]从对“霏霏”的注释来看,高亨应该是将“雨雪”理解为名词“雨”和“雪”。也有虽然将“雨雪”解释为“下雪”,但在对诗句意义进行阐发时却又出现了矛盾的情况,如程俊英、蒋见元《诗经注析》:“雨雪,下雪。雨,作动词用。霏霏,雪花纷飞貌。按诗人以杨柳代春,雨雪代冬,以具体代抽象,不自觉地运用了借代修辞,加上摹形叠词依依、霏霏,使读者产生形象逼真的美的感受。”[5]“雨”既然有动词“下”之义,“雨雪”就是一个代表动作的抽象的东西,而不是“具体”的作为名词的“雨雪”,因而此处似有矛盾。也有不注或漏注的,如徐中玉、齐森华主编的《大学语文》(简编本第八版)[6],不作注的原因也可能是与古人作“如字”处理类似,认为“雨”应为名词,否则是不应该不注的。看来,人们对于“雨雪”的理解实际上并不完全统一。

再看对于“霏霏”的释义,虽然学界对于“霏霏”的意思没有什么异议,但从具体的释义用语来看,还是有区别的。一种是将“霏霏”理解为形容“雪”貌的,如程俊英《诗经译注》:“霏霏,雪盛多的样子。”[7]朱东润《中国历代文学作品选》:“霏霏,雪大貌。”[8]聂石樵《诗经新注》:“霏霏,纷纷。”[9]这些注释中的“盛”、“盛多”、“大”等词都是形容词。另一种就是将“霏霏”理解为修饰动作“下”的状态的,如郭锡良《古代汉语》:“霏霏(fēi fēi):雪下得很大的样子。”[10]程俊英、蒋见元《诗经注析》:“霏霏,雪花纷飞貌。”[11]余冠英《诗经选》:“霏霏,雪飞貌。”[12]这些注释中出现了动词“下”、“纷飞”、

“飞”等词。对于“霏霏”的解释为什么会有这种潜在的区别呢？关键还是由于对于“雨雪”中“雨”的理解不同造成的，如果将“雨雪”中“雨”与“雪”均理解为名词，对于“霏霏”的解释就会出现第一种情况，如果将“雨雪”理解为动词“下雪”，对于“霏霏”的解释就自然会出现第二种情况。因而对于“雨雪”及“霏霏”的解释的关键在于对“雨”字的理解。

二

本文将从训诂学、语法学及《诗经》自身体例等角度来谈谈对于“雨雪霏霏”尤其是“雨”字的理解，兼析《十三经注疏》中对于《诗经》“雨雪”的相关解释。

在古代，“雨”除作名词外，还可作动词用，表示“下雨”、“下”等义，如《春秋·隐公九年》：“三月癸酉，大雨，震电。庚辰，大雨雪。”孔颖达疏：“雨，自上而隋，有似于雨。”[13] 又《文公三年》：“秋，楚人围江。雨螽于宋。”杜预注：“著于上，见于下，谓之雨。”[14]《集韵·遇韵》：“雨，自上而下曰雨。”《大字典》：“雨：降雨。”“雨，自上而下，像雨一样地降落。”其用例又如《诗经·小雅·大田》：“雨我公田，遂及我私。”《史记·仲尼弟子列传》：“他日，月宿毕，竟不雨。”《淮南子·本经》：“昔者苍颉作书，而天雨粟，鬼夜哭。”“雨”作动词是“雨”长期由名词活用作动词而导致语义固化的结果，“雨”作动词读“yù”。

在《诗经》中，除标题外，“雨”一共出现 33 次，同样作名词与动词两用。“雨”作名词如《曹风·下泉》：“芃芃黍苗，阴雨膏之。”《郑风·风雨》：“风雨凄凄，鸡鸣喈喈。”《鄘风·定之方中》：“灵雨既零，命彼倌人。”《小雅·斯干》：“风雨攸除，鸟鼠攸去，君子攸芋。”又《甫田》：“以御田祖，以祈甘雨。”作动词如《邶风·谷风》：“习习谷风，以阴以雨。”《卫风·伯兮》：“其雨其雨，杲杲出日。”《豳风·鸱鸮》：“迨天之未阴雨，彻彼桑土，绸缪牖户。”《小雅·大田》：“雨我公田，遂及我私。”

“雨雪”于《诗经》中共现 8 次，即《邶风·北风》：“北风其凉，雨雪其雱。惠而好我,携手同行。”“北风其喈,雨雪其霏。惠而好我,携手同归。”《小雅·采薇》:“昔我往矣,杨柳依依。今我来思,雨雪霏霏。”又《出车》:“昔我往矣,黍稷方华。今我来思,雨雪载涂。”又《信南山》:“上天同云,雨雪雰雰。益之以霡霂,既优既渥,既沾既足,生我百谷。”又《頍弁》:“如彼雨雪,先集维霰。死丧无日,无几相见。”又《角弓》:“雨雪瀌瀌,见晛曰消。莫肯下遗,式居娄骄。”“雨雪浮浮,见晛曰流。如蛮如髦,我是用忧。”另,除“雨雪”连用外,“雪”字于《诗经》中又独现一次,即《曹风·蜉蝣》:“蜉蝣掘阅,麻衣如雪。”

从《十三经注疏》等训诂文献及《诗经》诗文意义来看,《诗经》中的“雪”一律用作名词,没有用作动词的现象。由于“雪”作名词用,则“雨雪”中“雨”字要么为名词,要么作动词“下”(或“降”、“落”等)义讲,不能理解为动词“下雨”义,否则“雨雪”就不合语义逻辑,讲不通。下面重点分析“雨雪”中“雨”是作名词还是作动词“下”义讲。前面说过不少注译本都明确将“雨雪霏霏”中“雨雪”释为“下雪”,究其根源,主要是《十三经注疏》中引陆德明《经典释文》将“雨雪霏霏”中“雨”音注为“于付反”[15],即今音 yù,显然陆德明认为此处“雨”应作动词用。既然“雨”的音义与《十三经注疏》有关,我们不妨结合《十三经注疏》来分析“雨”的意义。下面我们来看《诗经》中 8 处“雨雪”在《十三经注疏》中是如何注音释义的,希望能从中发现一些问题。

1.《小雅·采薇》“雨雪霏霏”中“雨雪”音义

陆德明:“雨,于付反。”显然是将此处“雨”理解为动词“下”义。再看孔颖达正义:“此遣戍役,豫叙得还之日,总述往反之辞。汝戍守役等,至岁暮还反之时,当云昔出家往矣之时,杨柳依依然。今我来思事得还返,又遇雨雪霏霏然。既许岁晚而归,故豫言来将遇雨雪也。”[16]从孔氏的释文中一时很难判断“雨雪”是名词还是动词“下雪”之义,因为“遇雨雪霏霏然”中的“雨”字仅凭语义似乎名词动词都能说得过去。那么此处的“雨”字究竟何义呢?

先从语义搭配的角度来分析。首先来看“霏霏”一词的含义，“霏霏”为“霏”之重叠词，二者意义有相通之处。《邶风·北风》：“雨雪其霏。”毛传：“霏，甚貌。”朱熹集传：“霏，雪貌。”[17]《小雅·采薇》：“雨雪霏霏。”朱熹集传：“霏霏，雪甚貌。”[18]《文选·张协〈七命〉》：“霏霜封其条。”李善注引《诗传》曰：“霏，雨雪分散之状。”[19]《玉篇·雨部》：“霏，雨雪貌。”[20]《说文新附·雨部》：“霏，雨云貌。”[21]《广韵·微韵》：“霏，雪貌。”[22]《慧琳音义》卷六十八“雰霏”注引《古今正字》云：“霏霏，雪盛貌也。”[23]高亨《诗经今注》：“霏霏，形容雨雪之密。”[24]可见，无论“霏”或“霏霏”都有“雨雪盛貌”义，所以“霏霏”只能修饰名词“雨雪”或“雪”。这样，“雨雪霏霏”只能理解为“雨雪很大”，其中“雨雪”为名词；或将“雨雪霏霏”理解为“雨霏霏之雪”，“雨”为动词。第一种理解在语义与语法上均没有问题，且能与“杨柳依依”相对应。若将“雨雪霏霏”理解为“雨霏霏之雪”，即“下霏霏之雪”，这种理解虽语义上讲得通，但形式上与“杨柳依依”不能形成对应关系，句式别扭。

从《诗经》句式特点看，虽不像律诗受对仗的约束，然语言前后对称的规则仍十分明显，尤其是对于上下句均是叠音形容词句，非常讲求对称。此因鉴于《诗经》毕竟为诗歌，要适应吟唱与传诵的需要，就必须讲求韵律感与节奏感。如《郑风·子衿》：“青青子衿，悠悠我心。”“青青子佩，悠悠我思。”《小雅·伐木》：“坎坎鼓我，蹲蹲舞我。”《鄘风·鹑之奔奔》：“鹑之奔奔，鹊之强强。”“鹊之强强，鹑之奔奔。”《卫风·硕人》：“河水洋洋，北流活活。施罛濊濊，鳣鲔发发。”所以《小雅·采薇》“昔我往矣，杨柳依依。今我来思，雨雪霏霏”中，若“雨”为名词，诗句前后对称就十分齐整、完美。《诗经》中与此相似的句式有：《小雅·出车》：“昔我往矣，黍稷方华。今我来思，雨雪载涂。”“昔我往矣”对“今我来思”，“黍稷方华”对“雨雪载涂”，词性对称齐整。另有《小雅·小明》：“昔我往矣，日月方除。曷云其还？岁聿云莫。”“昔我往矣，日月方奥。曷云其还？政事愈蹙。”前者内部对应虽不如《小雅·出车》齐整，然亦甚明显，“昔我往矣”对“曷云其还”,“日月方除”对“岁聿云莫”,其中时间词“昔”对应“曷”,“日月”对应“岁”,动词“往”对应“还”,形容词“除”对应“莫(暮)”,虚词“方”对应“云”,仅有些词位置对应上稍欠工稳;后者除句子对称齐整外,具体词语上,时间词“昔”对“曷”,名词“日月”对“政事”,动词“往”对“还”,形容词“奥”对“蹙”,副词“方”对“愈”,词语对称亦较齐整。由此看,《小雅·采薇》中“昔我往矣,杨柳依依。今我来思,雨雪霏霏”有何理由不选择词语与句式之对称呢?即与“杨柳”相对应之“雨雪”有何理由不是名词“雨雪”呢?

其实,将“雨雪霏霏”中“雨雪”作为名词用,古书不是没有实例。如《魏书·高阳王雍传》:“依依杨柳,以叙治兵之役;霏霏雨雪,又申振旅之勤。若折往来日月,便是《采薇》之诗废,《杕杜》之歌罢。”[25]这里的“依依杨柳”及“霏霏雨雪”是将《小雅·采薇》“杨柳依依”及“雨雪霏霏”中名词修饰语“依依”及“霏霏”提前的结果,说明在北齐人魏收眼里,“雨雪霏霏”中“雨雪”只能是名词。

当然古汉语中“霏”或“霏霏”也可以用来修饰动作,表示动作的状态。如《文选·谢灵运〈石壁精舍还湖中作〉》:“云霞收夕霏。”李善注:“霏,云飞貌。”[26]《张衡〈西京赋〉》:“初若飘飘,后遂霏霏。”薛综注:“飘飘、霏霏,雪下貌。”[27]《范云〈赠张徐州谡〉》:“泪下空霏霏。”刘良注:“霏霏,泪下貌。”[28]这一点前文也略有论述。不过,从语料及训诂文献来看,先秦时尚难发现这样的用例,《诗经》中可以肯定没有这一用法。这样就排除了“雨雪霏霏”中“霏霏”修饰动作“雨雪”的可能,“雨雪”也就不能理解为动词“下雪”了。

其实,从天象来看,雨雪混合的情况也是常见的气象,在很多情况下,下雪前往往有下雨存在,然后或形成雨夹雪的气象,或雨后再继之以雪。在雨雪的气象中,下雨往往是短时的,下雪往往是长时的,“雨雪霏霏”(“雨雪”为名词)的表达在现实中是有存在依据的。另外,其实《小雅·采薇》中的“雨雪”更多是为了艺术表现手法的需要,即为了突出战争给人们的心理带来的创伤,诗歌以一个战士的口吻表达了从军时的美好场面及激昂的心情,以及归来时的萧索、悲伤与凄凉的场面与心情，通过“杨柳依依”与“雨雪霏霏”两个意象的对比，较好地渲染了诗歌的意境与主题。“雨”和“雪”都是凄冷的东西，都是用来衬托人物心情的，并非只有下雪才行。因而从艺术表现手法来看，“雨雪霏霏”之“雨雪”也应该理解为名词。

另外，有些学者从诗歌语言对称的角度出发，认为“雨雪霏霏”中“雨”读“yù”，“雨雪”解释为“下雪”似有不妥，于是提出了一种“偏义复词”说。“偏义复词”说认为，“雨雪霏霏”中“雨”仍读 yǔ，作名词，但“雨雪”为偏义复词，其中“雨”只作“雪”的陪衬，无实际意义，“雨雪”即只有“雪”的含义，这样“雨雪”就和前面的“杨柳”形成对仗；其中“杨柳”也是偏义复词，“杨”作“柳”的陪衬，无实际意义。“偏义复词”说是这些学者可贵质疑和探索的结果，但可以说这种说法更多的是猜想，缺乏必要的训诂、语义和书证方面的佐证，同时仍然没有脱离古人将“霏霏”释为“雪盛貌”的旧注。事实证明这种猜想是不可靠的。首先，古汉语中很难找到“雨雪”作偏义复词的用例，先秦文献尤其《诗经》更是没有。另外，“杨柳”一词也并非偏义复词，其中“杨”是有实在意义的，“杨”与“柳”在古代是同义词。先看“杨”之释义，《尔雅·释木》：“杨，蒲柳。”[29]《急就篇》卷一：“柏杜杨。”颜师古注：“杨，赤茎柳。”[30]《说文·木部》段玉裁注：“杨，蒲柳。”[31]《文选·潘岳〈闲居赋〉》：“长杨映沼，芳枳树篱。”刘良注：“杨，柳也。”[32]《玉篇·木部》：“杨，杨柳也。”[33]《汉语大词典》：“杨：杨柳科，杨属植物的泛称。”[34] 再看“柳”之释义，《孟子·告子上》：“犹以杞柳为桮棬。”孙奭疏：“柳，少杨也。”[35]《大戴礼记·夏小正》：“（正月）柳稊。稊也者，发孚也。”王聘珍解诂：“柳，小杨也。”[36]庾信《小园赋》：“榆柳两三行，梨桃百余棵。”倪璠注引《说文》云：“柳，少杨也。”[37]《玉篇·木部》：“柳，小杨也。”[38]李时珍《本草纲目·木二·柳》：“杨枝硬而扬起，故谓之杨；柳枝弱而垂流，故谓之柳，盖一类二种也。”程俊英、蒋见元《诗经注析》：“杨柳，蒲柳。《尔雅》：‘杨，蒲柳。’胡承珙《后笺》：‘《尔雅》只以柳为大名，曰柽，曰旄，曰杨，其种各异。古人言杨柳者，谓名杨之柳。其通称为杨柳者,乃后世辞章家之言耳。’”[39]可见对于“雨雪霏霏”中“雨雪”的理解,结合诗歌语言形式只是一个方面,最重要的还是要结合训诂资料及语义分析才能得出正确结论。

2.《小雅·角弓》“雨雪瀌瀌,见晛曰消”及“雨雪浮浮,见晛曰流”中“雨”字音义

“雨雪瀌瀌”,陆德明:“雨,于付反,注及下同。”[40]即陆德明认为两处“雨”均读今音“yù”,即“雨”作动词。郑笺:“雨雪之盛,瀌瀌然至,日将出,其气始见,人则皆称曰雪今消释矣。”[41]孔颖达正义:“言天之雨下此雪,虽瀌瀌然而盛,至于见天晛然之日气,人皆称之曰此雪今消释矣。”[42]显然郑孔两家也都认为“雨雪瀌瀌”中“雨”作动词“下”义讲。从语义和事理逻辑来看,三家的理解是正确的。为什么呢?《汉语大词典》:“晛,日气。”“瀌瀌,雨雪盛貌。”“浮浮,水或雨雪盛貌。”[43]正因为雪下得很大,所以才有出现太阳后的“消”与“流”。可见,《十三经注疏》将此处“雨雪”释为“下雪”是可靠的。

3.《邶风·北风》“北风其凉,雨雪其雱”及“北风其喈,雨雪其霏”中“雨雪”的音义

对于“雨雪其雱”中的“雨”,陆德明:“雨,于付反,又如字。”[44]显然,陆氏认为此处之“雨”既可理解为动词,也可理解为名词。孔颖达正义:“言天既为北风,其寒凉矣。又加之雨雪,其雱然而盛,由凉风盛雪病害万物,以兴君政酷暴病害百姓也。”[45]从“凉风盛雪”并举而不提“雨”字不难看出,孔氏将“雨雪”理解为“下雪”,这和陆氏“又如字”有分歧。对于“雨雪其霏”中的“雨”字,陆孔两家虽没明确注音释义,但从上述释文情况来看,应与各自对“雨雪其雱”中的“雨”的理解是一致的。这两处“雨”字究竟怎样理解?通过对《诗经》考察发现,在上下句句式形成对称现象时,其词性往往对称。如《邶风·终风》:“曀曀其阴,虺虺其雷。”《齐风·载驱》:“汶水汤汤,行人彭彭。”“四骊济济,垂辔沵沵。”《陈风·防有鹊巢》:“防有鹊巢,邛有旨苕。”《桧风·匪风》:“匪风发兮,匪车偈兮。”“匪风飘兮,匪车嘌兮。”再看《邶风·北风》,该诗共三章,第一章为:“北风其凉,雨雪其雱。惠而好我,携手同行。其虚其邪?既亟只且!"第二章为:"北风其喈,雨雪其霏。惠而好我,携手同归。其虚其邪?既亟只且!"第三章为:"莫赤匪狐,莫黑匪乌。惠而好我,携手同车。其虚其邪?既亟只且!"这三章形成重章叠唱,各章的首句都整齐对称。其中第三章首句"莫赤匪狐,莫黑匪乌"不仅形式对称,而且词性也对称严谨。那么"北风其凉,雨雪其雱"及"北风其喈,雨雪其霏"又有什么理由不对称呢?因而从诗句形式的角度来看,两处"雨雪"应与"北风"对称,"雨雪"应为名词。陆德明注"雨"为"如字"是对的,但读"于付反"不妥。

4.《小雅·信南山》"上天同云,雨雪雰雰"中"雨雪"音义

陆德明:"雨,于傅反,崔如字。"[46]从陆氏注音来看,此处"雨"可理解为动词,也可理解为名词。再看毛传:"雰雰,雪貌。丰年之冬,必有积雪。"[47]很显然毛亨将"雨雪"理解为"下雪"。毛亨的理解是正确的,因为"上天同云,雨雪雰雰"后面还有一句:"益之以霡霂,既优既渥,既沾既足,生我百谷。"所谓"霡霂",毛传:"小雨曰霡霂。"[48]《汉语大词典》:"霡霂,小雨。"[49]既然是"益之(加之)""霡霂"(小雨),那么"上天同云,雨雪雰雰"中的"雨"就不能再作名词解释了,只能是动词"下"义。因而毛亨将此处"雨雪"理解为"下雪"是符合逻辑的。正如孔颖达正义:"言成王时在上天同起其云,正于冬月雨下此雪。雰雰然,多而积也。至于春日又益之以小雨,而霡霂然以接冬泽。"[50]孔氏的理解也是正确的。陆氏所记"崔如字"是不对的。

5.《小雅·出车》"今我来思,雨雪载涂"中"雨雪"音义

陆德明:"雨,于付反,又如字。"[51]再看孔颖达正义:"此因筑垒从垒叙将帅之辞。言将帅云正月已还至垒,乃云昔我从此垒出征伐玁狁矣,时黍稷方欲生华,六月之中也,今我自西戎还,到此垒时,天降雨雪,则为途泥。"[52]孔氏释文中出现"天降雨雪"一句,值得分析。"天降雨雪"中"雨"只能理解为名词,如果理解为动词"下"义,则"天降雨雪"不合语法,因为"降"也是一个动词。因而孔氏将此处

“雨”实际理解为名词，而非动词“下”义。这与陆氏注音“又如字”是相符的，但与“于付反”是分歧的。若将此处“雨”理解为动词“下”义，是否也能讲得通呢？“雨”如果解为“下”，则“雨雪载涂”一句变为“下雪载途”。何谓“载”，《汉语大词典》：“载，充满。”[53]程俊英、蒋见元《诗经注析》：“载，满。”[54]“下雪载途”语义别扭，且在语法上属于一个兼语句，不太符合《诗经》的语法习惯，而且使得“今我来思，雨雪载涂”一句缺乏主语，另外与其前“黍稷方华”也不对称。前面考察过《诗经》中四处“昔我往矣……今我来思……”句式中，句式对称的迹象较为明显，此处也应该对称才妥。因此，将此处“雨”理解为动词不太妥当，比较勉强，若按照孔颖达注疏释为名词“雨”，则一切都迎刃而解了。

6.《小雅·頍弁》“如彼雨雪，先集维霰”中“雨雪”释义

对于此处“雨”字，陆德明没有注音。郑笺：“将大雨雪，始必微温，雪自上下遇温气而抟，谓之霰，久而寒胜而大雪矣。”[55]显然郑玄将此处“雨雪”理解为“下雪”，“雨”即动词“下”义。应该说郑玄的解释是正确的，符合事理逻辑。为什么呢？这里要结合下句“如彼雨雪，先集维霰”来分析。先看“霰”的含义，《汉语大词典》：“霰，雪珠。白色不透明的球形或圆锥形小冰粒。多在下雪前或下雪时降落。”[56]“霰”即小雪珠，小冰粒，小雪籽，常在正式下雪前降落。《楚辞·九章·涉江》：“霰雪纷其无垠兮，云霏霏而承宇。”这里的“霰雪”就是雪珠和雪花之义。“如彼雨雪，先集维霰”，即下雪前，先下雪珠。由于下雨前是不下雪珠的，因而此处“雨雪”应为“下雪”之义。

从上文的分析来看，“雨雪”在《诗经》中的含义确实不能简单化地理解，必须将训诂资料、语义、语法及《诗经》本身体例特点等结合起来分析，仅凭某一方面的论据是不能下结论的。例如分析“雨雪霏霏”一类句子，当“雨”作动词时，就可能构成“动＋名＋形”（形修饰名）的句式。从对《诗经》的考察来看，虽有些形式上符合“动＋名＋形”特征的句子，但却不合“形修饰名”的语义特征。如就叠音形容词而言，除“雨雪”句外，《诗经》中有 6 处形式上符合“动＋名＋

形”的句子，即“视天梦梦”、“执我仇仇”、“视尔梦梦”、“诲尔谆谆”、“听我藐藐”、“听我嚣嚣”，但它们都不具备“形修饰名”这一语义条件。如《小雅·正月》：“民今方殆，视天梦梦。”意为：“人们如今正在遭难，可是天看上去乱昏昏。”又“执我仇仇，亦不我力”意为：“一旦得到我却又很傲慢，不用我时就将我抛弃。”《大雅·抑》：“视尔梦梦，我心惨惨。”意为：“看你昏昏的样子，我的心忧愁烦闷。”又“诲尔谆谆，听我藐藐。”意为：“我不知疲倦地教诲你，你却毫不在意。”《大雅·板》：“我即尔谋，听我嚣嚣。”意为：“我去和你商议，你却傲慢不肯接受。”尽管如此，我们还是不能仅从语法的角度判断《诗经》中不存在“动+名+形”（形修饰名）的句子，因为《小雅·角弓》中“雨雪瀌瀌”和“雨雪浮浮”，以及《小雅·信南山》中“雨雪雰雰”就是例外，尽管这种句式在整个先秦文献中也不多见。这就要求我们分析“雨雪霏霏”类句子时，必须将语义等因素考虑进去，同时要考虑诗歌语言的特殊性。

三

总之，从训诂资料、语义、语法及《诗经》本身体例特点等方面来看，《小雅·采薇》“今我来思，雨雪霏霏”中的“雨雪”为名词，即“雨”和“雪”之义；“霏霏”为形容词，为“雨雪盛貌”之义。将“雨雪”释为偏义复词是不对的。另外，考证发现，《诗经》中其他 7 处“雨雪”释为名词的有《邶风·北风》“北风其凉，雨雪其雱”与“北风其喈，雨雪其霏”，以及《小雅·出车》“今我来思，雨雪载涂”中的“雨雪”；释为动词“下雪”义的有《小雅·信南山》“上天同云，雨雪雰雰”，《小雅·頍弁》“如彼雨雪，先集维霰”，以及《小雅·角弓》“雨雪瀌瀌，见晛曰消”与“雨雪浮浮，见晛曰流”中的“雨雪”。以上乃笔者对于《诗经》中“雨雪霏霏”及其他 7 处“雨雪”之管见，欠妥之处，诚请方家批评指正。

注释:

[1][10]郭锡良主编,《古代汉语》(修订本),北京:商务印书馆,1999 年版。

[2][9]聂石樵著,《诗经新注》,济南:齐鲁书社,2000 年版。

[3]袁世硕主编,《中国历代文学作品选》,北京:人民文学出版社,2002 年版。

[4][24]高亨著,《诗经今注》,上海:上海古籍出版社,1980 年版。

[5][11][39][54]程俊英、蒋见元著,《诗经注析》,北京:中华书局,1991 年版。

[6]徐中玉、齐森华主编,《大学语文》(第八版简编本),上海:华东师范大学出版社,2006 年版。

[7]程俊英译注,《诗经译注》,上海:上海古籍出版社,1985 年版。

[8]朱东润主编,《中国历代文学作品选》(新 1 版),上海:上海古籍出版社,2001 年版。

[12]余冠英选注,《诗经选》,北京:人民文学出版社,1979 年版。

[13][14](周)左丘明传,(晋)杜预注,(唐)孔颖达疏,《春秋左传正义》,北京:北京大学出版社,2000 年版。

[15][40][44][46][51](唐)陆德明撰,张一弓点校,《经典释文》,上海:上海古籍出版社,2013 年版。

[16][41][42][45][47][48][50][52][55](汉)毛亨传,郑玄笺,(唐)孔颖达疏,《毛诗正义》,北京:北京大学出版社,1999 年版。

[17][18](宋)朱熹撰,赵长征点校,《诗集传》,北京:中华书局,2011 年版。

[19][26][27][28][32](南朝·梁)萧统主编,(唐)李善等注,《六臣注文选》,北京:中华书局,2012 年版。

[20][33][38](南朝·梁)顾野王撰,《原本玉篇残卷》(影印本),北京:中华书局,1985年版。

[21][31](汉)许慎撰,(清)段玉裁注,《说文解字注》,上海:上海古籍出版社,1988年版。

[22]周祖谟著,《广韵校本》,北京:中华书局,2004年版。

[23](唐)玄应、(唐)慧琳、(辽)希麟著,徐时仪校注,《一切经音义三种校本合刊》,上海:上海古籍出版社,2008年版。

[25](北齐)魏收著,《魏书》(简体字本),北京:中华书局,2000年版。

[29](晋)郭璞注,(宋)邢昺疏,王世伟整理,《尔雅注疏》,上海:上海古籍出版社,2010年版。

[30](汉)史游撰,(唐)颜师古注,《急就篇》,北京:中华书局,1985年版。

[34][43][49][53][56]罗竹风主编,《汉语大词典》,上海:汉语大词典出版社,1986—1993年版。

[35](汉)赵岐注,(宋)孙奭疏,黄侃句读,《孟子注疏》,上海:上海古籍出版社,1990年版。

[36](清)王聘珍撰,《大戴礼记解诂》,北京:中华书局,1983年版。

[37](北周)庾信撰,(清)倪璠注,许逸民校点,《庾子山集注》,北京:中华书局,1980年版。

(原载《西南交通大学学报》2014年01期,陈明富,张鹏丽)

词　汇

古代“树木”个体量词历时考察

“树”是人们日常生活中必不可少的环境和材木资源,汉语中关于“树木”的词语极多,量词即为其中一部分。其中,古汉语中即有不少树木量词,这些量词包括个体量词如“树”、“株”、“栽”、“棵”、“颗”、“根”、“枝”、“个”、“本”、“条”、“头”、“竿”等,也包括集合量词如“丛”、“束”、“排”、“列”、“片”、“捆”等。这些量词有的在先秦即已出现,如“株”、“本”,有的则相对出现较晚,如“树”主要始见于南北朝,“棵”主要始见于元代;有的在汉语史中逐渐消失,为其他量词所替代,如“栽”在宋以后基本不再使用,“头”在唐以后也基本不用,有的则一直使用到现代汉语中,如“棵”、“根”。树木量词是汉语词汇的重要组成部分,对古代树木量词的考察不仅有利于汉语史的构建,对于我国古代林业的认识也具有积极意义。本文主要考察古代树木个体量词的发展与更替情况,对于树木集合量词暂不探讨。

株

“株”最初指露在地面上的树根、树干或树桩,《说文·木部》:“株,木根也。”[1]进而引申可作树木量词,《康熙字典》:“株,木身也。”[2]《汉语大词典》(以下简称《大词典》):“株,量词。犹棵。”[3]这里“木身”实际有量词的含义。“株”是古代汉语中使用时间极长、出现极为频繁的一个树木个体量词。在明清“棵”大量使用之前,“株”是汉语中最为重要的一个树木个体量词。“株”作树木量词在先秦即已出现,如《关尹子·四符》:"五行回环不已,所以我之伪心流转造化,几亿万岁,未有穷极,然核芽相生,不知其几万株,天地虽大,不能芽空中之核。"《大词典》最早书证为《三国志·蜀志·诸葛亮传》中用例,显然滞后。

先秦用量较小,两汉用量也不大。如《氾胜之书·区种法》:"一沟容四十四株,一亩合万五千七百五十株,种禾麦,令上一寸土,不可令过一寸,亦不可令减一寸。"《东观汉记》卷十五:"移居扬州从事屈豫室中,中庭橘树一株,遇实熟,乃以竹藩树四面,风吹落两实,以绳系着树枝。"

魏晋南北朝时量词"株"的使用逐渐多起来,如《西京杂记》卷一:"林檎十株,枇杷十株,橙十株,安石榴楟十株,白银树十株,黄银树十株,槐六百四十株,千年长生树十株……"《宋书·文帝本纪》:"鲁郡上民孔景等五户居近孔子墓侧,蠲其课役,供给洒扫,并种松柏六百株。"《南齐书·荀伯玉传》:"世祖罢广兴还,立别宅,遣人于大宅掘树数株,伯玉不与,驰以闻。"《齐民要术·种榆》:"男女初生,各与小树二十株,比至嫁娶,悉任车毂。"

唐代开始大量出现,唐诗比比皆是。如《南史·荀伯玉传》:"武帝罢广兴还,立别宅,遣人于大宅掘树数株,伯玉不与,驰以闻。"刘希夷《春女行》:"寄言桃李容,胡为闺阁重。但看楚王墓,唯有数株松。"刘长卿《孙权故城下怀古,兼送友人归建业》:"古来壮台榭,事往悲陵阜。寥落几家人,犹依数株柳。"元稹《褒城驿二首》其一:"忆昔万株梨映竹,遇逢黄令醉残春。梨枯竹尽黄令死,今日再来衰病身。"许浑《守风淮阴》:"遥见江阴夜渔客,因思京口钓鱼时。一潭明月万株柳,自去自来人不知。"《河东记·许琛》:"二人即领琛入此门,门内气黯惨,如人间黄昏已后,兼无城壁屋宇,唯有古槐万万株,树上群鸦鸣噪,咫尺不闻人声。"《祖堂集·达摩》:"路行跨水复逢羊,独自换换暗渡江。日下可怜双象马,两株嫩桂久昌昌。"

唐以后,用量一直居高不下,如《旧唐书·五行志》:"丙申,富平大风,折树一千二百株。"《新唐书·五行志二》:"九年四月辛丑,大风拔木万株,堕含元殿四鸱尾,拔殿廷树三,坏金吾仗舍,发城门楼观内外三十余所,光化门西城十数雉坏。”宋张炎《台城路》:“料得吟僧,数株松下坐苍石。”吕胜己《醉桃源》:“去年手种十株梅,而今犹未开。”元王子一《刘晨阮肇误入桃源》第三折:“好怪,这两株松树我去时亲手栽下,与兄弟上天台山采药,到今只有一年光景,这两株树怎么就长得偌来大,不由我心中好生疑惑。”贾仲明《吕洞宾桃柳升仙梦》第四折:“你二人汴京梁园馆前两株桃柳,柳春便是翠柳,陶氏便是娇桃,已经年久,有宿缘仙分。”胡用和《隐居》:“左右依两壁山,横竖盖三间屋。高低田五六亩,周围柳数十株。”《徐霞客游记·游太和山日记》:“其旁榔梅数株,大皆合抱,花色浮空映山,绚烂岩。”《松窗梦语·东游纪》:“洪武初,置漆园、桐园、棕园于钟山之阳,种木各万株,以收油、漆、棕缆,用造海船及防倭战舰。”《二刻拍案惊奇》卷三十四:“如霞领着夫人到两株梧桐树边,指着道:‘此外正是外舍书房,任君用见今独居在内了。’”《水浒传》第九十三回:“原来这州治东,有个宜春圃,圃中有一座雨香亭,亭前颇有几株桧柏松梅。”《西湖梦寻·玉莲亭》:“贫民有犯法者,于西湖种树几株;富民有赎罪者,令于西湖开葑田数亩。”

直到清代仍大量使用,如《醒世姻缘传》第二十四回:“那园中两株大垂杨树,树下一张石桌,四面都有石凳。”《隋唐演义》第二十七回:“第三院,因有碧梧数株,流阴满地,金风初度,叶叶有声,遂名为秋声院。”《歧路灯》第七回:“院内两株白松,怪柯撑天;千个修竹,浓荫罩地。”《红楼梦》第五回:“便又掷了,再去取‘正册’看,只见头一页上便画着两株枯木,木上悬着一围玉带。”

明清以后,由于“棵”的出现,“株”的部分使用为“棵”所替代。到现代汉语中,除书面语仍见少量使用外,口语中基本不再使用“株”,而用“棵”作树木量词。

棵

“棵”用作个体量词时主要指植物,其中作树木量词至迟见于元代，如张寿卿《谢金莲诗酒红梨花》第三折："他那一灵不散，怨气难消，长起一棵树来，开的可是红梨花。"但元代用量不大。

明代用量逐渐增大，如《西游记》第二十六回："三藏师徒与本观众仙，都到园内观看时，那棵树倒在地下，土开根现，叶落枝枯。"又第七十九回："这棵树成了精也，这棵树成了精也！"《警世通言》第十七卷："那两棵树只当烧柴，卖不多钱，不两日用完了。"《二刻拍案惊奇》卷二十八："当时实有一个人头挂在架上，天明时见了，因恐怕经官受累，悄悄将来移上前去十来家赵大门首一棵树上挂着。"《三宝太监西洋记》第九十八回："那棵树果然的有灵有神，能大能小，一声响，一毂碌睡翻在水面上。"

至清代时，"棵"作树木量词已经十分频繁了，如《长生殿》第三十八出："半棵树是薄命碑碣，一抔土是断肠墓穴。"《儒林外史》第四十回："我如今亲自手种一棵柳树，你们众百姓每人也种一棵。"《歧路灯》第四十五回："因指园外一棵桑树道：'就死在那棵树上。'"《红楼梦》第四十八回："岸上又没有人，只有几棵树，远远的几家人家作晚饭。"《小五义》第一百五十三回："果然冯渊怕追进村中，白菊花在暗地藏着，无奈何，在村外找了一棵树下歇息，直等到了天交二鼓。"《七侠五义》第九十五回："若是当死，你把这棵树让给我，我好上吊。"《儿女英雄传》第五回："庙外有合抱不交的几株大树，挨门一棵树下放着一张桌子，一条板凳。"又第十九回："那时待我替你给他二位老人家小小的修起一座坟茔，种上几棵树木，双双合葬。"《二十年目睹之怪现状》第六十一回："柳仙才知道是师傅，连忙也现了原形，脑袋上长了一棵柳树，倒身下拜。"《七剑十三侠》第十四回："便把马牵入庭中，系在一棵槐树上，将庙门关上。"

现代汉语中，"棵"已经取代其他词语，成为最主要的个体树木量词。

颗

"颗"作量词意义较多，如可指小而圆的物体，可指块状物，可用于枪械相当于“支”,可用于兽、牲畜相当于“头”,亦可用于植物相当于“棵”。《汉语大字典》:“颗,量词。用于树,相当于‘株’、‘棵’”[4]《大词典》:“颗,量词。棵。用于植物。”[5]“颗”作树木量词主要见于明清,用量不大,其中《三宝太监西洋记》较多,共9处。如《西游记》第二十五回:“我将四颗柳树变作我师徒四众,我只说他昨日打了我两顿,今日想不打了。”《三宝太监西洋记》第五十二回:“王明看了一会,只见山顶上有一颗树,生得就有些古怪。”又第六十一回:“四个人一齐纳闷。闷了这等两日,只见本寺里方丈后面,平白地长出一颗树来。”《红楼梦》第二十七回:“那些女孩子们,或用花瓣柳枝编成轿马的,或用绫锦纱罗叠成干旄旌幢的,都用彩线系了。每一颗树上,每一枝花上,都系了这些物事。”

根

“根”作树木个体量词至迟在南北朝即已出现,如《金楼子·志怪》:“秦王遣徐福求桑椹于碧海之中,海中止有扶桑树,长数千丈,树两根同生,更相依倚,是名扶桑。”南北朝文献出现相对不多,至唐代使用相对较广,如《晋书·姚苌载记》:“苌命其将当城于营处一栅孔中莳树一根,以旌战功。”《北史·周太祖文帝本纪》:“人种树一株,栽柳七千根,以旌武功。”刘得仁《寻陈处士山堂》:“路隐千根树,门开万仞峰。”

唐以后文献仍见使用,但用量不多,如《唐会要》卷二十九:“棠李树两根并生。”《明珠缘》第三十八回:“走向竹丛边,折了一根竹子,同应星一样长,放在应星床上,仍将被盖好。”

现代汉语中,“根”作树木量词仍见使用,多指锯下的树干,指活的树木不常用,其功能往往为“棵”所替代。

树

“树”除了指树木外,还可作树木个体量词,《大词典》:“树,量词。棵,株。”[6]“树”作量词至迟在南北朝即出现,如《魏书·食货志》:“诸初受田者,男夫一人给田二十亩,课莳余,种桑五十树,枣五株,榆三根。”《齐民要术·种楸》:“楸既无子,可于大树四面掘坑取栽移之。亦方两步一根,两亩一行。一行百二十树,五行合六百树。十年后,一树千钱,柴在外。”《大词典》最早书证为唐《隋书·礼仪志七》中用例,显然滞后。

南北朝时“树”作量词并不常见,直到唐代文献才大量出现,如《游仙窟》:“新华发两树,分香遍一林。迎风转细影,向日动轻阴。”王涯《游春曲二首》之一:“万树江边杏,新开一夜风。满园深浅色,照在绿波中。”白居易《寄题盩厔厅前双松》:“手栽两树松,聊以当嘉宾。乘春日一溉,生意渐欣欣。”元稹《度门寺》:“北祖三禅地,西山万树松。门临溪一带,桥映竹千重。”张祜《题御沟》:“万树垂杨拂御沟,溶溶漾漾绕神州。都缘济物心无阻,从此恩波处处流。”

宋元明都广泛运用,清代仍见不少用例,但总体呈减少趋势,如辛弃疾《沁园春》:“君家里,是几枝丹桂,几树灵椿。”刘克庄《临江仙·潮惠道中》:“最怜几树木芙蓉。手栽才数尺,别后为谁红。”任昱《同友人联句》:“对池边几树梅花,映古木槎牙,疏竹交加。”刘唐卿《白兔记》第三出:“你看几树老寒梅,冷淡不嫌溪畔静,精神偏向雪中开。”《水浒传》第四十六回:“前临官道,后傍大溪。数百株垂柳当门,一两树梅花傍屋。”《西游记》第十三回:“数村木落芦花碎,几树枫杨红叶坠。”《英烈传》第十九回:“迷却桃花千万树,君来何异武陵游。”《封神演义》第八十九回:“平添四海三江水,压倒东西几树松。”《西湖梦寻》卷三:“只怜逋老栖孤鹤,寂寞寒篱几树梅。”《桃花扇》第三十出:“境隔仙凡几树桃,才知容易谢尘嚣。”《湘烟小录》:“佩环留得珊珊影,应种香坟万树梅。”《花月痕》第三十一回:“桃花万树柳千枝,春到何曾造物私。恰恰新声莺对语,翩翩芳信蝶先知。”

现代汉语中除偶尔仿古使用外,口语中不再用“树”作量词,而用“棵”最为频繁。

竿

“竿”本指竹竿，《说文・竹部》：“竿，竹梃也。”[7]后引申作个体量词，专指竹，正如《大词典》：“竿，量词。犹棵、株。用于竹的计量。”[8]“竿”作量词大概始见于南北朝，如北周庾信《小园赋》：“一寸二寸之鱼，三竿两竿之竹。”不过南北朝时用例不多。

唐以后文献大量出现，尤其唐诗中比比皆是。如李峤《风》：“过江千尺浪，入竹万竿斜。”杜甫《将赴成都草堂途中有作先寄严郑公五首》其一：“新松恨不高千尺，恶竹应须斩万竿。”令狐楚《奉和仆射相公酬忠武李相公见寄之作》：“郡斋左偏栽竹百余竿，炎凉已周，青翠不改，而为墙垣所蔽，有乖爱赏。”《宣室志・裴度》：“井底一竿竹，竹色深绿绿。鸡未肥，酒未熟，障车儿郎且须缩。”李咸用《庭竹》：“嫩绿与老碧，森然庭砌中坐销三伏景，吟起数竿风。”齐己《移竹》：“旧溪千万竿，风雨夜珊珊。”《鉴诫录》卷八：“一船明月一竿竹，家住五湖归去来。”

宋以后直到清代用量仍较大，但较唐代有下降趋势，原因主要是部分表竹的量词为“枝”、“根”、“棵”等所代替。如《新五代史・王彦章传》：“又束巨竹数十万竿，上施版屋，号为竹龙，载甲士以攻之。”苏轼《答任师中家汉公》：“门前万竿竹，堂上四库书。高树红消梨，小池白芙蕖。”何师心《满江红》：“更两边潇洒，数竿修竹。”《归潜志》卷九：“我家陈郡子梁园，不约同栽竹数竿。”《初刻拍案惊奇》卷三十四：“缓步轻移，裙拖下露两竿新笋。”《明珠缘》第四十四回：“几株松冉冉，数竿竹斑斑。”《儒林外史》第四十九回：“屏旁置磁墩两个，屏后有竹子百十竿。”《九云记》第二十五回：“忽抬头见前面一带粉墙，数楹修舍，有千百竿翠竹遮映。”

另外，“竿”作量词，可由指竹进而活用为指竹以外的非植物类事物，如杜牧《齐安郡中偶题二首》之一：“两竿落日溪桥上，半缕轻烟柳影中。”元费唐臣《苏子瞻风雪贬黄州》第二折：“涨一竿春水，带一抹寒烟，掉一只渔舡。”张养浩《秋池散虑》：“捕得金鳞船头卖，怎肯直抢入千丈尘埃？片帆烟雨，一竿风月，其乐无涯。”

栽

古汉语中，“栽”除表“种植”义外，还可作个体树木量词，如《大词典》：“栽，量词。犹株。”[9]“栽”作树木量词至迟见于唐代，如刘禹锡《酬令狐相公使宅别斋初栽桂树见怀之作》：“清淮南岸家山树，黑水东边第一栽。”元稹《花栽二首》之一：“买得山花一两栽，离乡别土易摧隤。”《太平广记》卷一四四引唐《酉阳杂俎》：“唐河阳城南百姓王氏庄有小池，池边巨柳数栽。”薛能《过象耳山二首》之一：“一色青松几万栽，异香熏路带花开。”

宋亦见，但文献用量明显下降，宋以后基本不见使用。如范成大《吴船录》：“已云峭壁千仞，下临沸波，老柏万栽，上荫峰顶。”

枝

“枝”本指树枝，树枝是树的一部分，这样“枝”逐渐引申可作树木量词。《辞源》：“枝，量词。多用于杆状之物。”[10]《大词典》：“枝，量词。犹根，棵。用于杆状物。”[11]“枝”作树木量词为个体量词，相当于“棵”，至迟在唐代即已出现，而且文献用量较多，如刘长卿《哭陈歙州》：“儒行公才竟何在，独怜棠树一枝存。”孟郊《立德新居》：“良栖一枝木，灵巢片叶荷。”鲍溶《宿青牛谷梁炼师仙居》：“可怜夜久月中行，惟有坛边一枝竹。”杨衡《宿青牛谷》：“可怜夜久月明中，唯有坛边一枝竹。”李商隐《奉和太原公送前杨秀才戴兼招杨正字戎》：“桂树一枝当白日，芸香三代继清风。”

唐以后直到清代文献仍大量使用，如张炎《壶中天·白香岩和东坡韵赋梅》：“半树篱边，一枝竹外，冷艳凌苍雪。”萧德祥《小孙屠》第十一出：“麾下十钇墨五钇墨，写下千枝万枝树。”《隋唐演义》第二十九回：“炀帝看见玉李精光璀璨，也不像一枝树木，就似什么宝贝放光一般，吓得目瞪口呆，半晌开口不得。”又第七十三回：“槿树一枝偏独异，不肯随凡卉。”《桃花扇》续四十出：“放目苍崖万丈，拂头红树千枝。"《说唐》第二十一回:"入娘贼,你不识得我程大爷么? 快送几十枝竹子与我,我便饶你。"现代汉语普通话中一般用"棵",而不用"枝"。

个

"个"是汉语中使用非常广泛,非常频繁的一个个体量词,可指动物,亦可指植物以及非生命的事物。用于植物时,可指花草,亦可指树木。"个"作树木量词时,相当于"棵",至迟在汉代即已出现,如《九章算术》卷第二:"今有出钱一万三千五百,买竹二千三百五十个。"不过唐以前文献用例不多。

唐以后,文献所见稍多,如王建《薛二十池亭》:"每个树边消一日,绕池行匝又须行。"熊孺登《青溪村居》:"家占溪南千个竹,地临湖上一群山。"《祖堂集·长髭》:"路边有一个树子,石头云:'汝与我斫却,这个树碍我路。'"《新唐书·西域传上》:"帝出近苑,或以竹一个植舍外,见才尺许,远且百步,帝属二矢曰……"王实甫《吕蒙正风雪破窑记》第一折:"古语有云:见贫休笑富休夸,谁是常贫久富家? 秋到自然山有色,春来那个树无花?"《三宝太监西洋记》第六十一回:"一颗树只听得一声响,那里是个树,原来是国师的九环锡杖。"《杜骗新书·假银骗》:"今我依帐来寻此处树下的,不知那个树是,幸遇你在此,可来助我寻。"

清代文献仍见使用,不过用量也不多,如《彭公案》第四十二回:"彭公走至十字街口,往东观看,那东边路北,有一所宅院,甚是高大,门前两个树。"现代汉语中仍见使用,尤其北方方言中,"个"的使用相当广泛而模糊。

条

"条"作树木量词,至迟在唐及五代即已出现。"条"可指细而长的枝条,如柳条等,如明皇帝《春日出苑游瞩》:"梅花百树障去路,垂柳千条暗回津。"徐铉《柳辞枝》:"一帆归客千条柳,肠断东风扬子津。”亦可侧重指“长”，如指树干、树根、书皮的“长”等，相当于“棵”、“根”等，如《太平广记》卷四〇七引唐郑常《洽闻记》：“梓童郪县，唐大历七年夏六月甲子，涪水泛溢，流木数千条。”

唐以后直到明代一直见于文献，但用量不多，如孔平仲《续世说·假谲》：“臣近于同州检得一谷，木数千条，长八十尺。”《水浒传》第七十四回：“面前别无器械，便把杉刺子撧葱般拔断，拿两条杉木在手，直打将来。”《明珠缘》第二十六回：“遂于袖中取出一条树皮雕成的小龙来，口中念一个咒语，吹一口气，那龙身上生出火来，鳞甲皆动，冲天而去。”又第十八回：“早起起来，便到树下来寻，只见正东上一条树根，拱在土上，根旁有个小孔，只有鼠穴大。”清代基本不见使用。

头

“头”的意义较多，如可作名词义为“头部”，可作形容词义为“前面的”，亦可作量词。“头”作量词意义用法较多，如用于牲畜、鱼类或昆虫，犹“匹”，“只”，“尾”；用于事情，犹“宗”，“件”；用于酒食，犹“筵”，“席”；等等。“头”可用于植物量词，如用于花草，相当于“只”，《大词典》：“头，量词。用于某些水果或植物的鳞茎。犹只。”[12] 如《七修类稿·辩证类·玉蕊即琼花》：“昨见宋画琼花，真似野八仙，但多一头九朵簇成者，然不知孰是。”《四库全书总目提要·子部·谱录类》：“成大此谱乃以一干所出数千百朵，婆娑团植为贵，几于俗所谓千头菊矣。”

“头”亦可表树木量词“棵”，但多用于“橘”，至迟在唐代即已出现，不过用例较少，如《文心雕龙义证·明诗》引《楚辞通释》载唐代李衡言：“江陵有千头木奴。”（木奴即橘）张籍《赠殷山人》：“已种千头橘，新开数脉泉。”金吴激《岁暮江南四忆》之二：“天南家万里，江上橘千头。”

本

“本”本指树根，《论语·学而》：“君子务本。”朱熹集注：“本，犹根也。”[13]《说文·木部》：“本，木下曰本。”[14]《大词典》：“本，量词。用于草木。犹棵，丛，捆。”[15]“本”作树木量词，既可作个体量词，亦可作集合量词。作个体量词时，先秦即已出现，如《荀子·富国》：“然后瓜桃枣李一本数以盆鼓。”但先秦文献并不常见。

汉魏六朝时亦不多见，《齐民要术》中见2例，即《序》：“袭遂为渤海，劝民务农桑，令口种一树榆，百本薤，五十本葱，一畦韭，家二母彘，五鸡。”《种瓜》：“种冬瓜法：傍墙阴地作区，圆二尺，深五寸。以熟粪及土相和。正月晦日种。既生，以柴木倚墙，令其缘上。旱则浇之。八月，断其梢，减其实，一本但留五六枚。”

唐以后，文献中所见稍多，如张贲《奉和袭美题褚家林亭》：“百本败荷鱼不动，一枝寒菊蝶空迷。”《北梦琐言》卷三：“唐相国李公福河中永乐有宅，庭槐一本抽三枝，直过当舍屋脊，一枝不及。”《渑水燕谈录·帝德》：“后园植牡丹万本，皆洛中尤品。”《娇红记·题花》：“姐姐，你看槛中牡丹数本，欲开未开，似有惆怅之意。”《宋史·食货志》：“蜀茶之出，不过数十州，人赖以为生，茶司尽榷而市之。园户有茶一本，而官市之，额至数十斤。”又《丁谓传》：“帝赐宴赋诗以宠其行，命权管勾驾前兵马事。谓献白鹿并灵芝九万五千本。”又《陈尧佐传》：“每汾水暴涨，州民辄忧扰，尧佐为筑堤，植柳数万本，作柳溪，民赖其利。”

直到明清代仍见使用，但所见较少，如《元史·世祖纪三》：“八月丙子，济南路邹平县进芝草一本。”《花月痕》第二十九回：“缤纷庾岭花千本，惆怅江城笛一枝。信是几生修得到？冷吟闲醉也应宜。”

以上主要考察了一些常见的古代树木个体量词，其他量词有待于进一步探讨。由以上考察可知，“株”最早出现于先秦，至清代仍大量使用；“棵”最迟出现于元代，明清时使用较为频繁，到现代汉语中成为最主要的树木个体量词；“颗”最迟见于明清，且文献用量较小;“根”最迟出现于南北朝,清代仍见使用;“树”最迟出现于南北朝,清代仍见使用;“竿”作树木个体量词,专指竹子,最迟出现于南北朝,清代仍见使用;“栽”最迟出现于唐代,宋以后基本不见使用;“枝”最迟出现于唐代,清代仍见使用;“个”最迟出现于汉代,清代仍见使用;“条”最迟出现于唐代,明代仍见使用,明以后不再使用;“头”作树木个体量词多指“橘”,最迟见于唐代文献;“本”在先秦即已出现,直到清代仍见使用。不难看出,这些树木个体量词中,到清代仍见使用的有“株”、“棵”、“颗”、“根”、“树”、“竿”、“枝”、“个”、“本”,其中,“株”、“棵”是古代最为重要的两个树木个体量词,明清时“株”的部分功能已为“棵”所代替。到现代汉语中,包括“株”等其他树木个体量词多为“棵”所替代。现代汉语中仍见使用的主要为“棵”、“个”、“根”等,其中“棵”的使用最为频繁而广泛,不仅出现于口语中,也出现于书面语中,而“个”多见于口语,“根”则用量有限。

最后需要指出的是,词汇是不断发展变化的,树木个体量词亦如此,现代汉语中,仍不断产生新的量词,如“蔸”,不见于古汉语,是现代汉语中新兴的树木个体量词,《大词典》:“蔸,量词。相当于植物的‘棵’或‘丛’。”[16]“蔸”可指花草,也可指树木,如罗山方言“一蔸树”、“两蔸洋槐”等。因而我们在研究树木个体量词时,一定要有史的观念,在考察古代时,也要兼及现代的情况,这样才有利于汉语史的构建。

注释:

[1][7][14](汉)许慎撰、徐铉校定,《说文解字》,北京:中华书局,1963 年版。

[2](清)陈廷敬、张玉书等编撰,《康熙字典》,北京:中华书局,1958 年版。

[3][5][6][8][9][11][12][15][16]罗竹风主编,《汉语大词典》,上海:汉语大词典出版社,1989 年版。

[4]徐中舒主编,《汉语大字典》(缩印本),成都:四川辞书出版社、武汉:湖北辞书出版社,1993 年版。

[10]商务印书馆编辑部等编,《辞源》(修订本),北京:商务印书馆,1988 年版。

[13](宋)朱熹撰,《论语集注》,济南:齐鲁书社,1992 年版。

(原载《北方论丛》2012 年 01 期,张鹏丽,陈明富)

"他年"类词语语义特征及成因考察

1. 引言

古汉语中有一类时间名词比较特殊,这类时间词均由两类词素构成,一类是由指示代词"他"充任的词素,一类是由时间名词充任的词素,构成"他 + 时间词"式的合成词,主要有"他年"、"他日"、"他时"等几个词。这类词语的语义特征较为特殊,本文将就"他年"类词语语义特征及其成因展开讨论。

2. "他年"类词语语义特征及其使用情况

这类词语的特殊之处在于均有两个在时间上相反的义项,一是表示过去的某个时间,一是表示将来的某个时间。其词条及语义在《汉语大词典》、《现代汉语词典》、《古代汉语虚词词典》、《现代汉语八百词》等辞书多有收录,如《汉语大词典》:"他年,犹言将来,以后。""他年,往年;以前。""他日,以往;昔日;过去的某一天或某一时期。""他日,过些天;日后;将来的某一天或某一时期。""他时,昔日;往时。""他时,将来,以后。"[1]

这类词语在古汉语中使用较广,有的早自先秦即已出现,清代仍见使用。其中表示过去的某个时间的,如:

(1)他日又独立,鲤趋而过庭。(《论语·季氏》)

(2)求也为季氏宰,无能改於其德,而赋粟倍他日。(《孟子·离娄上》)

(3)其行矜而意高,非他时之节也,君不如先之。(《韩非子·十过》)

(4)他日,乃书太医给事杨惠富臂作“老奴官慳”字,令以示秀。(《魏书·贾彝传》)

(5)圣主他年贵,边心此日劳。(杜甫《千秋节有感》之二)

(6)世故他年别,心期此夜同。(韩翃《华亭夜宴庾侍御宅》[一作张继诗])

(7)鬼或望而引避者,非他年烈妇、节妇,即孝妇、贤妇也。(《阅微草堂笔记·槐西杂志三》)

(8)倘遂他时比邻约,缚香茆,那惜蜗庐隘。(《憩园词话·张海门太史词》)

(9)忽忆他时襄水上,恶风半夜撼春雷。(《曾国藩文集·诗词·忆弟二首》)

(10)他日同到双修庵,更觉称心满意。(《续济公传》第一百三回)

表示将来的某个时间的,如:

(11)诸侯乃请讨之,晋人以其役之劳,请俟他年。(《左传·成公十三年》)

(12)楚人献鼋於郑灵公,公子宋与子家将见。子公之食指动,以示子家,曰:“他日我如此,必尝异味。”(又《宣公四年》)

(13)朝不谋夕,民命靡继,而不绥之,欲待他年;他年或登,又自知亡而改修厥德,失所以用兵之要矣。(《三国志·魏书·辛毗传》)

(14)己丑,诏限仲冬一月燎野,不得他时行火,损昆虫草木。(《北齐书·文宣帝纪》)

(15)他时相忆若相问,青琐门前开素书。(韩翃《别孟都督》)

(16)他年必帅邯郸儿,与我杀轻班定远。(贯休《送越将归会稽》)

(17)他年若不和花卖,便是吾家好子孙。(《渑水燕谈录·杂录》)

(18)理会得这个了,他日若有材料,却依此起将去,只此一个道理。(《朱子语类·大学一》)

(19)他时功满归何处？直驾云车入洞天。(《醒世恒言》第三十四卷)

(20)他日春风蓉镜下,泮涧得意理归篚。(《花月痕》第二十六回)

(21)远山眉黛芙蓉面,可免他年怨白头。(《绮楼重梦》第二十九回)

(22)你我师徒青山不改,绿水常流,他年相见,后会有期。(《彭公案》第一百三十四回)

代词“他”在字形上有时可作“它”、“佗”,《故训汇纂》:“它,他,古今字。《书·秦誓》‘无他伎’阮元校勘记按。”[2]《康熙字典·人部》:“他,与佗它通。彼之称也,此之别也。”[3]《汉语大词典》:“它,别的;另外的。后多写作‘他’。”[4]“佗,同‘他’。同‘它’。别的,其他的。”[5]这样,“他年”类词语有时又可作“它年”、“它日”、“它时”、“佗年”、“佗日”、“佗时”。表示过去的某个时间的如:

(23)它日,复见,曰:“回益矣。”(《庄子·大宗师》)

(24)子家子公将朝灵公,子公之食指动,谓子家曰:“佗日指动,必食异物。”(《史记·郑世家》)

(25)刑轻于它时而犯法者寡,衣食多于前年而盗贼少,此天下之所以顺陛下也。(《汉书·贾山传》)

表示将来的某个时间的如:

(26)故作《文赋》,以述先士之盛藻,因论作文之利害所由,佗日殆可谓曲尽其妙。(陆机《文赋序》)

(27)但关节疢动,膝炙块溃,请俟它日,乃奉其情。(《后汉书·赵壹传》)

(28)佗时若更相随去,只是含酸对影堂。(李远《见道明上人逝却寄友人》)

(29)学书勿浪书,事有可记者,它时便为故事。(欧阳修《试笔·学书作故事》)

(30)钓濑怀珠山韫玉,谪仙至自蓬莱。它年勋业上云台。棣华

开幕府，莲沼屈英才。（洪适《临江仙·稚川生日》）

（31）佗年若解拂人头，只恐青青颜色换。（陈君响《绝句》）

从考察来看，总体上表示将来时间的用例要多于表示过去时间的情况。

3.“他年”类词语语义特征成因之一：“他”为远指代词

一个时间名词为什么会出现同时具有两个在语义上相反的义项呢？先看“他年”类词语的构成要素之一“他”，“他”除了作人称代词外，还可作指示代词。《汉语大词典》：“他，别的，另外的。”[6]《古代汉语虚词词典》：“他，用于名词前作修饰语。可译作‘其他的’、‘别的’、‘别人的’等。”[7]《古汉语语法及其发展》在介绍旁指（或他指）代词时说：“现代汉语用‘旁的’、‘别的’这类复词，古人则用‘他’（它、佗）字，偶有用‘馀’、‘异’、‘傍’字的。”[8]可见，在作指示代词这一点上，学界主要还是将“他”看作一个旁指（或他指）代词。从实际搭配来看，如果指示代词“他”后接成分是时间以外的人或事物时，则“他”确实为旁指代词，如“别无他法”、“他人的东西”、“他山之石”等，但如果“他”后接成分是时间词语时，“他”再解释为旁指代词就有些勉强，如“他年”释为“别的年份”、“其他的年份”、“另外的年份”，“他日”释为“别的日子”、“其他的日子”、“另外的日子”，“他时”释为“别的时间”、“其他的时间”、“另外的时间”等，均不妥当，因为这种解释首先显然与“他年”类词语“表示过去的某一时间”之义相距甚远，其次与“表示将来的某一时间”之义也不太吻合，实为勉强。

从语义来看，两种语义的“他年”类词语可简单理解为“从前”、“将来”，这两个意义显然是与“现在（或现今、今天等）”相对而言的，这一点在古籍中也得到了广泛的证明，古籍中有大量关于时间上“从前”、“将来”与“现在”对举的例子。如：

（32）孟子曰：“吾固愿见，今吾尚病……”他日又求见孟子。（《孟子·滕文公上》）

（33）赏玩期他日，高深爱此时。（杜审言《和韦承庆过义阳公主

山池五首》其五）

（34）圣主他年贵，边心此日劳。（杜甫《千秋节有感》其二）

（35）今日江南老，他时渭北童。（杜甫《社日两篇》其二）

（36）他时一笑后，今日几人存？（杜甫《九日》）

（37）岭外他年忆，於东此日逢。（李商隐《九月於东逢雪》）

（38）料今朝别后，他时有梦，应梦今朝。（周端臣《木兰花慢·送人之官九华》）

（39）此日荣华沾异宠，他年风木有闻声。（《粉妆楼》第七十三回）

（40）此日衣冠荣画锦，他年姓字表凌烟。（《粉妆楼》第七十九回）

（41）他时变豹贵非常，今日权为途路客。（《喻世明言》第十五卷）

（42）侬今葬花人笑痴，他年葬侬知是谁？（《红楼梦》第二十八回）

（43）子明兄，我看你尊相，目今尚在平平。……他日玉带垂腰，身居王位，其福不可限量。（《飞龙全传》第八回）

（44）今日片帆飞去，我独送君于青草湖头；他年衣锦归来，君仍索我于绿衫行里耳。（《玉梨魂》第六章）

（45）寒衾今夜怜同病，沧海他年见此心。（《玉梨魂》第十章）

以上例句中，“他年”、“他日”、“他时”等词常与“此”、“今”、“今日”、“今夜”、“此日”、“今朝”相对而言，“此”为近指代词，“今”也可作近指代词，《汉语大词典》：“今，指示代词。这，此。”[9]《说文·亼部》：“今，是时也。”[10]由于相对的成分为近指代词，所以时间词“他年”、“他日”、“他时”之“他”应为远指代词充任的词素，而不是旁指代词。

4.“他”为远指代词的演变及路径

同一代词兼有两种或两种以上指称功能在实践上是可行的，如代词“伊”兼具近指代词、他称代词、对称代词的功能，分别如：

(46)万一不合意,永为世笑之。伊怀难具道,为君作此诗。(陶潜《拟古》之六)

(47)蝴蝶儿,晚春时。阿娇初着淡黄衣,倚窗学画伊。(李泌《蝴蝶儿》)

(48)我这里吐胆倾心说与伊,难道你不解其中意。(元无名氏《马陵道》第三折)

又如代词"侬"兼具自称代词、对称代词及他称代词的功能,代词"其"、"之"兼具人称代词与指示代词的功能,等等。那么作为代词"他"的远指功能与旁指功能究竟有什么关系呢?首先,远指代词与旁指代词不是一回事,远指代词是相对于近处的人、事或对象而言的,含有距离因素,旁指代词是相对于彼此以外的人、事或对象而言的,含有范围因素,不含距离因素,古今汉语中常见的远指代词有"夫"、"彼"、"匪"、"那"、"那些"等,常见的旁指代词有"他(它、佗)"、"异"、"傍"、"馀"、"别的"等。虽然远指代词与旁指代词有明显的不同,但两者并非一点关系没有,远指代词含距离因素,距离可以是空间的,也可以是时间的,旁指代词含范围因素,范围是空间的,所以首先在空间范畴这一点上,远指代词与旁指代词其实是相通的,同时时间范畴和空间范畴又关系密切,不少时间词语就是由空间词语演化而来的,如空间范畴的方位词"前"、"后"、"上"、"下"等均可引申用来表时间,这些均说明表空间范畴的范围,在一定条件下是可以转化为兼具时空特点的距离范畴的。鉴于远指代词与旁指代词的时空特点,兼之时空范畴的内在关系,我们认为"他"的远指功能应是从旁指功能中逐渐演化而来的,当旁指代词的"他"范围指称逐渐变弱,而距离指称逐渐变强时,"他"渐渐具备了远指代词的特性,最后逐渐变为远指代词。"他"具备远指功能后,其旁指功能并未消失,从实际考察来看,"他"的旁指功能的使用情况要远甚于其远指功能的使用情况。

关于"他"后接时间的情况,在吕叔湘主编的《现代汉语八百词》中已经注意到与"他"后接其他成分的某些差别,如《现代汉语八百词》在解释"他"的第三个语法特点时说"他,别的事物,别的方面,别的地方。只用于书面。"举例为"毫无他求"、"留作他用"、"如此而已,岂有他哉"、"此人已经他调",又说:"(指)另外的。用于书面。是古汉语残留用法。"举例为"他乡遇故知"、"他日再来看望"、"事必躬亲,不假手他人"[11],提到了时间词"他日"。但可惜《现代汉语八百词》对于"他年"、"他日"、"他时"之"他"的性质并没有进一步挖掘和探讨,没有从一般旁指代词中分出来。

5."他年"类词语语义特征成因之二:"他"后时间成分具有线性特征

解决了"他年"、"他日"、"他时"之"他"为远指代词充任的词素就能解释"他年"、"他日"、"他时"的相反语义并存的现象吗?显然理由还不充分,关键还要看"他年"类词语的后一个构词成分即"年"、"日"、"时"等的特征。这些词有个共同的特征,即都可单作时间词,而且这些时间词都具有一个重要特征即线性特征,也就是说在表示时间方面具有单向的、不可逆的直线性的特征,"年"、"日"、"时"性时间直线是以时点"现在"为基点,分为相互对立的时间"过去"和"未来","过去"和"未来"均由不同的小的时段或时点构成,分别为"过去的某个时间"和"未来的某个时间"。在这个单向时间直线上,相对于基点"现在"而言,"过去"和"未来"都表较远的时间,即远离"现在"的时间。既然"过去"和"未来"都是远离"现在"的时间,又由于"他年"类词语中的"他"实为一个远指代词充当的词素,那么"他年"类词语显然不能指"现在"这个时点,但却完全可以同时表示"过去的某个时间"及"未来的某个时间",这样"他年"类词语自然就同时具有两个语义相反的义项了。

6.结语

所以,"他年"类时间词语的这种语义特点的成因是由于同时受到两个条件影响的结果,一是"他年"类词语中的"他"为远指代词而不是旁指代词充任的语素,二是"他"后的时间成分"年"、"日"、"时"等具有单向的线性特征。

另外,有些相关的词语在这里也得交代一下。有些时间词看似与“他年”类词语相似,但却不能同时满足这两个条件,因而是伪“他年”类词,其语义不可能具有“他年”类词语的特征,如在时间词“他生”中,“生”为“一生、一辈子”之义,在这里也为时间成分,但“他生”却只有一个意义,即“来生,下辈子”,而不能表“上辈子”,原因在于在一些宗教如佛教文化中,生命是可以轮回的,生命并非单向的线性的,而是呈可以循环的圆形特征,因而“他生”不能同时具有两个对立的义项,根据人们的习惯,结果只表示“来生”之义。另外有个时间词“来日”也要说一下,“来日”与“他年”类词的结构不太一致,因为前者第一个词素不由远指代词“他”充任,而是由时间词“来”充任,但“来日”也可以表示“过去的某个时间”及“未来的某个时间”之义,如:

(49)来日苦短,去日苦长。(陆机《短歌行》)

(50)来日一身,携粮负薪。道长食尽,苦口焦唇。今日醉饱,乐过千春。仙人相存,诱我远学。(李白《来日大难》)

这又是什么原因呢,原来这种情况主要是由“来”的多义引起的,《汉语大词典》:“来,未来,将来。”“往昔,过去。”[12]显然,“来日”与“他年”类词语的成因不一样。其他不再赘述。

注释:

[1][4][5][6][9][12]罗竹风主编,《汉语大词典》,上海:汉语大词典出版社,1986—1993 年版。

[2]宗福邦等主编,《故训汇纂》,北京:商务印书馆,2003 年版。

[3](清)陈廷敬,张玉书等编撰,《康熙字典》,北京:中华书局,1958 年版。

[7]中国社会科学院语言研究所古代汉语研究室编,《古代汉语虚词词典》,上海:商务印书馆,1999 年版。

[8]杨伯峻、何乐士著,《古汉语语法及其发展》(修订本)(上),北京:语文出版社,2001 年版。

[10](汉)许慎撰,(清)段玉裁注,《说文解字注》,上海:上海古籍出版社,1988年版。

[11]吕叔湘主编,《现代汉语八百词》(增订本),北京:商务印书馆,1999年版。

(原载《语言科学》2012年05期,陈明富,张鹏丽)

古书"竖"作詈语考

《史记·项羽本纪》:"亚父受玉斗,置之地,拔剑撞而破之,曰:'唉!豎①子不足与谋。夺项王天下者,必沛公也,吾属今为之虏矣!'""竖子"为詈语,即骂人的话,相当于"小子"。《辞源》:"豎子,对人的鄙称。犹谓'小子'。"[1]《汉语大词典》:"豎子,对人的鄙称。犹今言'小子'。"[2]又如《战国策·燕策三》:"荆轲怒,叱太子曰:'今日往而不反者,豎子也!'"明沈采《千金记·入关》:"那无知豎子,激得我怒气填胸。"除"竖子"外,古书中以"竖"合成的詈语词还有一些,如"竖夫"指低贱的人,"竖儿"指小人,"竖儒"是对儒生的鄙称。

"竖子"、"竖夫"、"竖儒"等词之所以可作詈语,主要是构词语素"竖"本身就是一个詈语词。《后汉书·王允传》:"宋翼豎儒,不足议大计。"李贤注:"豎者,言贱劣如僮豎。"[3]《文选·杨恽〈报孙会宗书〉》:"此贾豎之事,污辱之处,恽亲行之。"吕延济注:"豎,小人也。"[4]《康熙字典》:"凡卑鄙者皆曰豎。《史记·留侯世家》:'豎儒几败乃公事。'《晋书·阮籍传》:'时无英雄,使豎子成名。'"[5]《辞源》:"豎,对人的鄙称,犹谓'小子'。《史记·萧相国世家》:'今相国多受贾豎金而为民请吾苑。'"[6]《汉语大字典》:"豎,古时对人的蔑称、贱称。《魏书·桓玄传》:'夭贼之兴,实由此豎。'"[7]《汉语大词典》:"豎,对人的鄙称。《史记·留侯世家》:'臣闻其将屠者子,贾豎易动以利。'"[8]

“竖”何以能作詈语？首先来看一下“竖”的字形及最初音义。“竖”的繁体为“竪”，但“竪”不是“竖”在古汉语中的唯一形体，“竪”只是一个俗体，它还有一个正体“豎”，“豎”在籀文中为“䜺”。《说文·臤部》：“豎，豎立也。从臤豆聲。䜺，籀文豎从殳。臣庾切。”[9]《集韵》：“豎，籀从殳，或从人，侸，俗作竪，非是。”[10]《资治通鉴·周纪二》：“（庞涓）曰：‘遂成竪子之名。’”胡三省注：“殊遇切，义同‘豎’。”[11]《康熙字典》：“竪，俗‘豎’字。”[12]《辞源》：“竪，‘豎’别体字。”[13]“竖”的读音，《说文》和《广韵》均为“臣庾切。”又《康熙字典》：“竪，《广韵》臣庾切，音树。”“豎，《唐韵》‘臣庾切’，《集韵》《韵会》‘上主切’，并音裋。”[14]“竖”音今为“shù”，即“音树”。“竖”的本义，《说文·臤部》：“豎，豎立也。从臤豆声。”[15]《康熙字典》：“豎，立也。”“又《韵会》贞也。《字汇》直也。”[16]关于“贞”与“直”，《集韵》：“贞，一曰正也。”[17]《汉语大词典》：“贞，端方正直。”[18]《说文·乚部》：“直，正见也。”[19]《汉语大词典》：“直，正，不歪斜。”[20]“贞”“直”均含有“竖立”、“直立”之义。《说文解字注》：“豎立，谓堅固立之也。豎与尌音义同。而豎从臤，故知为堅立。”[21]《康熙字典》：“《徐曰》豆器，故为豎立。”[22]可见，“竖”的最初基本意义就是“竖立”或“直立”之义。

“竖”又有“未冠者”、“孺”、“童子”之义。《左传·成公十六年》：“縠阳豎献饮于子反。”孔颖达疏引郑玄云：“豎，未冠者之名。”[23]《文选·江淹〈杂体诗三十首〉》：“豎儒守一经。”李善注引《汉书》韦昭曰：“豎，犹小也。”刘良注：“豎，小儿称也。”[24]又《杨恽〈报孙会宗书〉》：“此贾豎之事。”吕延济注：“豎，小人也。”[25]《说文·门部》：“阉，豎也。”段玉裁注：“豎，犹孺也。”又《臤部》：“豎，豎立也。”段玉裁注：“豎之言孺也。”[26]《汉语大字典》：“豎，童子，未成年的人。”[27]《汉语大词典》：“豎，小孩。”[28]

那么，“竖”表“未冠者”、“孺”、“僮”之义又是从何而来呢？与“竖立”义是什么关系呢？《说文解字注》：“《周礼》：‘内豎。’郑云：‘未冠者之官名。’盖未冠者才能自立，故名之豎，因以为官名。豎之言孺也。”[29]段玉裁认为，“盖未冠者才能自立，故名之豎”。古人三十而立，二十尚不能自立，“未冠者”更不能自立，段玉裁说“未冠者”以后“才能自立”，可“竖”之“立”者并非一定指“未冠者”，所以由“竖立”义到“未冠者”之义尚缺乏必然逻辑。另外，古人将表“豎褐”义的“裋褐”误解为“短褐”，从而认为“豎”有“短”义，如《康熙字典》：“豎，又《韵会》通作裋。《史记·秦始皇纪》寒者利裋褐。《注》一作短，一作豎。谓褐衣豎裁为劳役之衣，短而且狭，故谓之短褐，亦曰豎褐。《荀子·大略篇》衣则豎褐不完。《注》僮豎之褐，亦短褐也。”[30]“短”字虽能解释“未冠者”及“孺”、“僮”之义，但词语“裋褐”并非“短褐”，“裋褐”古代指粗陋布衣，多为贫贱者所服，“短”乃“裋”字之误，古人不明而强解，如《列子·力命》：“朕衣则裋褐，食则粢粝，居则蓬室，出则徒行。”杨伯峻集释：“许慎注《淮南子》云：楚人谓袍为裋。《说文》云：粗衣也。又敝布襦也。又云：襜褕短者曰裋褕。有作短褐者，误。《荀子》作‘豎褐’。杨倞注云：‘僮豎之褐’，于义亦曲。”[31]那么“竖”为何能表“未冠者”、“孺”、“僮”之义呢？我们从“竖”的字形结构入手或许能得到答案。《说文·臤部》：“豎，豎立也。从臤豆声。”[32]《康熙字典》：“豎，《说文》豎立也。《徐曰》豆器，故为豎立。”[33]《徐曰》中的解释很有道理。“豆”为“竖”的声符，根据宋代王圣美“右文说”，谐声字的声符不仅可以表音，还可以表示一个谐声字的意义，即声符可以“兼义”，可以“示源”。“豆”，古代食器及礼器，《说文·豆部》：“豆，古食肉器也。”其外形似高足盘，盘下有柄。主要出现于商代晚期，盛行于春秋战国时期。《周礼·掌客》：“凡诸侯之礼，上公豆四十侯伯豆三十有二，子男二十有四。”“豆”多为日常所用，一般不大，《国语·周语》：“觞酒豆肉箪食。”《诗经·大雅·生民》：“昂盛于豆。”《周礼·考工记》：“食一豆肉，中人之食也。”由于“豆”有高足可立，因而“竖”有“竖立”之义。同理，“豆”的形体一般较小，因而“竖”又含有“小”义，也即“未冠者”、“孺”、“僮”之义。“竖立”义和“小”义相差甚远，很难看出有什么引申关系，似为并列关系较妥。

由一般“未冠者”、“孺”、“僮”义又引申出由“未冠者”、“孺”、“僮”所从事一定劳动或担任一定职务的“僮仆”、“小史”、“小吏”、“小臣”等义。《左传·昭公四年》:“遂使为竖。”杜预注:“竖,小臣也。”[34]又《僖公二十四年》:“晋侯之竖头须,守藏者也。”杜预注:“竖,左右小吏。”[35]《庄子·山木》:“命竖子杀雁而烹之。”成玄英疏:“竖子,僮仆也。”[36]《楚辞·天问》:“有扈牧竖,云何而逢?”洪兴祖补注:“竖,童仆之未冠者。”[37]《淮南子·人间》:“竖阳縠奉酒而进之。”高诱注:“竖,小使也。”[38]《史记·郦生陆贾列传》:“竖儒,夫天下同苦秦久矣。”司马贞索隐:“竖者,僮仆之称。”[39]《玄应音义》卷二十五“童竖”注:“竖,谓寺人未冠者之名也,使通内外之令,以其无有礼入出便疾也。”[40]杜甫《竖子至》:“竖子至。”仇兆鳌详注:“竖子,犹今言小奚。”[41]《希麟音义》卷六“竦竖”注:“竖,童仆之未冠者。”[42]《辞源》:“竖,宫中小臣。”“竖,童仆。”“竖,又内廷之小臣也。”[43]《汉语大字典》:“竖,僮仆,家中供役使的未成年人。”“竖,宫中供役使的小臣。”[44]《汉语大词典》:“竖,童仆。”“竖,古代地位低微的小吏。”[45]

“竖”由“小吏”等义还可引申为指“宦官”。如司马迁《报任少卿书》:“夫以中才之人,事有关于宦竖,莫不伤气,而况于慷慨之士乎!”《辽史·宦官传·王继恩》:“初,皇后以公私所获十岁已下儿容貌可观者近百人,载赴凉陉,并使阉为竖。”

“僮仆”、“小史”、“小吏”、“小臣”在古代封建等级社会中地位都较低下,因而“竖”很容易又引申出贬义或骂人的话。相关训释可见前文李贤注等,书证又如《宋书·恩幸传·徐爰》:“及孝武居统,唯极谄谀,附会承旨,专恣厥性,致使治政苛纵,兴造乖法,损德害民,皆由此竖。”《北史·太武五王传》:“边竖构逆,以成纷梗,其所由来,非一朝也。”宋文天祥《正气歌》:“或为击贼笏,逆竖头破裂。”

“竖”能作詈语,由“竖”构成的合成词有些也能作詈语。除“竖子”外,又如“竖儿”即竖子:唐李贺《感讽》诗之二:“一夕信竖儿,文明永沦歇!”“竖夫”指低贱的人:《三国志·魏志·卫觊传》“稍迁尚书"裴松之注引晋王沈《魏书》:"西方诸将,皆豎夫屈起,无雄天下之意,苟安乐目前而已。""竖儒"是对儒生的鄙称:唐权彻《题沈黎城》:"不学豎儒辈,谈经空白头。"《三国演义》第三一回:"袁绍大怒曰:'豎儒怎敢笑我!我必杀之!'""竖宦"指宦官,有时也含有詈骂嘲讽之义:《后汉书·黄琼传》:"诸梁秉权,豎宦充朝。"

要之,"竖"作詈语,似与"竖"的"竖立"义关系不大,而是由"竖"(豎)声符"豆"之"小"义,引申出"未冠者"、"孺"、"僮"之义,进而引申出"僮仆"、"小史"、"小吏"、"小臣"之义,又受封建等级制度的影响,"竖"渐渐用作詈语,表鄙视或辱骂之词。"竖"不仅可单作詈语词,又可与其他语素结合构成复音詈语词,如"竖子"、"竖儿"、"竖夫"、"竖儒"等。

说明:

①"豎"为"竖"的繁体字,也是"竖"的正体字。由于"豎"还有一个俗体字"竪",为了区别起见,本文凡叙述文字均作"竖",引文作"豎"或"竪",分开表示。

注释:

[1][6][13][43]商务印书馆编辑部等编,《辞源》(修订本),北京:商务印书馆,1988 年版。

[2][8][18][20][28][45]罗竹风主编,《汉语大词典》,上海:汉语大词典出版社,1986—1993 年版。

[3](南朝·宋)范晔撰,李贤等注,《后汉书》,北京:中华书局,1997 年版。

[4][24][25](南朝·梁)萧统主编,(唐)李善等注,《六臣注文选》,北京:中华书局,2012 年版。

[5][12][14][16][22][30][33](清)陈廷敬,张玉书等编撰,《康熙字典》,北京:中华书局,1958 年版。

[7][27][44]徐中舒主编,《汉语大字典》(缩印本),成都:四川

辞书出版社、武汉:湖北辞书出版社,1993 年版。

[9][15][19][21][26][29][32](汉)许慎撰,(清)段玉裁注,《说文解字注》,上海:上海古籍出版社,1988 年版。

[10][17](宋)丁度等编,《集韵》(影印本),上海:上海古籍出版社,1985 年版。

[11](宋)司马光主编,(元)胡三省注,《资治通鉴》,北京:中华书局,1956 年版。

[23][34][35](周)左丘明传,(晋)杜预注,(唐)孔颖达疏正义,《春秋左传正义》,北京:北京大学出版社,2000 年版。

[31]杨伯峻著,《列子集释》,北京:中华书局,1979 年版。

[36](晋)郭象注,(唐)成玄英疏,曹础基、黄兰发校,《庄子注疏》,北京:中华书局,2011 年版。

[37](宋)洪兴祖撰,《楚辞补注》,北京:中华书局,2002 年版。

[38](汉)刘安等编,(汉)高诱注,《淮南子》,上海:上海古籍出版社,1989 年版。

[39](汉)司马迁著,(南朝·宋)裴骃集解,(唐)司马贞索隐,(唐)张守节正义,顾颉刚等点校,《史记》,北京:中华书局,1959 年版。

[40][42](唐)玄应、(唐)慧琳、(辽)希麟著,徐时仪校注,《一切经音义三种校本合刊》,上海:上海古籍出版社,2008 年版。

[41](唐)杜甫著,(清)仇兆鳌注,《杜诗详注》,北京:中华书局,1999 年版。

(原载《中国语文》2010 年 01 期,张鹏丽,陈明富)

"泼"作詈词演变轨迹考察

《水浒传》第六回:"且说菜园左近有二三十个赌博不成材破落户泼皮,泛常在园内偷盗菜蔬,靠着养身。"第十回:"(林冲)大喝一声:‘泼贼那里去?’”这里的“泼皮”、“泼贼”都是詈词,即坏蛋、无赖之意。这种由“泼”作词素构成的合成詈词在古汉语中还不少,如泼才、泼物、泼命、泼面、泼毛团、泼毛神、泼奴胎、泼材料、泼东西、泼无徒、泼鬼头等,均用来表卑贱、可恶、无赖之意。现代汉语中,仍有泼皮、泼妇、泼赖等词。以上这些词之所以能充任詈词,主要是其构词语素“泼”在古汉语中本身就是一个重要的詈词,如宋吴自牧《梦粱录·诸库迎煮》:“虽贫贱泼妓,亦须借备衣装首饰,或托人雇赁,以供一时之用。”元岳伯川《铁拐李》第一折:“(正末云)呸,你看我晦气,连日接新官不着,来家吃饭,又被这泼先生骂我是没头鬼。”

“泼”何以能作詈词?通过对“泼”的语义考察发现,“泼”作詈词主要是由其最初意义逐步引申演化的结果。泼,《集韵》作普活切,入声末韵,滂母[1]。对于“泼”的最初意义,《玉篇·水部》:“泼,水漏也。一曰弃水也。”[2]《集韵·末韵》:“泼,弃水也。”[3]《字汇·水部》:“泼,浇泼。注曰浇,散曰泼。总曰弃水。”[4]《小学搜佚·考声》:“泼,以水散地也。”[5]《辞源》:“泼,用力向外洒或倒。”[6]《汉语大字典》:“泼,液体倒掉时使散开。”[7]《汉语大词典》:“将液体向外倾洒,使散开。”[8]可见,“泼”的最初含义应是“弃水”之义,即“以水散地”,这是人们有意识的泼洒动作。如北魏贾思勰《齐民要术·造神曲并酒》:“汲水二十斛,勿令人泼水。”唐白居易《想东游五十韵》:“菡萏红涂粉,菰蒲绿泼油。”宋苏辙《过韩许州石淙庄》:“居然受喷泼,雷转诸壑内。”宋孔武仲《泊赵屯》:“掀摇三山欺五岳,巨浪倒泼东南天。”宋王溥《唐会要·康国》卷九十九:“至十月,鼓舞乞寒,以水相泼,盛为戏乐。”《宋史·高昌传》:“以银或鍮石为筒,贮水激以相射,或以水交泼为戏,谓之压阳气去病。”《三国演义》第二回:“彼用妖术,我来日可宰猪羊狗血,令军士伏于山头;候贼赶来,从高坡上泼之,其法可解。”

水被泼洒之后,自然就要流动,因而“泼”由“弃水”义很自然就引申出了流动、泻出之义。《汉语大字典》:“泼,东西从倾斜或翻倒的容器里泻出。”[9]《汉语大词典》:“泼,泛指东西从倾斜或翻倒的容器里泻出。”[10]上文《玉篇·水部》:“泼,水漏也。”[11]这里的“水漏”除渗漏义外,也含流动、泻出之义。《康熙字典》:“漏,渗漏也。”“又泄也。《左传·僖四年》:‘齐寺人貂始漏师于多鱼。’”[12]《汉语大词典》:“漏,液体、气体、光线等从孔隙中渗出或透出。”“泄露。”“溢出。”“排出,排泄。”[13]又李贤《后汉书注》:“漏,溢也。”可见,“水漏”亦有泻出、溢出之义。“泼”表流动、泻出之义,如《儒林外史》第十回:“陈和甫吓了一惊,慌立起来,衣袖又把粉汤碗招翻,泼了一桌。”《今古奇观》第十七卷:“不期一脚踢番坐杌子,娘儿两个跌做一团,酒壶都泼翻了。”《水浒传》第四十六回:“这老子挑着一担糕粥,泼翻在地下。”《三宝太监西洋记》第六十二回:“雨逞风威偏泼倒,风随雨越随颠狂。风风雨雨相追逐,任是天公没主张。”《东周列国志》第十四回:“不等子突安营,大杀一场,二百乘兵车,如汤泼雪。”峻青《黎明的河边》八:“我把匣枪的机钮拨到了快机上,子弹像雨点似的泼出去。”罗广斌、杨益言《红岩》第四章:“慢点嘛,看把豆瓣打泼了。”

液体溢出或泻出之后,流量可能很大,因而“泼”可以进一步引申出“漫”、“满”之义。《汉语大字典》:“泼,漫。”[14]《汉语大词典》:“泼,满,遍及。”[15]其中,“泼天”使用较多,“泼天”犹满天,形容极大、极多。如元张国宾《合汗衫》第四折:“若说着俺祖先,好家私似泼天。”《古今小说·沈小霞相会出师表》:“闻氏哭倒在地,口称泼天冤枉。”《醒世恒言》第十三卷:“再把四般法物劈头一淋,庙官知道如此作用,随你泼天的神通,再也动弹不得。”明佚名《白兔记·访友》:“自家姓刘,名暠,字智远,本贯徐州沛县沙陀村人氏。自由父亲早丧,随母改嫁,把继父泼天家业,尽皆花费。”《金瓶梅词话》引子:“就如那石季伦泼天豪富,为绿珠命丧囹圄。”《娇红记》第四出:“象那李衙内、张舍人,泼天价富贵的子弟可好么?”清李玉《一捧雪·伪献》:“消却泼天愁。”《逸老堂诗话》卷上:“张修撰(亨父)诗云:‘东风泼地扫烟埃,桃李无情柳乏才。留不住春花落去,卷成团雪絮飞来。’”《封神演义》第八十八回:“只听得黄河内泼浪滔天,风声大作,把武王龙舟泊在浪里颠播。"

水"漫"、"满"后,则往往任意流淌,不受约束。水的这种特性用在人身上,则表现为泼辣,无所顾忌,胡乱地说或做某事。因而"泼"由"漫"、"满"之义很自然引申出"泼辣"、"无所顾忌"、"胡乱"之义。《汉语大字典》:"泼,泼辣,无所顾忌。"又"泼,胡乱地。"[16]"泼"的这一意义发展是其由一般中性词向詈词演化的重要一步。"泼辣"、"无所顾忌"义如元关汉卿《蝴蝶梦》第二折:"俺孩儿好冤屈,不覩事不牢狱,割舍了待泼做,告都堂诉省部,撅皇城打怨鼓,见銮舆便唐突。"明佚名《照世杯·走安南玉马换猩绒》:"倒放泼了胆子,着实用功窥望一番。"《初刻拍案惊奇》卷二十九:"果然惜惜忒放泼了些,罗妈妈见他日间做事,有气无力,长打呵欠,又有时早晨起来,眼睛红肿的。""胡乱"义如宋郭应祥《鹊桥仙·丁卯七夕》:"独怜词客与诗人,费多少闲言泼语。"元佚名《九世同居》第二折:"(贡官云)只有十八般武艺,偏你十九般,那一般呢?(李奈云)我会打筋斗。(贡官云)这厮泼说,且一壁有者。"元刘唐卿《降桑椹》第一折:"得也么,泼说。"

"泼"由"泼辣"、"无所顾忌"、"胡乱"之义,进一步引申出"凶悍"、"蛮横"之义。《辞源》:"泼,蛮横。"[17]《汉语大字典》:"泼,蛮横不讲理。《清平山堂话本·快嘴李翠莲记》:'你是婆婆,如何不管?尽着他放泼,像甚模样?被人家笑话!'《红楼梦》第八十回:'他虽不敢还手,便也撒泼打滚,寻死觅活。'"[18]《汉语大词典》:"泼,凶悍,蛮横。《红楼梦》第四四回:'凤姐儿见人来了,便不似先前那般泼了,撂下众人,便哭着往贾母那边跑。'沙汀《替身》:'为了去年的优待谷,一个老娘子毫无顾忌的大发其泼,躺在地上,抱着他的腿子拼命。'"[19]又如元关汉卿《蝴蝶梦》第一折:"似这般逞凶撒泼干行止,无过恃着你有权势、有金资。"《水浒传》第六回:"只被廊下那几个老和尚吃酒撒泼,将钱养女,长老禁约他们不得,又把长老排告了出去。"

一个人"凶悍"、"蛮横"之后,就会招来别人的厌烦、鄙夷,因而

"泼"就会慢慢用作蔑称,进而用作詈词。《汉语大字典》:"蔑称或骂词,犹'卑贱'、'坏'、'可恶'。"[20]《汉语大词典》:"表示厌恶、鄙视之词。犹言卑贱,卑劣,可恶。"[21]如宋吴自牧《梦粱录·诸库迎煮》:"虽贫贱泼妓,亦须借备衣装首饰,或托人雇赁,以供一时之用。"元戴善夫《风光好》第四折:"我则道你是铺眉苫眼真君子,你最是昧已瞒心泼小儿。"元白朴《梧桐雨》第四折:"只好把泼枝叶做柴烧,锯倒。"元岳伯川《铁拐李》第一折:"(正末云)呸,你看我晦气,连日接新官不着,来家吃饭,又被这泼先生骂我是没头鬼。"《水浒传》第八二回:"第五个贴净……裹一顶油油腻腻旧头巾,穿一领邋邋遢遢泼戏袄。"《西游记》第二回:"猴王喝道:'这泼魔这般眼大,看不是老孙!'"

"泼"作詈词主要用于别人称自己,如果自己称自己为"泼",则属于谦称。如《汉语大字典》:"泼,谦词;贬词。犹'贱'、'贫穷'。元杨景贤《刘行首》第一折:'我这般穷身泼命谁瞅问,蓬头垢面粧痴钝。'元郑光祖《倩女离魂》第四折:'每日价烦烦恼恼,孤孤另另,少不得厌煎成病,断送了泼残生。'明刘兑《娇红记》:'(卜云)你哥哥嫂嫂,一家儿都好么?(末唱)都只守着泼家私,闲过遣。'"[22]

可见"泼"作詈词是由其最初意义"弃水"义逐步引申出来的,那么"泼"作詈词是什么时候出现的呢?从大量语料的考察来看,主要是宋元时出现的。宋元以前,包括唐五代,"泼"还主要表示"弃水"、"流动"、"泻出"或"烹煮"等义。如《祖堂集》卷六:"翠微答曰:'不可,事须要第二杓恶水浆泼作摩?'"唐白居易《黑潭龙》:"肉堆潭岸石,酒泼庙前草。不知龙神享几多,林鼠山狐长醉饱。"唐皮日休《奉和鲁望早春雪中作吴体见寄》:"竹根乍烧玉节快,酒面新泼金膏寒。全吴缥瓦十万户,惟君与我如袁安。"唐张又新《煎茶水记》:"过桐庐江至严子濑,溪色至清,水味甚冷,家人辈用陈黑坏茶泼之,皆至芳香。"宋元以后"泼"作詈词的用例可见上文。

"泼"作詈词,不仅在古汉语中大量使用,现代汉语中仍然存在。《现代汉语词典》中就收录了"泼妇"、"泼皮"等词[23]。现代作品中也不乏用例,如钱钟书《围城》:“辛楣不知道大哲学家从来没有娶过好太太,苏格拉底的太太就是泼妇,褚慎明的好朋友罗素也离了好几次婚。”梁晓声《冉之父》:“如果对方不是个心狠手辣的女人,也必定是个泼妇! 要不一柄伞能捅进人身体里去,能将人捅死? 七年……才判七年,我咽不下这一口气。”刘心武《贾元春之死》八:“那摊主梗起脖子道:‘你倒砸呀! 砸个看看! 清平世界,我怕你个泼皮不成!’周围有的劝,有的作壁上观,一时沸沸扬扬。”又“他跟我一样,算是嘴硬手狠却心慈意善的一流。都说我们泼皮,其实我们倒并无一双势利眼睛!”张一弓《赵镢头的遗嘱》四:“这显然是一个不同寻常的部署,连泼皮胆大的刘卯也胆怯起来。”

从汉语史来看,“泼”作詈词,不仅可以单用(主要作定语),还可以合成詈词的凝聚形式出现。从“泼”构成合成詈词的语法性质来看,主要是名词性成分,如泼物、泼命、泼奴胎、泼无徒、泼皮赖肉等;但也有少数形容词性成分的,如泼贱、泼赖等;从“泼”构成合成詈词的形式来看,主要有二字格、三字格、四字格等形式,以二字格、三字格居多。二字格如泼皮、泼才、泼物、泼命、泼面、泼贼、泼贱、泼赖等;三字格如泼毛团、泼毛神、泼奴胎、泼材料、泼东西、泼无徒、泼鬼头、泼烟花、泼娼根、泼婆娘等;四字格如泼男泼女、泼皮赖肉等;再长的就只能算作詈语了。

总之,“泼”是古汉语中一个重要的詈词,主要形成于宋元时期。“泼”作詈词是语义引申演变的结果,“泼”的最初含义是“弃水”,即“以水散地”之义,然后逐步引申为詈词。其演变轨迹为:“弃水”义→“流动”、“泻出”义→“漫”、“满”义→“泼辣”、“无所顾忌”、“胡乱”义→“凶悍”、“蛮横”义→用作詈词,表“卑劣”、“可恶”之义。“泼”作詈词,不仅可以单用,还可以合成词的形式出现。

注释:

[1][3](宋)丁度等编,《集韵》(影印本),上海:上海古籍出版社,1985 年版。

[2][11](南朝·梁)顾野王编撰,《原本玉篇残卷》(影印本),北京:中华书局,1985年版。

[4](明)梅膺祚撰,《字汇》,上海:上海辞书出版社,1991年版。

[5]宗福邦等主编,《故训汇纂》,北京:商务印书馆,2003年版。

[6][17]商务印书馆编辑部等编,《辞源》(修订本),北京:商务印书馆,1988年版。

[7][9][14][16][18][20][22]徐中舒主编,《汉语大字典》(缩印本),成都:四川辞书出版社、武汉:湖北辞书出版社,1993年版。

[8][10][13][15][19][21]罗竹风主编,《汉语大词典》,上海:汉语大词典出版社,1986—1993年版。

[12](清)陈廷敬,张玉书等编撰,《康熙字典》,北京:中华书局,1958年版。

[23]中国社会科学院语言研究所词典编辑室编,《现代汉语词典》,北京:商务印书馆,2005年版。

(原载《天中学刊》2013年03期,陈明富)

陶诗“道狭草木长”之“长”音义辨正

——兼释“孟夏草木长”之“长”

东晋大诗人陶渊明是两汉魏晋南北朝八百年间最杰出的诗人,也是我国田园诗的开创者,《归园田居》是其田园诗的典型代表。[1]《归园田居》共五首,其中第三首为:“种豆南山下,草盛豆苗稀。晨兴理荒秽,带月荷锄归。道狭草木长,夕露沾我衣。衣沾不足惜,但使愿无违。”[2]这首诗因其语言质朴,意境清远而广为传颂。但对于其中“道狭草木长”一句中“长”字的音义理解,则颇有争议,不仅一些译本、教材注释不一,而且教学中师生理解也时有龃龉分歧,同时网上也争论不修。争论观点不外两种,一种认为“长”应该读 cháng,形容词,义为“长短”之长;一种认为应该读 zhǎng,动词,义为生长旺盛,丛生。认为读 cháng 的理由主要有以下几种：一是“长”表示草木枝叶很长，因为枝叶长，加之“道狭”，所以才“夕露沾我衣”；一是该诗中“种豆南山下，草盛豆苗稀”一句中用来描述“草”、“豆苗”等植物的“盛”、“稀”都是形容词，兼之“道狭草木长”中“狭”也是形容词，因而“长”没有理由不是形容词，即读 cháng；还有认为“狭”与“长”都是形容词，不仅对称统一，而且正好构成一对反义词，读 zhǎng、作动词就完全没有必要。认为读 zhǎng 的理由主要是“长”义为生长旺盛，因为道路窄，草木又生长旺盛，所以才让露水沾湿了衣服，句意同样能说得通。但是这种解释与第一种观点的理由相比，似嫌解释力度尚不够，因为第一种意见不仅同样能解释句意，而且能照顾到语言形式，理由似乎更充分。同时持第一种意见的认为将“长”理解为动词“生长旺盛”之义有“增字为训”之嫌，犯了训诂之忌，而解释为形容词“长”就没有这一问题。

那么，这里的“长”究竟应该读 cháng 还是 zhǎng 呢？看来这个问题不解决，不仅会曲解诗意，还会影响教学。对于“长”的音义问题，下面我们主要从语言及文献的角度，同时结合诗意和陶诗体例等多个方面来加以分析。

假设“道狭草木长”之“长”就是形容词，读 cháng 音，那么我们就来看一下“草木长”的搭配情况。“草木长”是“草长”与“木长”的意思，首先来看“草”与“长”的搭配情况。从语料考察来看，“草”后如接谓词，多为形容词，主要是“盛”、“疏”、“绿”、“荣”、“湿”、“碧”、“芳”、“衰”、“萎”、“垂”等词，如唐贯休《送僧归南康》：“远思芳草盛，不入楚山行。”骆宾王《久客临海有怀》：“草湿姑苏夕，叶下洞庭秋。”李适《中和节日宴百僚赐诗》：“云开洒膏露，草疏芳河津。”李从善《蔷薇诗一首十八韵，呈东海侍郎徐铉》：“嫩刺牵衣细，新条窣草垂。”褚亮《奉和咏日午》：“草萎看稍靡，叶燥望疑稀。”杨师道《赋终南山用风字韵应诏》：“草绿长杨路，花疏五柞宫。”陈子良《赞德上越国公杨素》：“川长蔓草绿，峰迥杂花明。”张九龄《奉和圣制早登太行山率尔言志》：“气色烟犹喜，恩光草尚荣。”“草”后接形容词“长”的也有，如唐周瑀《潘司马别业》：“门对青山近，汀牵绿草长。”韩愈《鸣雁》：“江南水阔朝云多，草长沙软无网罗。”张孝祥《夜游宫》：“芳郊迥，草长川永。”但“草”后接形容词“长”的情况总体不多，如《梁书 · 陈伯之传》：“暮春三月，江南草长，杂花生树，群莺乱飞。”“草”后更多是接动词“长”。

再看“木”的情况。从考察来看，“木”后多接动词“生”、“长”、“落”等，如《论衡 · 程材》：“夫竹生于山，木长于林，未知所入。”武三思《凝碧池侍谶应制得出水楂》：“彼木生何代，为槎复几年。”贯休《秋晚野步》：“闲步不觉远，萧萧木落初。”虞世南《结客少年场行》：“云起龙沙暗，木落雁行秋。”“木”后如接形容词，有两种情况，一是“木”作“草木”之“木”即“枝叶”义讲，这种情况其后形容词使用不多，主要是“茂”、“深”等，如唐陈元光《落成会咏一首》：“凌烟乔木茂，献宝介圭崇。”吴筠《题龚山人草堂》：“结庐迩城郭，及到云木深。”齐已《酬洞庭陈秀才》：“青草湖云阔，黄陵庙木深。”刘兼《秋夕书事》：“摇落江天万木空，雁行斜戛塞垣风。”“木”作“枝叶”义讲时，其后也可接形容词“长”，但这时的“长”不是指枝叶长，而是指树高，“长”为“高”义，如《南齐书 · 五行志》：“永明六年，石子岗柏木长二尺四寸，广四寸半，化为石。”《新语 · 无为》“故近河之地湿，而近山之木长者，以类相及也。”“木”后接形容词“长”，“木”更多的是“木头”、“树干”等义，而不是“枝叶”义，这种情况较多，如《墨子 · 备蛾傅》：“杜格，狸四尺，高者十丈，木长短相杂，兑其上，而外内厚涂之。”又《经说下》：“木与夜孰长，智与粟孰多，爵、亲、行、贾，四者孰贵？麋与霍孰高？”《汉旧仪补遗》：“上林给栗木，长安祠庙作神主，东园秘器作梓宫，素木长丈三尺，崇广四尺。”《齐民要术 · 耕田》：“春候地气始通：椓橛木长尺二寸，埋尺，见其二寸；立春后，土块散，上没橛，陈根可拔。”可见，“木”作树木之“枝叶”义时，其后很少发现接形容词“长短”之“长”的情况。

再看“草木”后接形容词的情况。“草木”后一般可接形容词，如“茂盛”、“枯”、“疏”、“稀”、“深”等，例如《孟子 · 滕文公上》：“草木畅茂，禽兽繁殖，五谷不登，禽兽逼人。”《吕氏春秋 · 季春纪》：“季春行冬令，则寒气时发，草木皆肃，国有大恐。”又《孟夏纪》：“行冬令，则草木早枯，后乃大水，败其城郭。”《汉书 · 郊祀志上》：“夏得木德，青龙止于郊,草木𪩘茂。”杨巨源《郊居秋日酬奚赞府见寄》:“日晚汀洲旷,天晴草木疏。”李涉《醉中赠崔膺》:“炀帝陵边草木深,汴河流水空归海。”杜审言《赠苏味道》:“雨雪关山暗,风霜草木稀。”《唐会要·尊崇道教》“草木茂盛之月。”“草木”后也可接“长”,但从语料考察来看,“长”为动词,很难发现有形容词的情况。如《艺文类聚·木部上》:“子路曰:‘二亲之寿,匆若尘过隙。草木长,霜露不息。使贤者欲养二亲,其道不行。’”李白《春归终南山松龛旧隐》:“别来能几日,草木长数尺。”杜甫《武侯庙》:“遗庙丹青落,空山草木长。”岑参《武威送刘单判官赴安西行营,便呈高开府》:“孟夏边候迟,胡国草木长。”柳宗元《法华寺石门精舍三十韵》:“始欣云雨霁,尤悦草木长。”这些句中的“草木长”之“长”均为动词。从考察来看,“草木”后接动词的情况要远多于形容词,接动词又如《礼记·月令》:“是月也,天气下降,地气上腾,天地和同,草木萌动。”《礼记·中庸》:“夫山,一卷石之多,及其广大,草木生之,禽兽居之,宝藏兴焉。”《说苑》卷第十六:“草木秋死,松柏独在;水浮万物,玉石留止。”《汉书·地理志上》:“厥土赤埴坟,草木渐包。”《南齐书·东南夷传》:“土气恒暖,草木不落。”可见,从搭配情况来看,“草木”后一般不接形容词“长”。究其原因,主要是“草木”之“木”含有“枝叶”之义,前面考察过,“木”有“枝叶”义时,其后很难接形容词“长”,一般用“茂”、“深”等词;加之“草”后形容词多为“盛”、“疏”、“绿”、“荣”、“湿”、“碧”、“芳”、“衰”、“萎”、“垂”等,用“长”的并不多。所以“草木”连用,其后很难接形容词“长”,只能接动词“长”。

如果“草木”一定要用来表达具有形容词“长”的意思,只能是“草木”的“叶”或“枝”“长”,而不是“草木”后直接接形容词“长”,如徐夤《郡庭惜牡丹》:“明年万叶千枝长,倍发芳菲借客看。”贯休《观怀素草书歌》:“月兔笔,天灶墨,斜凿黄金侧锉玉,珊瑚枝长大束束。”刘沧《题吴宫苑》:“芦叶长侵洲渚暗,苹花开尽水烟平。”李颀《粲公院各赋一物得初荷》:“微风和众草,大叶长圆阴。”李峤《兔》:“目随槐叶长,形逐桂条飞。”李义府《堂堂》:“蕙花已老桃叶长,禁院悬帘隔御光。”

另外,从陶诗的用语规律来看,“草木长”之“长”也不宜为形容词。我们先来看同是《归园田居》系列中的第二首诗:“野外罕人事,穷巷寡轮鞅。白日掩荆扉,虚室绝尘想。时复墟曲中,披草共来往。相见无杂言,但道桑麻长。桑麻日已长,我土日已广。常恐霜霰至,零落同草莽。”诗中有两处“桑麻长”的用语,其中“但道桑麻长”意为见面只谈些农事的情况,其中“桑麻长”指的是桑树和麻的长势,代指农事;“桑麻日已长”指桑树和麻等农作物日渐长大的意思。可见,两处“桑麻长”之“长”都非形容词,只能理解为动词“生长”的意思。“桑麻”中“桑”属于“木”类,“麻”一岁一生,应属于“草”类,因而“桑麻”和“草木”的性质相同,从而也可看出“草木长”之“长”应为动词,而不是形容词。另外,陶诗《读〈山海经〉》系列中的第一首诗的第一句就有“草木长”三字,这个应该最能说明问题。该诗第一句为:“孟夏草木长,绕屋树扶疏。”我们来分析一下这里的“长”是动词还是形容词。如果是形容词,该诗句意为:四月份到了,草木长得已经很长了,屋前屋后的树木已经长得枝繁叶茂了。显然,句中的“木长”与“树扶疏”的语义啰唆重复,因而“长”为形容词不合用语逻辑。如果“长”作动词,诗句意为:四月份正是草木生长旺盛的时候,屋前屋后的树木已经长得枝繁叶茂了。这样,“孟夏草木长”的作用就相当于一个时间用语,只是说明气候时令及环境的变化而已,与“绕屋树扶疏”不仅不冲突,而且能起到衔接自然、主次分明的作用,这与丘迟《与陈伯之书》中“暮春三月,江南草长,杂花生树,群莺乱飞。见故国之旗鼓,感平生于畴日,抚弦登陴,岂不怆恨”中“暮春三月,江南草长,杂花生树,群莺乱飞”一句的艺术效果有异曲同工之妙。所以,从陶诗的用语规律来看,我们没有理由将“道狭草木长”之“长”理解为形容词,而应该是动词。

下面针对将“道狭草木长”之“长”理解为形容词的几种理由来谈谈其误解的情况。首先,有意见认为诗中“盛”、“稀”、“狭”都是形容词,“长”也应是形容词。其实,要是了解陶诗的用语规律,就不会认为此处“长”在形式上一定为形容词,因为陶诗中形容词和动词不对称的情况是有的,如《九日闲居并序》“露凄暄风息,气澈天象明”中的“凄”、“澈”、“明”与“息”,《和胡西曹示顾贼曹》“重云蔽白日,闲雨纷微微”中的“蔽”与“纷”,《杂诗》其二“气变悟时易,不眠知夕永”一句中“易”(变易)与“永”,《劝农》“智巧既萌,资待靡固”一句中的“萌”与“固”等。因为陶诗毕竟不是律诗,同时诗歌用语还要根据文意来安排,不能只讲形式而忽略内容。

另外,认为“道狭草木长”中“狭”与“长”在语义上是反义词也是不妥的。在古汉语中,“狭”的反义词为“阔”、“宽”、“广”等,并非形容词“长”,《汉语大词典》:“狭,窄。横的距离小。与‘宽’、‘广’相对。”[3]“狭”与“阔”、“宽”、“广”等可以连用,如:《礼记·礼器》:“礼之大伦,以地广狭,礼之薄厚。”《史记·天官书》:“为经,不移徙,大小有差,阔狭有常。”《艺概》卷二《诗概》:“兴与比有阔狭之分,盖比有正而无反,兴兼反正故也。”《三国志·吴书·周鲂传》:“又彼此降叛,日月有人,阔狭之间,辄得闻知。”《颜氏家训·归心》:“百里之物,数万相连,阔狭从斜,常不盈缩。”《南齐书·东南夷传》:“那伽仙屡衔边译,颇悉中土阔狭,令其具宣。”《宋书·历志下》:“夫日有缓急,故斗有阔狭,古人制章,立为中格,年积十九,常有七闰,晷或虚盈,此不可革。”《春秋繁露·天地之行》:“辨五行之本末、顺逆、小大、广狭,所以观天道也。”《论衡·谈天》:“天地,含气之自然也,从始立以来,年岁甚多,则天地相去,广狭远近,不可复计。”《世说新语·容止》:“为人有记功,从桓宣武平蜀,按行蜀城阙观宇,内外道陌广狭,植种果竹多少,皆默记之。”“狭”与“阔”、“宽”、“广”等间隔对举,如:《汉书·司马相如传下》:“尔狭游原,迥阔泳末。”《齐民要术·养马》:“以锯子割所患蹄头前正当中,斜割之,令上狭下阔,如锯齿形。”《北齐书·杜弼传》:“诏又问曰:‘说者皆言法性宽,佛性狭,宽狭既别,非二如何?’”《商君书·算地》:“故有地狭而民众者,民胜其地;地广而民少者,地胜其民。”《释名·释衣服》:“妇人上服曰袿,其下垂者,上广下狭如刀圭也。”《宋书·孝武帝本纪》:“朕虽戮力宇内,未明求衣,而识狭前王,务广昔代,永言菲德,其愧良深。”《魏书·景穆十二王传下》:“熙、略兄弟,早播民誉,或才疏志大,或器狭任广,咸不能就其功名,俱至非命,惜也。”古汉语中,“狭”与“长”也经常连用,但“狭长”并非表非此即彼的反义对比,而是表示既"狭"又"长"的意思。因为"长"与"狭"本质上并非是同一维度的两个极端,"狭"是就横的距离而言的,其反义是"阔"、"宽"、"广"等,而"长"是就两段距离而言的,《汉语大字典》:"长,凡空间、时间距离较大者。与'短'相对。"[4]《汉语大词典》:"长,指在空间的两端之间距离大。"[5]"长"的反义是"短"。"狭长"连用表示既"窄(狭)"又"长"的意思,如《释名·释水》:"侧出曰氿泉。氿,轨也,流狭而长如车轨也。"又《释兵》:"狭而长者曰步盾,步兵所持与刀相配者也。"《周书·萧詧传》:"如周面狭长,以《法华经》云'闻经随喜,面不狭长',尝戏之曰:'卿何为谤经?'如周踧踖,自陈不谤。"可见,"道狭草木长"中"狭"与"长"在语义上绝不可以构成反义关系。

所以,"道狭草木长"之"长"只能作动词,读 zhǎng。那么"长"的意义如何解释较好呢?《汉语大词典》:"长,生长,成长。"又"滋长;助长。"[6]《说文·长部》段玉裁注:"长,引申之为滋长、长幼之长。"[7]结合诗句意义,"道狭草木长"之"长"应解释为"滋长"较合适。"道狭草木长,夕露沾我衣"的句意就是指道路狭窄,兼之路两旁草木丛生,因而晚上归来时被草木上的露水沾湿了衣服。如果将"长"理解为"生长旺盛"也谈不上增字为训,因为此处"长"即"生长旺盛"的意思,是对"滋长"的进一步阐释,不过"长"释为"滋长"更为精练恰当一些。同样,陶诗《读〈山海经〉》其一"孟夏草木长,绕屋树扶疏"中"长"也为动词,读 zhǎng,义为"滋长"。另外,"道狭草木长"之"长"作动词,也使该诗韵律显得比较和谐,尽管陶诗非律诗,并不像律诗的平仄那样严谨有规则,但是陶渊明有时也是讲求一定的韵律的。下面来看《归园田居》其三中各句句末的平仄情况:"种豆南山下(仄),草盛豆苗稀(平)。晨兴理荒秽(仄),带月荷锄归(平)。道狭草木长(仄),夕露沾我衣(平)。衣沾不足惜(仄),但使愿无违(平)。"该诗句末形成平仄相间的格式,而且每两句的末字都平仄相对,从而使得全诗形成了较强的韵律感。

总之,从词语"草"、"木"及"草木"与其后词语的搭配情况,以及诗句意义、陶诗用语规律等角度来看,陶诗"道狭草木长"及"孟夏草木长”之“长”均为动词，读 zhǎng，义为“滋长”。

注释：

[1]袁行霈著，《陶渊明研究》，北京：北京大学出版社，1997年版。

[2]（晋）陶渊明撰，逯钦立校注，《陶渊明集》，北京：中华书局，1979 年版。

[3][5][6]罗竹风主编，《汉语大词典》，上海：汉语大词典出版社，1986—1993 年版。

[4]徐中舒主编，《汉语大字典》（缩印本），成都：四川辞书出版社、武汉：湖北辞书出版社，1993 年版。

[7]（汉）许慎撰，（清）段玉裁注，《说文解字注》，上海：上海古籍出版社，1988 年版。

（原载《东方论坛》2012 年 06 期，陈明富）

《六度集经》词语札记

——兼与《汉语大词典》进行比较

《六度集经》又作《六度无极经》、《六度无极》、《六度集》，是三国时吴康僧会编译的一部佛本生故事与佛传故事集。原书八卷，共收 91 个本生故事和佛传故事。《大正藏》将《六度集经》收编在第三卷，本缘部上[1]。

《六度集经》出现的时间较早，当时正值中国汉译佛经的初期，口语成分较同时代中土文献要多一些，因而它应是研究汉语史特别是中古汉语词汇史的宝贵资料。笔者在阅读《六度集经》的过程中，发现其中许多词语的意义及用法都比较特殊，现选数例加以考释。

一、杌：①伤害，残害；②砍，割；③凋残，残疾

（1）仁王惨然而曰：“以吾一人之身，戮兆民身，爱吾一人命，杌

兆民之命。"(《波耶王经》)

(2)时他国有犯罪者,国政杌其手足,截其鼻耳,败舡流之。(《波罗㮈国王经》)

(3)妻以婿为死,国人无识己者,负杌婿入国,自陈结发室家,遭世衰乱。身更凋残。(同上)

按:"杌",《说文·木部》:"杌,木无头也,从木兀声。"[2]《玉篇》:"木无枝也。"[3]《一切经音义》卷二十五:"株杌,上竹俱反,木根也;下五骨反,木无枝也,又作柮。"《汉语大词典》中收有"杌",共有六个义项:1. 摇动;2. 树木没有枝丫;3. 凳子;4. 案板;5. 浑然无知[4]。下面我们来具体分析一下以上三个例句中的"杌"的意义。例(1)中的"杌兆民之命"结合前面"戮兆民身"一句,可知此处的"杌"是动词,意为"伤害,残害"。例(2)中的"杌其手足"与下句"截其鼻耳"相应,可知此句中的"杌"与"截"意义相近,应为"砍,割"之意。例(3)"负杌婿入国"结合后面一句"身更凋残",可知"杌"意为"凋残,残疾"意。通过分析可以看出,上述三个例句中"杌"的意义与《汉语大词典》义项2有关系,应属其引申义。《汉语大词典》漏收。其他汉译佛经和中土文献也多次出现"杌"一词。如:《阿难问事佛吉凶经》:"欺罔三尊,负于自然神,伤生杌命。其罪莫大。"《三国志·魏书》卷二十五:"昔秦据殽函以制六合,自以德高三皇,功兼五帝,欲号谥至万叶,而二世颠覆,愿为黔首,由枝干既杌,本实先拔也。"《十住断结经》卷七:"复有众生至菩萨所,手执利刀,杌其首足。首足还生如瞿多罗树。"

二、所天:旧时妻子对丈夫的称呼

(1)妻曰:"细靡众宝,帷帐甘美,何益于己,而与太子生离居乎?大王出时,以幡为帜,火以烟为帜,妇人以夫为帜,吾恃太子,犹孩恃亲。太子在国,布施四远,吾輙同愿。今当历崄,而犹留守荣,岂仁道哉?傥有来乞,不睹所天,心之感绝,必死无疑。"(《须大拏经》)

(2)王曰:"妇离所天,只行一宿,众有疑望,岂况旬朔乎?还于

尔宗,事合古仪。”(《国王本生》)

按:《说文·一部》:“天,颠也。至高无上。”[5]段注:“颠者,人之顶也。”“天”,本义为头顶,由此引申出妻子对丈夫的称呼。《汉语大词典》所引最早例证是晋潘岳《寡妇赋》:“少丧父亲,适人而所天又陨。”[6]时代稍晚。在其他文献中,“所天”也不仅仅局限于妻子对丈夫的称呼,凡是与自己比较亲近的人,都可以称之为“所天”。如:《大方便佛报恩经》卷四:“尔时导师作是语已,气绝命终。尔时善友太子,即前抱持导师,举声悲哭:‘一何薄命,生失我所天。’”(所天:善友太子对导师的称呼)。《后汉书》卷三十四:“妾得苏息,拭目更视,乃敢昧死,自陈所天。”(所天:臣对君的称呼)。《神僧传》卷八:“释不空,梵名阿目佉跋折罗,华言不空金刚,止行二字略也。本北天竺婆罗门族。幼失所天,随叔父观光东国。”(所天:子女对父母的称呼)。《佛说太子瑞应本起经》卷上:“瞿夷啼哭曰:‘一何薄命,生亡我所天。为在何许,当那求之。’抚马背曰:‘太子乘汝出,汝何独来归?’”(所天:妻子对丈夫的称呼)

三、西奢,西夕:年老,年纪大

(1)便自复化为老梵志,从王乞银钱一千,王即惠之。曰:“吾西奢,恐人盗之,愿以寄王。”(《国王本生》)

按:《字汇补》:“奢,香仲切。老弱也。”“西”,方位词,表示日落的方向,在这里是一种比喻的说法。与此相对,《六度集经》中还有“东始”一词,表示“年少,年龄小”。如:

(2)梵志答曰:“尔年东始,智将何逮?而难吾等。”(《须罗太子本生》)

“西奢”、“东始”均未见于《汉语大词典》。

四、问讯:①向人合掌致敬;②问候,慰问

(1)远国梵志,闻王好施,济众生之命,远来归穷,于树下息。俱相问讯,各陈本末。(《长寿王本生》)

(2)王甚欢喜,即出奉迎,如子见父,前为作礼。便请令坐,问讯:"道人所从来耶?冒涉涂路,得无疲倦?"(《萨和檀王经》)

按:例(1)"问讯"意为"向人合掌致敬"。例(2)"问讯"意为"问候,慰问。"《说文·口部》:"问,讯也。从口,门声。"[7]《说文·言部》"讯,问也,从言卂声。"[8]《玉篇》:"讯,问也,辞言也。执问、通问曰讯。"[9]《汉语大词典》收有此两条义项,但所引最早例证是晋法显《佛国记》和南朝范晔《后汉书·清河孝王庆传》[10],时代稍晚。"问讯"一词也见于其他佛经。如:《普曜经》卷五:"梵志出城,至祇洹精舍,到世尊所。共相问讯,在一面立。"《佛本行经》卷十:"诣向摩耶童子母前,而问讯言:'善生童子,得无疲惓?'"

五、默默:微不足道,不值得一提

佛念诸沙门前所启事,问四姓曰:"宁日慈施供养比丘不?"对曰:"唯然,举门日供,但恨居贫,菜糜草席,枉屈圣贤,以为默默。"(《佛说四姓经》)

按:《说文·犬部》:"犬暂逐人也。从犬黑声。读若墨。"[11]《广韵》:"默,黑也。又静也,幽也,不语也。"[12]《一切经音义》卷二十七:"默,莫北反,静也。俗作嘿,非也。"此处"默默"应为引申义。《汉语大词典》未收此义项。

六、去就:体统,礼仪,礼貌

(1)黎民睹变,驰诣首过,齐声而曰:"道士处兹,景祐润国,禳灾灭疫,而斯极愚之君,不知臧否,不明去就,恶加元圣。惟愿圣人,无以吾等报上帝也。"(《羼提和梵志本生》)

(2)太子以梵志深著苑内故,六年处于幽冥,愚夫重闇,不明去就,以恶心向佛沙门。(《羼提和梵志本生》)

按:《汉语大词典》所引最早例证为唐代李商隐的《杂纂》卷上[13],时代较晚。

七、莫得：不得，休要

(1)逝心曰:“汝当随我,皆悉徒跣,不得著履,当如奴法,莫得不掩。”(《萨和檀王经》)

(2)佛告诸弟子:当勤精进,听闻讽诵,莫得懈怠,阴盖所覆。吾念过去无数劫时,有佛名一切度王、如来无所著最正觉,时为一切诸天、人民、不可计数而说经法。(《佛说蜜蜂王经》)

按:“莫得”,表示禁止的否定副词。《汉语大词典》收有此词,但所引最早例证为《世说新语·德行》[14],时代稍晚。“莫得”也见于其他佛经。如:《大宝积经》卷十四:“佛言阿难:‘勿持是法授非法器,莫得授与诸恶知友,当施善友慕乐学者。……’”《阿閦佛国经》卷下:“佛告贤者舍利弗言:‘莫得说是语。所以者何?是间菩萨摩诃萨受无上正真道,菩萨生阿閦佛刹者,是这等耳。’”

八、景模：①大法；②效仿；模仿

(1)墓魄即自练情绝欲欲,志进道真,遂至得佛。广说景模,拯济众生,以至灭度。(《太子墓魄经》)

(2)阿难整服,稽首而白:“属笑人多,莫由敬质,而今重笑,必有教诏。愿释众疑,为后景模。”(《佛以三事笑经》)

按:《尔雅·释诂》:“景,大也。”[15]《诗经·小雅》:“‘以介景福。’笺:‘受大福也。’”《篇海》:“景,韶也。又像也,慕也,仰也。”《说文·木部》:“模,法也。”《汉语大词典》未收此词。“景模”一词也见于其他佛经中,如:《梵摩喻经》:“以四等大乘自度尊身,又济众生。欲说景模,弟子未问而先自笑,口中出光明,娆身三匝,以渐自灭。”《持人菩萨经》卷四:“菩萨大士,欲逮得是,如斯景模,晓了正典,当精进学受持,讽诵是经典要。”《正法华经》卷三:“大师子吼班宣景模:‘吾为如来使。天上天下诸天世人,未度者度,未脱者脱,未安者安,未灭度者,令得灭度。’”

九、披解：阐释，解释

妇见比丘,即为作礼。比丘咒愿,言得佛疾。便与比丘相难说经法,反覆披解,比丘甚喜。(《小儿闻法即解经》)

按:《说文·手部》:"'披,从旁持曰披。'段注:'盖俗解训披为开。'"[16]《广雅·手部》:"披,开也,分也,散也。"[17]《一切经音义》卷五十七:"披,犹分也。"《说文·角部》:"解,判也。"[18]《玉篇·角部》:"解,释也。"[19]《汉语大词典》未收此词。"披解"一词也见于其他典籍。如:《梁高僧传》卷八:"亮为人神情爽岸俊气雄逸。及开章命句锋辩纵横。其有问论者或豫蕴重关。及亮之披解便觉宗旨。涣然忘其素蓄。"《俱舍论第二卷抄下》:"次会通宝法师当卷问答之旨不可然。披解释前后。"《贤愚经》卷九:"尔时鴈还。担书到国。大王见雁。披解看读。始得消息。知大子存在。"《续高僧传》卷十二:"十六年。别诏以为涅槃众主。披解文义允惬众心。"

十、偶谐：和谐、协调

太子上马,百亿帝释、四百亿四大天王、天龙鬼神翼从导引,平治涂路,天乐咏歌:"无上巍巍,吾生遇哉!得睹灵辉,消心尘劳,永世不衰,痛夫八难,远尊可哀。"重曰:"遇哉!吾等偶谐。"(《太子得禅》)

按:"偶谐",意同"谐偶"。《玉篇·人部》:"偶,合也。"[20]《说文·言部》:"谐,恰也。从言皆声。"[21]《玉篇·言部》:"谐,和也。"[22]《汉语大词典》未收"偶谐"一词,但收有"谐偶"。所引例证为宋朱熹《与龚台政书》:"不能俯仰取容于世,以故所向落落,无所谐偶。"[23]

通过以上例释不难看出,《六度集经》译经词汇口语化较强,能较为真实地反映汉魏这一时期的词汇发展状况,对于汉语词汇史的研究具有重要意义。同时《六度集经》译经词汇对于《汉语大词典》具有积极的补正意义,仅从以上词语来看,《汉语大词典》即存在词语漏收、义项漏收、书证滞后等问题,《六度集经》词汇研究对于今后包括《汉语大词典》在内的大型语文辞书的编纂和修订等具有重要意义。

注释:

[1]陈士强著,《大藏经总目提要·经藏》,上海:上海古籍出版社,2007年版。

[2][5][7][8][11][18][21](汉)许慎撰,徐铉校定,《说文解字》,北京:中华书局,1963年版。

[3][9][19][20][22](南朝·梁)顾野王编撰,《原本玉篇残卷》,北京:中华书局,1985年版。

[4][6][10][13][14][23]罗竹风主编,《汉语大词典》,上海:汉语大词典出版社,1986—1993年版。

[12]周祖谟著,《广韵校本》,北京:中华书局,1960年版。

[15](宋)邢昺疏,《尔雅疏》,北京:国家图书馆出版社,2003年版。

[16](汉)许慎撰,(清)段玉裁注,《说文解字注》,上海:上海古籍出版社,1988年版。

[17](清)王念孙疏证,《广雅疏证》,北京:中华书局,1983年版。

(原载《淮北师范大学学报》2012年05期,陈明富,张鹏丽)

语 法

《楚辞》的时间、程度、范围副词

副词是《楚辞》①虚词中数量最庞大的一个词类,共156个。这些副词的涵盖面极为广泛,包括八大类,即时间副词、程度副词、范围副词、情态副词、语气副词、否定副词、指代性副词、谦敬副词。这些副词除极个别外,均作状语。限于篇幅,这里只讨论时间副词、程度副词、范围副词。

(一)时间副词

《楚辞》的时间副词共有59个,其具体意义用法分别如下:

1. 表示动作行为发生时,时间的过去、现在或将来

这类时间副词共12个,可分三小类,即表示时间发生在过去、表示时间发生在现在、表示时间发生在将来。具体为:

1.1 表示时间发生在过去

这类副词共有9个,即:昔(3例)、既[1](20例)、初(5例)、朝(6例)、夕(6例)、曾(2例)、古(1例)、尝(1例)、既以(1例),其中"既以"同"既已",如:

(1)昔三后之纯粹兮,固众芳之所在。(《离骚》)

(2)跪敷衽以陈辞兮,耿吾既得此中正。(《离骚》)

(3)初吾所陈之耿著兮,岂至今其庸亡?(《九章·抽思》)

(4)朝发轫于苍梧兮,夕余至乎县圃。(《离骚》)

(5)惜往日之曾信兮,受命诏以昭时。(《九章·惜往日》)

(6)古固有不并兮,岂知其何故也?(《怀沙》)

(7)愿衔枚而无言兮,尝被君之渥洽。(《九辩》)

(8)闺中既以邃远兮,哲王又不寤。(《离骚》)

上述用例中,(1)中“昔”作“过去”讲,(2)中“既”作“已经”讲,(3)中“初”作“当初”或“开始”讲,(4)中“朝”意为“早晨”,“夕”意为“晚上”,(5)中“曾”意为“曾经”,(6)中“古”意为“古时”或“过去”,(7)中“尝”意为“曾经”,(8)中“既以”为“已经”之意。

1.2 表示时间发生在现在

这类副词只有一个“今”,共5例,译作“现在”,如:

今直为此萧艾也?岂其有他故兮。(《离骚》)

1.3 表示时间发生在将来

这类副词共有两个,即:将(50例)、方(1例),如:

(1)老冉冉其将至兮,恐修名之不立。(《离骚》)

(2)世混浊而莫余知兮,吾方高驰而不顾。(《九章·涉江》)

其中,“将”与“方”均可译作“将要”。

2. 表示动作行为发生或进行时,时间的状态情况

这类副词共47个,可分为八类,分别如下:

2.1 表示动作行为发生的先后

这类副词共有4个,即:先(4例)、后(4例)、遂(6例)、乃[2](9例),如:

(1)击床先出,其命何从?(《天问》)

(2)余处幽篁兮终不见天,路除难兮独后来。(《九歌·山鬼》)

(3)佩缤纷以缭转兮,遂萎绝而离异。(《九章·思美人》)

(4)览相观于四极兮,周流乎天余乃下。(《离骚》)

上述用例中,“先”与“后”仍译作“先”、“后”,“遂”译作“于是,就”,“乃”译作“于是,就”。

2.2 表示动作行为发生的早晚

这类副词共有2个,即:早(1例)、始(1例),如:

(1)何芳草之早夭兮,微霜降而下戒。(《九章·惜往日》)

(2)玉色頩以脕颜兮,精醇粹而始壮。(《远游》)

其中"早"可译作"提前,过早","始"可译作作"开始"。

2.3 表示动作行为发生时,前后有一定时间间隔

这类副词只有1个,即"须臾"。共3例,译作"不久,一会儿",如:

羌灵魂之欲归兮,何须臾而忘反。(《九章·哀郢》)

2.4 表示动作行为发生的急遽、突然

此类副词共有12个,即:忽(16例)、溘(6例)、猋(1例)、骤(1例)、遽(3例)、倏而(1例)、忽而(1例)、倏忽[3](6例)、卒然(2例)、忽若(1例)、忽乎(2例)、狂(1例)。其中,除"倏忽"既可作状语,又可作补语外,其余均作状语。其中,"溘、猋"的用法于先秦文献不常见。现举例如下:

(1)忽反顾以游目兮,将往观乎四荒。(《离骚》)

(2)忽驰骛以追逐兮,非余心之所急。(《离骚》)

(3)宁溘死而流亡兮,不忍为此之常愁。(《九章·悲回风》)

(4)灵皇皇兮既降,猋远举兮去中。(《九歌·云中君》)

(5)骥不骤进而求服兮,凤亦不贪喂而妄食。(《九辩》)

(6)魂乎归来!不遽惕只。(《大招》)

(7)荷衣兮蕙带,倏而来兮忽而逝。(《九歌·少司命》)

(8)启代益作后,卒然离蠥。(《天问》)

(9)忽若不信兮,至今九年而不复。(《九章·哀郢》)

(10)闻至贵而遂徂兮,忽乎吾将行。(《远游》)

(11)雄虺九首,往来倏忽,吞人以益其心些。(《招魂》)

(12)狂顾南行,聊以娱心兮。(《九章·抽思》)

上述用例中,(2)(10)(12)译作"匆忙地",(1)(4)译作"忽然",(3)(7)(8)译作"突然",(5)(6)译作"立即",(11)译作"快速"、"顺速",作补语。

2.5 表示动作行为的徐缓

这类副词有两个,即:徐(2例)、日(15例),如:

(1)路漫漫其修远兮,徐弭节而高厉。(《远游》)

(2)春秋逴逴而日高兮,然惆怅而自悲。(《九辩》)

其中,"徐"译作"慢慢地","日"译作"逐渐地"。

2.6 表示动作行为的持续

这类副词共21个,又可以分为七个小类:

A. 表示动作行为正在进行

这类副词只有一个,即"方"(1例),意为"正",如下:

及余饰之方壮兮,周流观乎上下。(《离骚》)

B. 表示动作或状态的持续

这类副词共有两个,即:犹(14例)、尚[4][5](5例),意为"尚且、还",如:

(1)理弱而媒不通兮,尚不知余之从容。(《九章·抽思》)

(2)虽体解吾犹未变兮,岂余心之可悲!(《离骚》)

C. 表示动作行为的发生是经常不断的

这类副词共有2个,即:日(3例)、数(1例),如:

(1)数惟荪之多怒兮,伤余心之忧忧。(《九章·抽思》)

(2)日康娱以自忘兮,厥首用夫颠陨。(《离骚》)

D. 表示动作行为由过去到说话时一直如此

这类副词只有1个,即"固",共12例,可译作"本来"、"一向",如:

固时俗之工巧兮,偭规矩而改错。(《离骚》)

E. 表示动作行为长久持续

这类副词有4个,即:长(10例)、永(9例)、久(2例)、太(10例),如:

(1)长太息以掩涕兮,哀民生之多艰。(《离骚》)

(2)心郁郁之忧思兮,独永叹乎增伤。(《九章·抽思》)

(3)谁可与玩斯遗芳兮,长向风而舒情。(《远游》)

(4)春秋忽其不淹兮,奚久留此故居。(《远游》)

F. 表动作行为持续到最后

这类副词共有3个,即:终(8例)、终然(2例)、卒(5例),可译作

"始终"、"终于"、"最终",如:

(1)胡终弊于有扈,牧夫牛羊?(《天问》)

(2)鲧婞直以亡身兮,终然殀乎羽之野。(《离骚》)

(3)易之以百两,卒无禄?(《天问》)

G. 表示动作行为的次数

这类副词共有 8 个,即:复(10 例)、又(20 例)、有(2 例)、九(3 例)、重(3 例)、再(2 例)、万(1 例)、亦(13 例),其中"有"通"又",如:

(1)进不入以离尤兮,退将复修吾初服。(《离骚》)

(2)羿淫游以佚畋兮,又好射夫封狐。(《离骚》)

(3)惟郢路之辽辽兮,魂一夕而九逝。(《九章·抽思》)

(4)菎蔽象棋,有交簿些。(《招魂》)

(5)欲儃佪以干傺兮,恐重患而离尤。(《九章·惜诵》)

(6)楫齐扬以容与兮,哀见君而不再得。(《九章·哀郢》)

(7)万变其情岂可盖兮,孰虚伪之可长。(《九章·悲回风》)

(8)忠何罪以遇罚兮,亦非余之所志也。(《九章·惜诵》)

以上各例中,(1)(2)(4)(5)(8)可译作"又",(6)可译作"再次",(3)(7)可译作"多次"。

2.7 表示动作行为是偶然的、临时的

这类副词共有 2 个,即:且(4 例)、聊(20 例),如:

(1)吾且儃佪以娱忧兮,观南人之变态。(《九章·思美人》)

(2)折若木以拂日兮,聊逍遥以相羊。(《离骚》)

2.8 表示动作行为不久前发生

这类副词只有 1 个,即"新",共 2 例,作"刚刚"讲,如下:

新沐者必弹冠,新浴者必振衣。(《渔父》)

(二)程度副词

《楚辞》的程度副词共有 12 个,可分为三类,分别如下:

1. 表示程度很深的副词

这类副词共 6 个,即:多(2 例)、极(2 例)、孔[6](2 例)、深(1 例)、

大(1 例)、何(2 例),一般译作“很”、“非常”等,如:

(1)长太息以掩涕兮,哀民生之多艰。(《离骚》)

(2)思夫君兮太息,极劳心兮忡忡。(《九歌·云中君》)

(3)眴兮杳杳,孔静幽默。(《九章·怀沙》)

(4)何故深思高举,自令放为?(《渔父》)

(5)大苦咸酸,辛甘行些。(《招魂》)

(6)何桀纣之猖披兮,夫唯捷径以窘步。(《离骚》)

其中,(1)(6)为“多么”意,(4)为“深深地”之意,其余均为“很”、“非常”之意。

2. **表示程度浅的副词**

这类副词共 2 个,即:微(1 例)、少(2 例),作“稍微”讲。

(1)离娄微睇兮,瞽以为无明。(《九章·怀沙》)

(2)欲少留此灵琐兮,日忽忽其将暮。(《离骚》)

3. **表示程度的加深**

这类副词共 4 个,即:弥(2 例)、愈(3 例)、逾[7](2 例)、更[8](1 例),如:

(1)佩缤纷其繁饰兮,芳菲菲其弥章。(《离骚》)

(2)凫雁皆唼夫粱藻兮,凤愈飘翔而高举。(《九辩》)

(3)众踥蹀而日进兮,美超远而逾迈。(《九章·哀郢》)

(4)深固难徙,更壹专兮。(《九章·橘颂》)

(三)范围副词

《楚辞》的范围副词共 21 个,三类,即表整个范围,表有限的范围,表共同。分别如下:

1. **表示整个范围**

这类副词共有 9 个,即:皆(11 例)、博(1 例)、缤(1 例)、周[9](6 例)、多(2 例)、咸(3 例)、环(1 例)、广(1 例)、毕(2 例),其中“缤、环”的用法于先秦文献不常见,如:

(1)众皆竞进以贪婪兮,凭不厌乎求索。(《离骚》)

(2)汝何博謇而好修兮,纷独有此姱节。(《离骚》)

(3)九疑缤分并迎,灵之来兮如云。(《九歌·湘夫人》)

(4)览相观于四极兮,周流乎天余乃下。(《离骚》)

(5)隅隈多有,谁知其数?(《天问》)

(6)咸播秬黍,莆雚是营。(《天问》)

(7)环理天下,夫何索求?(《天问》)

(8)广遂前画兮,未改此度也。(《九章·思美人》)

(9)诸侯毕极,立九卿只。(《大招》)

上述用例中,(1)(3)(6)(9)作"都"讲,(2)作"广泛地"讲,(4)(7)作"满"、"遍"讲,(8)作"全部"讲,(5)作"大多"讲。

2. 表示有限的范围

这类副词有7个:即:唯[10](3例)、惟[11](1例)、维[12](1例)、独(25例)、各(1例)、直(1例)、块独[13](2例),其中"块独"的用法于先秦文献不常见。如:

(1)何桀纣之猖披兮,夫唯捷径以窘步。(《离骚》)

(2)罔流涕以聊虑兮,惟著意而得之。(《九辩》)

(3)夫维圣哲以茂行兮,苟得用此下土。(《离骚》)

(4)民生各有所乐兮,余独好修以为常。(《离骚》)

(5)何昔日之芳草会,今直为此萧艾也?(《离骚》)

(6)块独守此无泽兮,仰浮云而永叹。(《九辩》)

上述用例中,(1)(2)(3)(5)作"只是"讲,(4)中"各"作"各自"讲,(4)中"独"、(6)中"块独"作"独自"讲。

3. 表示共同

这类副词有5个,即:并(14例)、偕(1例)、共(1例)、俱(2例)、同(2例),如:

(1)九疑缤兮并迎,灵之来兮如云。(《九歌·湘夫人》)

(2)闻佳人兮召予,将腾驾兮偕逝。(《九歌》)

(3)中央共牧,后何怒?(《天问》)

(4)悲霜雪之俱下兮,听潮水之相击。(《九章·悲回风》)

(5)同糅玉石兮,一概而相量。(《九章·怀沙》)

(四)副词小结

通过对《楚辞》时间副词、范围副词、程度副词的分析,可以得出以下结论:

1. 时间副词、范围副词、程度副词数量庞大,共计92个,这在先秦典籍中较为显著。

2. 副词体系完整,类别齐全,其中时间副词8类、范围副词3类、程度副词3类。研究《楚辞》的副词,对于研究先秦的副词具有重要意义。

3.《楚辞》的副词绝大多数位于谓语前作状语,但也有例外,也有位于谓语后的,如时间副词“倏忽”。其中“倏忽”还在句中作补语,这种情况为先秦所不常见。

4. 从使用情况来看,绝大多数副词能代表其在先秦时的主要意义与用法。还有一些词为先秦文献所不常用,如“溘、猋”作时间副词表急遽、突然的用法、“缤、环”作范围副词表全部的用法、“块独”作范围副词表有限范围的用法等。《楚辞》副词是先秦副词的一个极为重要的组成部分,《楚辞》副词的研究不仅对于先秦常用副词的研究有重要意义,对于先秦非常用副词的研究也具有重要意义。

5. 就单个副词而言,有些副词用法较广或兼类较多,如“独”既是范围副词、又是语气副词;“何”既是程度副词,又是语气副词。这些也是《楚辞》副词使用活跃的体现。

6. 就音节而言,《楚辞》绝大部分副词都是单音节的,复音副词只有少数几个,如“倏忽”、“倏而”、“忽而”、“忽乎”、“忽若”、“卒然”、“须臾”等。这也说明《楚辞》副词体系总体上体现了先秦副词中较早的某些特征。

因而,从总体来看,要想了解先秦副词的用法,《楚辞》是一个十分必要的材料。

说明：

①含《离骚》、《九歌》、《天问》、《九章》、《远游》、《卜居》、《渔父》、《九辩》、《招魂》、《大招》等篇章。

注释：

[1][6]杨树达著,《词诠》,北京:中华书局,2004 年版。

[2][7][8]杨伯峻著,《古汉语虚词》,北京:中华书局,2000 年版。

[3][4][9][10][11][12][13]中国社会科学院语言研究所古代汉语研究室编,《古代汉语虚词词典》,北京:商务印书馆,1999 年版。

[5]王引之著,《经传释词》,南京:江苏古籍出版社,2000 年版。

(原载《曲靖师范学院学报》2005 年 02 期,陈明富,张鹏丽)

《楚辞》"兮"的语气与句法位置探析

《说文·兮部》:"兮,语所稽也。"段注:"兮、稽叠韵。稽部曰:'留止也,语于此少驻也。'……越、亏,皆扬也;八象气分而扬也。"《广韵·齐韵》:"兮,语助。""兮"作为语气词,先秦汉语用得较多,《诗经》有不少"兮"字句,从《诗经》用"兮"来看,"兮"字不仅在南方,在北方也均广泛使用。《楚辞》使用极为频繁,而这种"兮"的运用是与楚地的巫、舞文化密不可分的。

"兮"在《楚辞》中是一个举足轻重的虚词,对于"兮"及其与句法的关系,著名语言学家廖序东先生针对《九歌》有过精辟的研究[1]。经过全面的考察,我们发现《楚辞》①"兮"的语气及其与句法位置的关系,仍可作进一步的细化研究。

"兮"在《楚辞》中的句法位置有多种,可以位于第一个小句末,可以位于第二个小句末,也可以位于句中。句法位置不同,"兮"所表达的语气是有区别的。"兮"位于句中时,既可处于单句间,又可处于复句间,同时又常常造成其后虚词的省略。

下面就这三种句法位置来作具体介绍。

1."兮"位于第一个小句末

"兮"位于第一个小句末时,又可分为以下四种情况:

1.1 用于陈述句末

用于陈述句末,表示停顿和舒缓语气,同时兼有抒发感情的作用,可译作"啊"、"呀"、"嘛"等。"兮"的这种用法较多,第一小句末的"兮"绝大部分均属这种用法。如:

(1)吾令凤鸟飞腾兮,继之以日夜。(《离骚》)

(2)余幼好此奇服兮,年既老而不衰。(《九章·涉江》)

1.2 用于感叹句末

用于感叹句末,其意义用法与用于陈述句末的基本相同,只是感情抒发得更加浓烈而已。共10例,如:

(1)长太息以掩涕兮,哀民生之多艰。(《离骚》)

(2)悲秋风之动容兮,何回极之浮浮!(《九章·抽思》)

1.3 用于祈使句末

"兮"用于祈使句末,帮助表达请求、禁止等语气。可译作"吧"、"呀"等,共有4例,如:

(1)乘骐骥以驰骋兮,来吾道夫先路!(《离骚》)

(2)归来兮!不可以久些。(《招魂》)

1.4 用于疑问句末

"兮"用于疑问句末时,又分两种情况,即用于特指问句末与反诘问句末。

A:用于特指问句末

"兮"用于特指问句末,主要是帮助表达特指疑问语气,句中一般有疑问代词与之呼应。"兮"可译作"呢",这类用法只有2例,如:

(1)谁可与玩斯遗芳兮?长向风而舒情。(《远游》)

B:用于反诘问句末

“兮”用于反诘疑问句末，主要是帮助表达反诘语气，句中有反诘副词与之呼应，可译作“呢”、“吗”等。这类用法共有17例，如：

(1)岂余身之惮殃兮，恐皇舆之败绩！(《离骚》)

(2)夫何极而不至兮，故远闻而难亏。(《九章·抽思》)

(3)中“兮”可译作“吗”，(3)中“兮”可译作“呢”。

2.**“兮”位于第二个小句末**

“兮”位于第二个小句末，又可分三种情况。

2.1　用于陈述句末

这种位置的“兮”用例主要见于《九章》，其意义作用与第一个小句末的这种情况相同，如：

(1)绿叶素荣，纷其可喜兮。(《九章·橘颂》)

(2)狂顾南行，聊以娱心兮。(《九章·橘颂》)

2.2　用于感叹句末

这种位置的“兮”共10例，其意义作用与第一小句末的这种情况相同，如：

(1)曾伤爰哀，永叹喟兮。(《九章·怀沙》)

(2)忧心不遂，斯言谁告兮！(《九章·抽思》)

2.3　用于疑问句末

这种位置的“兮”只有1例，用于反诘问句末，即：

独立不迁，岂不可喜兮？(《九章·橘颂》)

3.**“兮”位于句中**

“兮”位于句中主要起拖长音节、舒缓语气、抒发感情的作用。“兮”使一个句子在语音上分为两个部分，中间有较长的拖音，同时也能突出“兮”前的成分。“兮”位于句中时，可位于陈述句、感叹句、祈使句、疑问句的句中。

“兮”位于句中时，有着不同的句法位置。虽然“兮”的位置是根据巫觋歌唱时为适应韵律节奏的不同需要而定的，但是“兮”的位置又与其他虚词有着密切的关系，如果不考虑“兮”的音乐效果，语法上可以用不同的虚词来代替它。正如闻一多所言:“‘兮’字就音乐或诗的声律来说,是个‘泛声’,就文法说,是个‘虚字’,但文法家有时也称之为‘语尾’,那似乎又在贴近音乐的立场说话了。总之,一般的印象,恐怕都认为它是一个有声无义的字……我曾将《九歌》中的兮字,除少数例外,都按它们在各句中应具的作用,拿当时通行的虚字代写出来(有时一兮字须注释为二虚字),结果发现这里的‘兮’字可说是一切虚词的总替身……《九歌》的文艺价值所以超越《离骚》,意象之美,固是主要原因,但那‘兮’字也在暗中出过大力,也是不能否认的。”[2] 闻一多将《九歌》《离骚》比较,得出结论:如不考虑音乐性,“兮”是一切虚词的总替身。其中《九歌》中的“兮”均位于句中,而《离骚》中的“兮”均位于句末。可见,句中的“兮”不同位置是与其他虚词有着密切关系的。

下面就句中的“兮”作具体的分析。

3.1 句中“兮”所处的句型

句中“兮”可帮助它所在的句型表达相应的语气,“兮”可位于陈述句、感叹句、疑问句中,“兮”可译作“啊”,如下:

3.1.1 位于陈述句中

这类例子较多,如:

吉日兮辰良,穆将愉兮上皇。(《九歌·东皇太一》)

3.1.2 位于感叹句中

这类例子共有4个,如:

廓落兮羁旅而无友生,惆怅兮而私自怜。(《九辩》)

3.1.3 位于疑问句中

这种位置又可分两种情况,即特指问句中与反诘问句中。

A. 特指问中句

这种用例共有4个,如:

君不行兮夷犹,蹇谁留兮中洲?(《九歌·湘君》)

B. 用于反诘问句末

这种用例共有5个,如:

鸟何萃兮苹中？罾何为兮木上？(《九歌·湘夫人》)

3.2　句中“兮”的位置及其与其他虚词的关系

“兮”在句中的位置与句法有着密切的关系,“兮”可放在不同句法中来抒发感情和舒缓语气。由于“兮”的运用,为了使句子整齐对称,便于吟唱,“兮”处应有的其他虚词一般省略,具体情况如下。

3.2.1　“兮”位于单句间

A.“兮”处于并列成分间

这种“兮”可处于并列的动词、名词、形容词间,共12例,如:

吉日兮辰良,穆将愉兮上皇。(《九歌·东皇太一》)

不考虑语气和音乐性,这里的“兮”在语法上可以用连词“与”、“而”、“以”等替换。

B.“兮”处于主谓成分间

这种用法的“兮”共91例,如:

山中人兮芳杜若,饮石泉兮阴松柏。(《九歌·山鬼》)

不考虑语气和音乐性,这里的“兮”在语法上可以用结构助词“之”、“其”等替换。

C.“兮”位于连动成分间

这种“兮”共9例,如:

霾两轮兮挚四马,援玉枹兮击鸣鼓。(《九歌·国殇》)

不考虑语气和音乐性,这里的“兮”可用连词“而”、“以”等替换。

D.“兮”位于动补成分间

这种用法的“兮”共30例,如:

鸟次兮屋上,鸟周兮堂下。(《九歌·湘君》)

不考虑语气和音乐性,这里的“兮”在可用介词“乎”、“于”、“於”等替换。

E.“兮”位于动宾成分间

这种用法的“兮”共15例,如:

瑶席兮玉瑱,盍将把兮琼芳。(《九歌·东皇太一》)

不考虑语气和音乐性，这里的“兮”可以用代词“其”等替换。

F. “兮”位于动宾与补语成分间

这种用法的“兮”共16例，如：

采薜荔兮水中，搴芙蓉兮木末！（《九歌·湘君》）

不考虑语气和音乐性，这里的“兮”在可用介词“乎”、“于”、“於”等替换。

G. “兮”位于偏正成分间

这里偏正成分可以是名词性的，可以是动词性的，这种用法的“兮”共7例，如：

嫋嫋兮秋风，洞庭波兮木叶下。（《九歌·湘夫人》）

不考虑语气和音乐时，这里的“兮”可用结构助词“之”、“其”等替换。

H. “兮”位于后置定语前

这种“兮”共10例，如：

驾龙辀兮乘雷，载云旗兮委蛇。（《九歌·东君》）

不考虑语气和音乐性，这里的“兮”可用结构助词“之”等替换。

I. “兮”位于前置宾语后

这种“兮”共2例，如：

因人命兮有当，孰离合兮可为？（《九歌·大司命》）

不考虑语气和音乐性，这里的“兮”可用结构助词“之”等替换。

J. “兮”处于兼语句间

这种“兮”共5例，如：

令飘风兮先驱，使涷雨兮洒尘。（《九歌·大司命》）

不考虑音乐性，这里的“兮”可以用连词“而”、“其”及语气词“乎”、“焉”等替换。

3.2.2 “兮”位于复句间

A. “兮”位于并列复句间

这种用法共65例，如：

既含睇兮又宜笑，子慕予兮善窈窕。（《九歌·山鬼》）

不考虑音乐性，这里的“兮”可用语气词“乎”、“焉”等替换。

B.“兮”位于因果复句间

这种用法共20例，如：

思夫君兮太息，极劳心兮忡忡。（《九歌·云中君》）

不考虑音乐性，这里的“兮”可用语气词“乎”、“焉”及连词“而”、“以”等替换。

C.“兮”位于转折复句间

这种用法共8例，如：

饮石泉兮阴松柏，君思我兮然疑作。（《九歌·山鬼》）

不考虑音乐性，这里的“兮”可用连词“而”、“以”及语气词“乎”、“焉”等替换。

D.“兮”位于目的复句间

这种用法共8例，如：

合百草兮实庭，建芳馨兮庑门。（《九歌·湘夫人》）

不考虑音乐性，这里的“兮”可用连词“以”、“而”及语气词“乎”、“焉”等替换。

E.“兮”位于承接复句间

这种用法共18例，如：

与女游兮九河，冲风起兮水扬波。（《九歌·河伯》）

不考虑音乐性，这里的“兮”可用连词“以”、“而”及语气词“乎”、“焉”等替换。

F.“兮”位于假设复句间

这种用法共10例，如：

留灵修兮憺忘归，岁既晏兮孰华予！（《九歌·山鬼》）

不考虑语气及音乐性，这里的“兮”可用连词“其”、“则”等替换。

3.2.3 “兮”后仍使用其他虚词的情况

前面说过，由于《楚辞》语言的对称性及音乐性，因而有“兮”在句中的时候，其后的“虚词”常常省略，但也有少数句子由于字数对称性，以及吟唱及结构的需要，“兮”后须用其他虚词。这种情况不多，只有 13 例，如：

(1)采三秀兮于山间，石磊兮葛蔓蔓。(《九歌·山鬼》)

(2)廓落兮羁旅而无友生；惆怅兮而私自怜。(《九辩》)

从以上分析可知，《楚辞》“兮”所表达的语气是非常丰富的，为了更好地了解“兮”的作用，我们一定要结合“兮”的句法位置来分析。“兮”在《楚辞》中的句法位置有多种，可以位于第一小句末、第二小句末，也可以位于句中。句法位置不同，“兮”所表达的语气是有区别的。“兮”位于句中时，其句法位置最为复杂，它既可处于单句间，又可处于复句间，同时又常常造成其后虚词的省略。

说明：

①含《离骚》、《九歌》、《天问》、《九章》、《远游》、《卜居》、《渔父》、《九辩》、《招魂》、《大招》等篇章。

注释：

[1]廖序东著，《楚辞语法研究》，北京：语文出版社，1995 年版。

[2]闻一多著，《闻一多文集·怎样读九歌》，海口：海南国际新闻出版中心，1997 年版。

(原载《广播电视大学学报》2006 年 03 期，陈明富)

唐宋禅宗语录疑问语气词“么(摩)”考察

禅宗是中国佛教史上一个重要的具有中国特色的宗教派别，是儒释道相结合的特殊产物，对中国思想文化各方面都产生了深远的影响。记录禅宗的典籍很多，文体也很多，有传记、谱牒、语录、灯录、拈古、颂古、评唱、笔记、文集等。其中数量最多的是语录和灯录，多达数百部。由于语录和灯录都是以对话为主，因而广义的禅宗语录也将灯录包括在内,统称为禅宗语录。本文所指的禅宗语录就是这种广义的语录,包括灯录在内。

本文选取了唐宋时期五部有代表性的禅宗典籍,即《六祖坛经》、《神会语录》、《祖堂集》、《古尊宿语录》、《五灯会元》,对其中的疑问语气词“么(摩)”进行考察,以图窥视禅宗语录疑问句的特点。“么(摩)”是近代汉语中新出现的疑问语气词,在唐宋禅宗语录中使用非常普遍。“么”在《祖堂集》中记做“摩”,在《古尊宿语录》和《五灯会元》记做“么”(为简便起见,后文“么[摩]”均记作“么”)。本文拟从意义、用法、来源、发展演变等方面来对“么”进行系统的考察。

一、唐宋禅宗语录语气词“么”的意义和用法

在考察的唐宋禅宗语录中,“么”共出现2160次,其中《祖堂集》共200次,《古尊宿语录》共1019次,《五灯会元》共941次。《六祖坛经》和《神会语录》未见。按用法的不同,疑问语气词“么”构成的句式可分为以下几种:

1. VP么

此种是非问句共664例,其中《祖堂集》中57例;《古尊宿语录》295例;《五灯会元》312例。如:

(1)师问:“适来有一个僧未得吃饭,汝供养得摩?”对曰:“供养了。”(《祖堂集·江西马祖》)

(2)师云:“休经罢论僧常敬在摩?”(《祖堂集·雪峰和尚》)

(3)有僧来参,师问:“曾听讲来么?”僧云:“是。”(《古尊宿语录·云门匡真禅师广录下》)

(4)师问僧:“你曾看法华经么?”云:“曾看。”(《古尊宿语录·赵州真际禅师语录之余》)

(5)代宗后诏应真问前语。真良久,曰:“圣上会么?”帝曰:“不会。”(《五灯会元·南阳慧忠国师》)

(6)李行婆来,师乃问:“忆得在绛州时事么?”婆曰:“非师不

委。"(《五灯会元·长髭旷禅师》)

2. 还 VP 么

此类型的是非问句中有语气副词"还",用来加强询问语气。语气词"么"在这种问句中用例最多,共 1094 例。其中《祖堂集》中 113 例,《古尊宿语录》490 例,《五灯会元》491 例。如:

(7)保福曰:"和尚还为人摩?"庆云:"教某甲共阿谁商量?"(《祖堂集·丹霞和尚》)

(8)六祖见僧,竖起拂子云:"还见摩?"对云:"见。"(《祖堂集·第三十三祖惠能和尚》)

(9)石巩为猎人,趁一鹿从马祖庵前过,问云:"还见我鹿么?"祖云:"你是甚人?"(《古尊宿语录·筠州大愚芝和尚语录》)

(10)祖云:"还逢着一人么?"师云:"不逢着。"(《古尊宿语录·百丈怀海禅师》)

(11)师曰:"还将南溪消息来么?"曰:"消即消已,息即未息。"(《五灯会元·仙天禅师》)

(12)丈曰:"还见大虫么?"师便作虎声。(《五灯会元·黄檗希运禅师》)

3. 莫 VP 么

此类问句"VP"前有表示揣测语气的副词"莫",常常用来表示问者对某种事实的不确定,需要对方证实。共 197 例,其中《祖堂集》中 19 例,《古尊宿语录》80 例,《五灯会元》98 例。如:

(13)寺主曰:"莫是海上座摩?"对曰:"是也。"(《祖堂集·百丈和尚》)

(14)僧到参次,师便把住,云:"莫屈着兄弟摩?"对云:"不屈。"(《祖堂集·长庆和尚》)

(15)问僧:"莫是从河北来么?"僧云:"某甲近离江西。"(《古尊宿语录·睦州和尚语录》)

(16)黄檗云:"莫太多么?"饭头云:"犹恐少在。"(《古尊宿语录·镇州临济慧照禅师语录》)

(17)别僧曰:"此去山中十里许,有一懒融,见人不起,亦不合掌,莫是道人么?"(《五灯会元·牛头山法融禅师》)

(18)师寻独入五台,逢一老人,便问:"莫是文殊么?"曰:"岂可有二文殊!"(又《天台丰干禅师》)

4.(还)得么

此类问句表示一种祈使语气,请求或希望对方同意做某事。共196例,其中《祖堂集》中6例,《古尊宿语录》153例,《五灯会元》37例。如:

(19)有僧辞,师问:"什摩处去?"对云:"江西去。"师云:"将取老僧去,得摩?"对云:"非但和尚,更有过于和尚者,不能得将去。"(《祖堂集·大慈和尚》)

(20)石头曰:"今夜在此宿,还得摩?"对云:"一切取和尚处分。"(《祖堂集·长髭和尚》)

(21)师云:"途中事借问,得么?"僧云:"和尚问什么处?"(《古尊宿语录·睦州和尚语录》)

(22)别有僧出云:"某甲今日也随和尚来,请一分得么?"师云:"嗄。"(《古尊宿语录·云门匡真禅师广录下》)

(23)师才近前,吾曰:"有事相借问,得么?"师曰:"也是适来野狐精。"(《五灯会元·三圣慧然禅师》)

(24)年曰:"有一语寄与唐明,得么?"师曰:"明月照见夜行人。"(《五灯会元·石霜楚圆禅师》)

5.好么

此类问句仅在《五灯会元》中检得两例,均用于禅师上堂示众的语境中,禅师提出一个话题之后,然后征求禅生的意见。但从实际语境来看,禅生并不需要回答,"好么"在此处更多含有一种对前面话题强调的作用。即:

(25)师曰:"这里无物,诸人苦恁么相促相拶作么,拟心早没交涉,更上门上户,千里万里,今既上来,各着精彩,招庆一时抛与诸人,好么?"(《招庆道匡禅师》)

(26)师谓众曰:“我年二十八,到仰山参见南塔,见上堂曰:‘汝等诸人,若是个汉,从娘肚里出来便作师子吼,好么?’我于言下歇得身心,便住五载。”(《芭蕉慧清禅师》)

此类问句在唐宋其他典籍中也罕见,《敦煌变文集》和《朱子语类》均未见用例。

6. 岂VP么

此类问句“VP”前有反诘副词“岂”,表示一种反诘语气,仅在《祖堂集》中检得两例。即:

(27)疏山代云:“只到这里岂是提得起摩?”(《洞山和尚》)

(28)长庆云:“适来岂是违于因中所愿摩?”(《安国和尚》)

7. 不得么

此类问句也是表示一种反诘语气,在我们考察的禅宗语录中,共3例,其中《祖堂集》2例,《五灯会元》1例。即:

(29)镇州大王请师上堂,师升座便念经,有人问:“请和尚上堂,因什摩念经?”师云:“佛弟子念经不得摩?”(《祖堂集·赵州和尚》)

(30)院主请上堂,师升座唱如来梵,院主云:“比来请上堂,这个是如来梵。”师云:“佛弟子唱如来梵不得摩?”(《祖堂集·赵州和尚》)

(31)觉曰:“清长老且放过一着,学士还知天下衲僧出这婆子圈不得么?”(《五灯会元·修撰曾会居士》)

8. 可VP么

此类问句属于正反问句,句中有疑问副词“可”,仅在《祖堂集》和《古尊宿语录》中各见1例。即:

(32)师勘东国僧,问:“汝年多少?”对曰:“七十八。”师曰:“可年七十八摩?”对曰:“是也。”(《祖堂集·药山和尚》)

(33)师令全益代座主语。全益云:“只者一问,可识道场么?”(《古尊宿语录·赵州真际禅师语录之余》)

二、唐宋禅宗语录语气词“么”来源及发展演变

关于疑问语气词“么”的来源，现在学界已取得比较一致的意见，即“么”来自“无”，在唐代记做“摩”、“魔”或“磨”，到了宋代，统一记做“么”。下面我们将重点要讨论“无”是如何发展演变为“么”及“么”又是如何最终完成虚化的。

“无”最初是与“有”相对表示“存在”语义的动词，到了六朝时，开始以否定词的身份出现在句尾构成正反问句，一般出现在“有”字式存在句中，与“有”构成语义相对的正反问句。如①：

(34)世间羸瘦，有剧我者无？（《贤愚经》）[1]

(35)不知彼有法无？（《佛说义足经》）[2]

此时“无”的主要功能还是表示否定，但同时已沾带上疑问语气。到了唐代，否定词“无”大量出现在诗词作品中，并且不再局限于“有”字式存在句，可以出现在以一般动词性结构为谓语的句子中。如：

(36)秦川得及此间无？（李白《上皇西巡南京歌十首》）

(37)但恐抵忌讳，未知肯听无？（元结《别何员外》）

对于这种句尾“无”的性质，学界意见还不一致。太田辰夫(1987)、蒋绍愚(1994)等认为此种句式中的“无”已开始成为一个疑问语气词。[3][4]而孙锡信(1999)则认为此时的“无”虽带疑问语气，但还不能看作纯粹的疑问语气词。[5]因为此时的“无”仍带有否定义，在诗歌中常常与其他否定词相呼应，构成对仗整齐的正反问句。如：

(38)降魔须战否，问疾敢行无？（卢纶《送契玄法师赴内道场》）

(39)江州司马平安否，惠远东林住得无？（杨巨源《寄江州白司马》）

(40)洛城久住留情否，骑省重归称意无？（白居易《送张长侍西归》）

(41)雷令剑龙知去未,虎夷云鹤亦来无?(鲍溶《寄福州从事殷尧藩》)

孙锡信指出:如果不把以上例句中的“否”、“未”等看作语气词,那么“无”也不宜看作纯粹的语气词。“无”是在演变为“么”以后才完全成为语气词的。

吴福祥(1997)指出:唐五代的“VP 无”确有相当一部分已变成是非问,其中的“无”已不再表示否定,实际上它就是“么”的前身。否则晚唐五代的《祖堂集》里不会突然出现 200 余例的“VP 摩”。但似乎并不能因此就把这一时期的“VP 无”都看作“VP 么”的同义句式,因为确实有一些例子说明“无”在“VP - neg”中仍然用于否定。[6]

罗骥(2003)也持此观点,认为“无”字式正反问句并未随着来源于“无”的“么”的虚化而消失,它们共存了一段时间。[7]

我们认为,“VP - neg”中的否定词“不”、“否”等在中古已出现虚化,而六朝时进入“VP - neg”中的“无”也受“不”、“否”影响同样也出现虚化,分为否定词和语气词两种,而“么”在唐初就是由语气词“无”转变而来的。同时,还有一部分未虚化的否定词“无”仍旧存在,直到元明出现“VP 没/没有”式后才消失。

“么”在唐初由已虚化的“无”蜕变而来。最初字形写作“磨”或“摩”。“无”与“磨”、“摩”均为明母字,晚唐五代时“无”的声母逐渐分化,“有无”的“无”读微母,而句尾表语气的“无”仍读明母,因此便用“磨”、“摩”记录下来②。

语气词“么”最早出现在敦煌本《王梵志诗》中,记做“磨”。如:

(42)损失酬高价,求嗔得也磨?(《借物莫交索》)

(43)将他物已用,思量得也磨?(《偷盗须无命》)

太田辰夫(1987)指出,“么”也见于唐五代的文献,但不见于作为同时资料的敦煌写本,且在较古的版本中也不写作“么”,所以,像唐诗“南斋宿雨后,仍许重来么?”中的“么”可能全部是后代改写的。写作“么”应是在宋代。[8]

唐五代时期，“磨”大量使用，在《祖堂集》中出现近200例，全部记做“摩”。用例前面已举，此处不再重复。但在同时期的《敦煌变文集》中仅见4例，写作“磨”或“摩”，即：

（44）婢女却道：“不用与价，某乙今劫女人之身，为他人使，不得自在。如行不改形，食不充口，到后劫之中，某乙得个自在女人之身；和上后劫之中，本得个孩子之身，共为夫妻之者得罪磨？”（《不知名变文》）

（45）善惠便道：“逢着儿，儿布施；逢着女，女布施；逢妻，妻布施，得罪磨？”女人却道：“得。”（《不知名变文》）

（46）且把甄檀作个座，便为宣扬得也摩？（《妙法莲华经讲经文》）

（47）若要求闻微妙法，随我山中得也摩？（《妙法莲华经讲经文》）

在唐五代时期，语气词“么”一般只出现在是非问句中，表示一般是非询问或反诘问、测度问等，到了宋代后，功能进一步扩大，开始用于非疑问句中。如③：

（48）何况三百篇后人不肯道不会，须要字字句句解得么！（《朱子语类·诗一》）

（49）起来么解元，天晓也。（《西厢记·诸宫调》）

（50）我说来么，你可不依我，这死狗扶不上墙的。（《元曲选·东堂老》）

（51）这汉大胆么！（《元刊杂剧三十种·气英布》）

（52）宋江道：“我说么，且不要走动，等后面人马到来，好和他厮杀。”（《水浒传》第四十一回）

以上例（49）、（50）、（52）中的“么”用于句中表示停顿和提示下文，例（48）、（51）中的“么”用于句尾，表示感叹语气。

至明清时，语气词“么”仍旧大量使用，清代中叶后，语气词“吗”开始逐渐流行，约20纪初，“吗”的使用已占绝对优势，至此基本上完成“无”→“么”→“吗”的字形规范过程。

说明：

①引自张敏(1990)。

②参见太田辰夫(1987)和孙锡信(1999)。

③例(48)、(49)、(52)引自孙锡信(1999)；例(50)、(51)引自吴福祥(1997)。

注释：

[1][2]张敏,《汉语方言反复问句的类型学研究——共时分布及其历时蕴涵》,北京大学博士学位论文。

[3][8][日]太田辰夫,《中古(魏晋南北朝)汉语的特殊疑问形式》,《中国语文》第6期。

[4]蒋绍愚著,《近代汉语研究概况》,北京:北京大学出版社,1994年版。

[5]孙锡信著,《近代汉语语气词》,北京:语文出版社,1999年版。

[6]吴福祥,《从"VP—neg"式反复问句的分化谈语气词"么"的产生》,《中国语文》第1期。

[7]罗骥著,《北宋语气词及其源流》,成都:巴蜀书社,2003年版。

（原载《汉字文化》2012年01期,张鹏丽）

唐宋禅宗语录新生疑问词语考察

禅宗是中国佛教史上一个重要的具有中国特色的宗教派别,是儒释道相结合的特殊产物,对中国思想文化各方面都产生了深远的影响。记录禅宗的典籍很多,文体也很多,有传记、谱牒、语录、灯录、拈古、颂古、评唱、笔记、文集等。其中数量最多的是语录和灯录,多达数百部。由于语录和灯录都是以对话为主,因而广义的禅宗语录也将灯录包括在内,统称为禅宗语录。本文所指的禅宗语录就是这种广义的语录,包括灯录在内。

由于禅宗语录在体例上主要采用问答式,因而疑问句在禅宗语录中成为最普遍,也最丰富的一种表达方式。本文选取了唐宋时期五部有代表性的禅宗典籍,即《六祖坛经》、《神会语录》、《祖堂集》、《古尊宿语录》、《五灯会元》,对其中部分新生疑问词语[①]进行考察,从而窥视禅宗语录疑问句的某些特点。

在唐宋禅宗语录中,继承上古和中古的疑问词语只是一小部分,大部分都是新生的疑问词语。下面,我们将重点讨论唐宋禅宗语录中比较有特色的部分新生疑问词语。

一、作么生(作没生、作物/勿生、作摩生)

"作么生"一词最早见于宋代文献,在唐代《神会语录》中写作"作没生"、"作物/勿生",《祖堂集》中写作"作摩生"。"作么生(作没、作物、作勿、作摩)"是由疑问词语"作么(作没、作物、作勿、作摩)"加词尾"生"构成的疑问词语,在唐宋禅宗语录中语义分布较广,可用于询问事物、询问原因、询问方法、询问情状。如:

(1)内侍问:"古人有言:'一切众生日用而不知',作摩生是众生日用而不知?"师乃指揖内侍曰:"吃橄榄子。"(《祖堂集·长生和尚》)

(2)次日,师与真园头同上问讯次,穴又问真曰:"作么生是世尊不说说?"真曰:"鹁鸠树头鸣。"(《古尊宿语·录次住宝应语录》)

(3)时有一僧随问赵州曰:"上座礼拜便出,意作么生?"州曰:"汝却问取和尚。"(《五灯会元·南泉普愿禅师》)

以上诸例用于事物询问,以作主语、谓语为主。

(4)问:"此二人若为?"答:"此二人俱遣。"问:"作没生遣?"(《神会语录·南阳和尚问答杂征义》)

(5)师与道吾、船子三人受山下人请斋。一人云:"斋去日晚。"

一人云:“近那!动步便到。”师云:“有一人不动步便到,作摩生?”(《祖堂集·云岩和尚》)

(6)师与洞山行次,忽见白兔走过,师曰:“俊哉!”洞曰:“作么生?”师曰:“大似白衣拜相。”(《五灯会元·神山僧密禅师》)

以上诸例用于原因询问,以作谓语、状语为主。

(7)远法师言:“禅师定见不?”和上答:“定见。”远法师问:“作勿生见?”和上答:“见无作勿生。”(《神会语录·菩提达摩南宗定是非论一卷》)

(8)问:“温伯夫子相见则且置,和尚作摩生相见?”师云:“嘎。”(《祖堂集·招庆和尚》)

(9)师出外,逢见一个婆子提一个篮子。师便问:“什么处去?”云:“偷赵州笋。”师云:“忽见赵州又作么生?”婆子近前打一掌。(《古尊宿语录·赵州真际禅师语录之余》)

(10)师问西堂:“汝还解捉得虚空么?”堂曰:“捉得。”师曰:“作么生捉?”堂以手撮虚空。(《五灯会元·石巩慧藏禅师》)

以上诸例用于方法询问,以作状语、谓语为主。

(11)问:“异没时作物生?”答:“亦不作一物。是以无念不可说。今言说者,为对问故。……”(《神会语录·南阳和尚问答杂征义》)

(12)师曰:“混沌未分前事作摩生?”道士无对,师便打之。(《祖堂集·钦山和尚》)

(13)有同学师兄,来相看吃茶次,师兄问:“行脚事作么生?”(《古尊宿语录·睦州和尚语录》)

(14)师在方丈外,闻岩不荐,不觉咬得指头血出。师却下来问岩:“师兄去问和尚那因缘作么生?”岩曰:“和尚不与某甲说。”师便低头。(《五灯会元·道吾宗智禅师》)

以上诸例用于情状询问,以作谓语为主。

疑问词语“作么(作没、作摩)”和“作么生(作没生、作物/勿生、作摩生)”在使用上有一些区别,主要有以下几点:

一、“作么(作没、作摩)”主要用于询问事物、询问原因、询问方法，未见用于询问情状的用例；“作么生（作没生、作物/勿生、作摩生）”可询问事物、询问原因、询问方法及询问情状，且询问情状的用法比较普遍。

二、“作么（作没、作摩）”在我们考察的禅宗语录中仅179例，而“作么生（作没生、作物/勿生、作摩生）”则有1933例，二者在使用频率上相差悬殊。

三、“作么（作没、作摩）”在句中以作状语为主，作主语、谓语的用例极少，而“作么生（作没生、作物/勿生、作摩生）”作主语、谓语、状语都比较普遍。

四、“作么（作没、作摩）”常用于表示反诘，如：

（15）皇帝问：“诸佛还有师也无？”对云：“佛佛相传，作摩无师？”（《祖堂集·报慈和尚》）

（16）师问修讷维摩座主云：“文殊赞净名，乃至无有文字语言，是名真入不二法门。与么赞，还合得维摩意也无？”对云：“作么不得？”（《古尊宿语录·鼓山先兴圣国师和尚法堂玄要广集》）

而“作么生（作没生、作物/勿生、作摩生）”表示反诘的用法则非常少。

二、怎生、怎么生、怎么样

我们通过考察发现，在宋代禅宗语录《古尊宿语录》和《五灯会元》中，只有“怎生”、“怎么生”、“怎么样”等疑问词语，单用的疑问词语“怎”未见。

下面重点讨论疑问词语“怎么生”、“怎么样”的使用情况。

2.1　怎生

“怎生”是唐宋时期新生的疑问词语，在唐代的禅宗语录中未见用例，在宋代禅宗语录中主要用于事物询问、方法询问、情状询问、原因询问。如：

（1）师拈拄杖云：“不执捉，怎生是如死人眼？”（《古尊宿语录·舒州龙门佛眼和尚语录》）

(2)师云:“移身不移步,怎生是一个活汉?”(《古尊宿语录·舒州龙门佛眼和尚语录》)

(3)澄一禅客逢见行婆,便问:“怎生是南泉犹少机关在?”婆乃哭曰:“可悲可痛!”(《五灯会元·浮杯和尚》)

上述用例中的“怎生”表事物询问,用例非常少,在所考察的两部宋代禅宗语录中仅见4例。

(4)师云:“打草只要惊蛇。”僧云:“未审怎生下手?”(《古尊宿语录·汝州首山念和尚语录》)

(5)大众,既是唤得一时来,为什么特地生迷乱?此段好因缘,诸人怎生断?(《古尊宿语录·舒州龙门佛眼和尚语录》)

(6)师曰:“对众怎生举?”曰:“据现定举。”(《五灯会元·洞山守初禅师》)

(7)问:“放过即东道西说,不放过怎生道?”师曰:“二年同一春。”(《五灯会元·奉国清海禅师》)

以上诸例中的疑问词语“怎生”用于方法询问,这种用法较为普遍。另外,还有“怎生柰何”、“怎生……柰何”等固定格式也用于方法询问。如:

(8)其僧中夜思惟曰:“并不蒙一言开示,只管道我未在,教我怎生柰何?”(《古尊宿语录·舒州龙门佛眼和尚语录》)

(9)诸人常在光明中,开眼见了而不知,教山僧怎生柰何?(《古尊宿语录·舒州龙门佛眼和尚普说语录》)

(10)但退步绝机照子细看,忽然觑着,怎生柰你何?(《古尊宿语录·舒州龙门佛眼和尚普说语录》)

“怎生”还可以用于情状询问,仅两例。即:

(11)上堂云:“晚看千家户不扃,时听秋杵一声声。途中多少未归客,却到家中事怎生?”(《古尊宿语录·石门山慈照禅师凤岩集》)

(12)师曰:“岩前栽野果,接待往来宾。”曰:“恁么则谢师供养。”师曰:“怎生滋味?”(《五灯会元·南台寺藏禅师》)

“怎生”用于原因询问罕见,仅两例,均出自《古尊宿语录》。即:

(13)你诸人行住坐卧饥餐渴饮,怎生说个无事?(《舒州龙门佛眼和尚普说语录》)

(14)诸人适来在下头,不见有许多人。及乎上来,分明见有许多人。怎生说个如本未曾有?(《舒州龙门佛眼和尚普说语录》)

2.2 怎么生

在所考察的禅宗语录中,疑问词语“怎么生”在《古尊宿语录》中仅发现1例,用于方法询问,即:

(15)如此行脚,有什么利益?信心檀越一把菜一粒米,怎么生消得?(《云门匡真禅师广录上》)

我们考察了北宋初期的禅宗语录《景德传灯录》,共发现8例,主要用于事物询问、方法询问、情状询问。如:

(16)一日国师在法堂中,师入来,国师乃放下一足,师见便出,良久却回。国师曰:“适来意怎么生?”(《吉州耽源山真应禅师》)

(17)问:“四众围绕,师说何法?”师曰:“打草蛇惊。”僧曰:“未审怎么生下手?”(《汝州广慧真禅师》)

(18)僧云:“忽遇贼来又怎么生?”师曰:“然。”(《婺州金柱义昭和尚》)

(19)僧曰:“未审此间怎么生?”霞曰:“犹较大川三步。”(《潭州大川和尚》)

例(16)为事物询问,例(17)、(18)为方法询问,例(19)为情状询问,其中例(16)的疑问词语“怎么生”在《五灯会元》中写作“作么生”。即:

(20)一日国师在法堂中,师入来。国师乃放下一足,师见便出,良久却回。国师曰:“适来意作么生?”(《耽源应真禅师》)

例(17)的疑问词语“怎么生”在《古尊宿语录》中写作“怎生”。即:

(21)问:“四众围绕,师说何法?”师云:“打草只要惊蛇。”僧云:“未审怎生下手?”(《汝州首山念和尚语录》)

我们接着考察了成书于南宋咸淳六年(1270年)的《朱子语

类》,未发现疑问词语“怎生”、“怎么生”的用例。

2.3 怎么样

疑问词语“怎么样”,在宋代禅宗语录中仅发现1例,出自《古尊宿语录》,用于情状询问。即:

(22)大海波澜常汹涌,鱼龙出没任升沉。生死圣凡无别共,无别共底怎么样?(《舒州龙门佛眼和尚语录》)

我们认为,此例中的“怎么样”已同于现代汉语中的疑问词语“怎么样”。吕叔湘(1985)认为,疑问词语“怎么样”出现较后,已经在“怎”字不单用的时期[1]。如②:

(23)那女待诏怎么样对你说?(《京本通俗小说》第二十一卷)

(24)你想怎么样?(《红楼梦》第六十五回)

通过考察发现,相当于现代汉语的疑问词语“怎么样”虽在宋代还比较罕见,但至元明时期已普遍使用,可用于方法询问、情状询问等。如:

(25)张千,我家那桩事,如今怎么样?(《全元杂剧·无名氏〈海门张仲村乐堂〉》)

(26)饶了我两个哥哥,着我偿命去,把这两面枷我都带上。只是我明日怎么样死?(《全元杂剧·关汉卿〈包待制三勘蝴蝶梦〉》)

(27)行者道:“你怎么样回?”金星道:“我只说原告脱逃,被告免提。”(《西游记》第八十三回)

(28)行者道:“巡山去罢。”八戒道:“巡山便怎么样儿?”行者道:“就入此山,打听有多少妖怪,是什么山,是什么洞,我们好过去。”(《西游记》第三十二回)

(29)众猴把他围住问道:“里面怎么样?水有多深?”(《西游记》第一回)

另外,疑问词语“怎么”在南宋禅宗语录《古尊宿语录》和《五灯会元》中没有用例,但在北宋初期的《景德传灯录》中有3例,意义为“做什么”或“干什么”。即:

(30)甘行者问:“什么处来?”僧曰:“药山来。”甘曰:“来怎么?”

僧云："教化。"(《澧州药山惟俨禅师》)

(31)南泉行数步，师召云："长老！长老！"南泉回头云："怎么？"(《池州杉山智坚禅师》)

(32)于相公问："如何是黑风吹其船舫，漂堕罗刹鬼国？"师云："于頔客作汉，问恁么事怎么？"于公失色。(《唐州紫玉山道通禅师》)

以上例(31)、例(32)中的"怎么"在《五灯会元》中均写作"作么"。即：

(33)泉行数步，师召曰："长老！"泉回头曰："作么？"(《杉山智坚禅师》)

(34)于相公问："如何是黑风吹其船舫，漂堕罗刹鬼国？"师曰："于頔客作汉，问恁么事作么？"于公失色。(《紫玉道通禅师》)

关于疑问词语"怎生"、"怎么"、"怎"等的来源问题，学界有不同看法。

王力(1980)认为"争"是"怎"的前身，"争"和"怎"是 tsəŋ 和 tsəm 的差别。疑问词语"怎生"产生于宋代，它可能来自"作么生"，"怎"是"怎么"的合音。"作么生"和"争"或"怎生"在语音上是可以相同的。[2]

高名凯(1990)认为"争"和"怎"当是古代"曾、朁"的遗留。"争"、"怎"和"作么生"意义虽然相同，语音上亦可相同("作"、"怎"音相近)，但毕竟不是同一来源的语词。[3]

吕叔湘(1985)认为"争"和"怎"没有历史上的联系。从语音上来说，二者声韵调都不相同；从用法上看，二者也不完全相同，"争"字只能作状语，没有作定语、谓语的用法，且常用在"争似"、"争如"、"争得"、"争敢"、"争知"等结构中。"争"字多表反诘，和现代的"哪儿"更接近。他指出："怎么"源于"作勿生"，"怎"只是"作"字受了"么"字的声母的影响而生的音变(tsakmua→tsammua)，而"怎生"是"怎么生"省缩的结果。[4]

蒋绍愚(2005)赞成"怎么"来源于"作勿生"的说法。[5]并作了进一步讨论。指出:《神会语录》中的“作勿生”、“作没生”是“怎么”的最早的书写形式,和“是勿”、“是没”相应。“怎生”早在《敦煌变文集》中就已出现5例,均出自其中的《维摩诘经讲经文》。时代与《维摩诘经讲经文》相近的《祖堂集》未见“怎”字,只作“作摩”和“作摩生”。到宋初的《景德传灯录》中出现“怎么”这种写法。单写作“怎”的在《景德传灯录》以后,见于苏轼等人的作品。即:

8 世纪　　　　8—10 世纪　　　10 世纪后半期

作勿生、作没生→怎生、作摩(生)→作么(生)、怎么、怎

关于疑问词语“怎生”、“怎么”的来源,我们倾向于吕叔湘(1985)的观点[6]。此说从语音和意义两方面来看,都比较有说服力,同时也符合语言发展的实际。

通过考察发现,“怎生”、“怎么”、“怎”等虽然是唐宋新生的疑问词语,但它们在唐宋期间一直没有普遍使用,其主要原因与唐宋时期疑问词语“作么(作摩)”、“作么生(作摩生)”的盛行有关。这几组疑问词语都有“怎么样”或“怎么”之义,都可用于事物询问、方法询问、情状询问、原因询问。因此“作么(作摩)”、“作么生(作摩生)”在使用中可以说一直在排挤“怎”系疑问词语,并最终使“怎么生”至南宋后期就被淘汰出局,而“怎么”、“怎么样”在元后才逐渐兴盛起来,一直沿用至现代汉语。

三、那里、阿那里、阿那

“那里”是唐代新生的疑问词语,用于询问处所,可以作主语、谓语、宾语、定语、状语。《六祖坛经》和《神会语录》中未见,《祖堂集》5 例,《古尊宿语录》13 例,《五灯会元》23 例。如:

(1)玄沙云:“陛下且道,那里是不疑处?”(《古尊宿语录·佛照禅师奏对录》)

(2)山僧却征他道:“那里是高山顶上?”他道:“红尘不到处是。”(《五灯会元·尼慧光禅师》)

(3)赵州到投子,山下有铺,向人问:“投子那里?”俗人对曰:

"问作什摩?"(《祖堂集·投子和尚》)

(4)雪峰问少师:"什摩处归?"对曰:"江西。"峰曰:"江西那里?"对曰:"石霜。"(《祖堂集·石霜和尚》)

(5)雪峰见他来,问师:"教你去江西,那得与摩回速乎?"师对云:"到了也。"峰曰:"到那里?"(《祖堂集·玄沙和尚》)

(6)乃举手云:"虽然作此佛儿子了,你诸人又却在那里安身立命?"(《古尊宿语录·舒州白云山海会演和尚语录》)

(7)峰曰:"灵云安否?"曰:"有一信相寄。"峰曰:"在那里?"(《五灯会元·灵云志勤禅师》)

(8)祖顾侍者曰:"是那里僧?"曰:"此上座向曾在和尚会下去。"(《五灯会元·灵岩仲安禅师》)

(9)上堂:"你是那里人? 一回相见一伤神。"(《五灯会元·净慈昙密禅师》)

(10)师云:"谢上座答话。"僧便喝。师云:"那里学得者虚头来?"(《古尊宿语录·后住潭州云盖山海会寺语录》)

询问处所除了"那里",还有"阿那里"、"阿那",但用例非常少。在我们考察的范围内,"阿那里"用于询问处所仅 1 例,出自《古尊宿语录》。即:

(11)师传语云:"此是司徒句,即今司徒在阿那?"侍中无对。(《前后帝王问讯语》)

"阿那里"用例也非常少,仅 4 例,其中《祖堂集》和《古尊宿语录》各 2 例。即:

(12)其僧便辞,却归洞山。洞山问:"阿那里去来?"对云:"到夹山。"(《祖堂集·夹山和尚》)

(13)祖曰:"生缘在阿那里?"子曰:"自得五阴后忘却也。"(《祖堂集·慧忠国师》)

(14)师云:"试道看,还有丝发大物解盖覆得么? 还有分毫许间隔得么? 向阿那里抄? 向阿那里写?"(《古尊宿语录·鼓山先兴圣国师和尚法堂玄要广集》)

关于疑问词语"那里"的用法，吕叔湘(1985)认为询问处所的"哪(那)里"由"哪(那)"和"里"合成[7]，本质上是个名词，可是当名词用很受限制。它几乎从来不作主语，也难得用在"是"字以外的动词后边。

不过，我们考察发现，询问处所的疑问词语"那里"用作主语还是比较普遍的，如《古尊宿语录》中，"那里"询问处所共 13 例，其中用作主语的就有 6 例，已占总数 13 例的 46%；在《五灯会元》中，"那里"询问处所共 23 例，其中用作主语的有 11 例，占总数 23 例的 48%。

"那里"除了用于询问处所外，还可表示反诘。《祖堂集》中未见表示反诘的"那里"或"阿那里"，与之同期的敦煌变文中未见"那里"，仅有 1 例"阿那里"，且用于表示反诘。即：

(15)慈母自从怀任(妊)，忧恼千般，或坐或行，如擎重担。所吃饮食，滋味都无。只忧身命片时，阿那里有心语话？(《敦煌变文集·父母恩重经讲经文》)

《古尊宿语录》和《五灯会元》中表示反诘的疑问词语"那里"共有 7 例，如：

(16)又岩头道："夫沙门者，一一从自己胸襟流出，盖天盖地始得。那里是静坐思量来？"(《古尊宿语录·舒州龙门佛眼和尚普说语录》)

(17)师云："只要你见色时无能见所见，那里不是闻声时无能闻所闻？心里思量时无能思所思，佛法最易最省力，自是你费力，自作艰难。"(《古尊宿语录·舒州龙门佛眼和尚普说语录》)

(18)曰："不向这里会得，又作么生？"师曰："不向这里会，更向那里会？"便打出。(《五灯会元·仙天禅师》)

唐五代时期，疑问词语"那里"用于询问处所的用法当是从中古用于询问处所的疑问代词"那"继承发展而来的。

疑问代词"那"用于询问处所最早见于中古初期的汉译佛经中。如③：

(19)诸女心悦,皆前作礼。道人咒愿:“诸妹那来?”命令就坐,为说经法。(《中本起经》,4/148c)[8]

(20)树神人现,问梵志曰:“道士那来?今若行耶?”(《中本起经》)[9]

至唐代,“那”与前期相比有了更大的发展,询问处所方面可以与“里”、“边”、“处”等组成“那里”、“那边”、“那处”等形式。

不过,考察来看,唐宋时期用于询问处所的“那里”、“阿那里”的使用并不是很普遍,使用频率较高的是“甚么处”、“什么处”、“甚处”、“什摩处”等疑问词语,如《祖堂集》中“什摩处”有266例,《古尊宿语录》中“什么处”有476例,《五灯会元》中“甚么处”559例,这几个疑问词语的使用频率远远超过“那里”、“阿那里”等。同时,上古汉语中询问处所的疑问代词“何”及中古新兴的疑问词语“何处”在此期还比较活跃,尤其是“何处”,使用频率仍旧很高。在所考察的五部唐宋禅宗语录中,“何处”共350例,询问处所的“何”共171例,都大大超过“那里”、“阿那里”等疑问词语。正是这两方面的因素致使新生于唐五代时期的“那里”、“阿那里”等疑问词语在唐宋时期并未盛行起来,直到元代后,“那里”才逐渐兴盛,并一直使用至现代汉语,写作“哪里”。

说明:

①本文所说的疑问词语,不单指固定的疑问词,还包括常用来询问的非凝固的短语。

②例(23)、(24)引自吕叔湘(1985)。

③例(19)、(20)引自刘开骅(2003)。

注释:

[1][4][6][7]吕叔湘著,《近代汉语指代词》,上海:学林出版社,1985年版。

[2]王力著,《汉语史稿》(修订本),北京:中华书局,1980年版。

[3]高名凯著,《高名凯语言学论文集》,北京:商务印书馆,1990年版。

[5]蒋绍愚著,《近代汉语研究概要》,北京:北京大学出版社,2005 年版。

[8][9]刘开骅著,《中古汉语疑问句研究》,南京大学博士学位论文,2003 年版。

(原载《西华大学学报》2012 年 02 期,张鹏丽)

"浪"作禁戒否定副词考

——兼论"漫"、"休"、"别"等

"浪"是古汉语中较常用的一个词语,主要表"波浪"、"波动"、"放纵"等义,常作名词、动词、形容词,也可作情态副词,表"空"、"虚"、"徒然"等义。另外,"浪"还可作否定副词用,相当于"莫"、"休"、"别"等,表禁戒。"浪"作否定副词的用法在大型古汉语辞书及重要古汉语语法专著中提及寥寥,如《康熙字典》[1]、《辞源》[2]、《汉语大字典》[3]、《故训汇纂》[4]、《古代汉语虚词词典》[5]、《古汉语语法及其发展》[6]等均未提及,只有《汉语大词典》[7]提到了。《汉语大词典》:"浪,副词。表示否定。相当于'莫'、'不要'。"[8]其实,"浪"作否定副词至少在唐代就已出现,如唐薛曜《奉和圣制夏日游石淙山》:"此中碧酒恒参圣,浪道昆山别有仙。"李商隐《回中牡丹为雨所败》诗之二:"浪笑榴花不及春,先期零落更愁人。"明陈玉阳《义犬》第一出:"浪道是名千载,不如这酒一杯。"这里的"浪道"、"浪笑"即"莫(休)道"、"莫(休)笑"之义。又如唐李群玉《石门韦明府为致东阳潭石鲫鲙》:"太湖浪说朱衣鲋,汉浦休夸缩项鳊。"宋杨冠卿《前调》:"罗袜浪传仙子,宫梅休写华光。"这里将"浪"与否定副词"休"对举,更足以证明"浪"作否定副词的用法。

"浪"最初是一个实词,最初意义与水有关。"浪"是如何虚化作副词,又是如何进而发展为禁戒类否定副词的呢?本文将重点讨论这一问题。

《说文·水部》:“浪,沧浪水也。南入江。”[9]《玉篇·水部》:“浪,沧浪水也。”[10]《广韵·唐韵》:“浪,沧浪,水名。”[11]《康熙字典》:“沧浪,水名。《水经注》水出荆山,东西流为沧浪之水。又康浪,水名。《广舆记》在青州临淄。”[12]《汉语大字典》:“沧浪,古水名。汉水中下游。”[13]可见,“浪”常用作水名,最初主要指“沧浪”之水。

“浪”由“沧浪”之水进而指一般的水,主要指清水。《汉语大字典》:“沧浪,清水。三国魏嵇康《幽愤诗》:‘虽曰义直,神辱志沮。澡身沧浪,岂云能补?’明张煌言《奇零草·春江花月夜值微雨限韵》:‘人行濠濮清辉湿,天入沧浪翠露奇。’清卢文弨《钟山札记·仓浪》:‘仓浪,青色,在竹曰仓筤,在水曰沧浪。’”[14]《文选·陆机〈塘上行〉》:“垂影沧浪泉。”李善注:“沧浪,水色也。”[15]

“浪”由水义进而指水波,波浪。如《玉篇·水部》:“浪,波浪也。”[16]《广韵·宕韵》:“浪,波浪也。”[17]《辞源》:“浪,波浪。”[18]《汉语大字典》:“大波,波浪。”[19]《汉语大词典》:“浪,波浪。”[20]如晋左思《吴都赋》:“长鲸吞航,修鲵吐浪。”杜甫《郪城西原送李判官兄等赴成都府》:“远水非无浪,他山自有春。”《水浒传》第三七回:“正是慌不择路,走了一个更次,望见前面满目芦花,一派大江,滔滔浪滚。”

波浪是涌动的,因而“浪”有“流动”、“涌动”之义。“浪”又可作“浪浪”。《楚辞·离骚》:“沾余襟之浪浪。”王逸注:“浪浪,流貌也。”[21]《广雅·释训》:“浪浪,流也。”[22]《文选·曹植〈洛神赋〉》:“泪流襟之浪浪。”李善注:“浪浪,泪下貌。”[23]《集韵·唐韵》:“浪,浪浪,流貌。”[24]《汉语大字典》:“浪,水波涌起。《正字通·水部》:‘水激石遇风则浪。’”[25]《汉语大词典》:“浪,起波;波动。”“浪,流貌。引申为流逝。”[26]如晋左思《魏都赋》:“温泉毖涌而自浪,华清荡邪而难老。”唐鲍溶《周先生画洞庭歌》:“不下此堂临洞庭,水文不浪烟不动。"

波浪在流动或涌动时显得轻浮而动荡不定,波浪的这种特性如果用来形容人,则指人的"放纵"、"放荡"、"轻浮"等,因而"浪"由流动、涌动义进而引申出"放纵"、"放荡"、"轻浮"义。《尔雅·释诂上》:"浪,戏谑也。"郭璞注:"浪,谓调戏也。"[27]《康熙字典》:"聊浪,放荡貌。扬雄《羽猎赋》:'聊浪乎宇内。'"[28]《汉语大字典》:"浪,放荡;放纵。《广雅·宕韵》:'浪,谑浪。'《诗·邶风·终风》:'谑浪笑敖,中心是悼。'毛传:'言戏谑不敬。'"[29]《汉语大词典》:"浪,放荡;放纵。《诗·邶风·终风》:'谑浪笑敖,中心是悼。'程俊英注:'浪,放荡。'金董解元《西厢记诸宫调》卷五:'辣浪相如,薄情卓氏,因循堕了题桥志。'凌景埏校注:'辣浪,十分放荡。'"[30]《古代汉语虚词词典》:"浪,表示动作行为放荡不羁、无拘无束的样子。可译为'漫'、'放浪'、'四处'等。"[31]如晋王羲之《兰亭集序》:"夫人之相与,俯仰一世,或取诸怀抱,晤言一室之内;或因寄所托,放浪形骸之外。"《红楼梦》第三六回:"你这会子又弄个雀儿来,也干这个浪事!"

一个人"放纵"、"轻浮"了,则做事的态度就会显得随意、轻率,因而"浪"又有"随意"、"轻率"之义。可以指人,也可指物。《汉语大字典》:"浪,轻率地,随意地。"[32]《汉语大词典》:"浪,轻易;随便。"[33]《古代汉语虚词词典》:"浪,表示动作行为的不慎重,随随便便。可译为'随便'、'轻率'、'随意'等。"[34]"随意"、"轻率"是指做事的方式,是用来说明和修饰动作行为的。这样,"浪"就完成了其语法化的第一个历程,即由原来的实词发展为虚词,作副词用,构成"adv + v"结构,这也是"浪"发展为禁戒类否定副词中非常重要的一步。从对语料的考察来看,"浪"作副词至少在南北朝时已经出现。如北魏贾思勰《齐民要术·养鹅鸭》:"先刻白木为卵形,窠别着一枚以诳之。不尔,不肯入窠,喜东西浪生。"《北史·艺术传下》:"及十月,帝又病动,语士开云:'浪用之才外任,使我辛苦。'"杜甫《泛舟送魏十八仓曹还京》:"见酒须相忆,将诗莫浪传。"唐张籍《赠王祕书》："不曾浪出谒公侯，唯向花间水畔游。"宋陆游《衰病》："衰病不浪出，闭门烟雨中。"《宣和遗事》前集："遂解下龙凤绞绡直系，与了师师道：'朕语下为勅，岂有浪舌天子脱空佛？'"元关汉卿《望江亭》第一折："只愿他肯、肯、肯做一心人，不转关；我和他，守、守、守白头吟，非浪侃。"明沈自征《簪花髻》："如今人越贫穷倒轻财浪掷，越豪富越刻毒狠嫉。"明沈榜《宛署杂记·宣谕》："九月，说与百姓每：收割毕日，毋要浪花，守度。"明冯梦龙《智囊补·察智·京师指挥》："少年不胜榜毒，诬服。讯贿所在，浪言埋郊外某处。"清李渔《慎鸾交·久要》："小生素重天伦，看了生身的父母，极其尊大，不敢在他面前浪措一词。"

做事的态度"随意"、"轻率"了，就会事倍功半，或徒劳无功，因而"浪"由"随意"、"轻率"义进一步引申为"虚"、"空"、"徒然"、"白白地"之义。《汉语大字典》："浪，副词。空，白白地。"[35]《辞源》："浪，徒然。"[36]《汉语大词典》："浪，副词。徒然；白白地。"[37]《古代汉语虚词词典》："浪，表示动作行为不起任何作用，没有任何意义或结果。可译为'空'、'白白地'、'徒然'等。"[38]从语料考察来看，"浪"的这一用法至少在唐代就已经出现。如李白《嘲王历阳不肯饮酒》："浪抚一张琴，虚栽五株柳。"韩愈《昌黎集》《秋怀》诗之一："胡为浪自苦，得酒且欢喜。"杜甫《得舍弟消息》诗之二："浪传乌鹊喜，深负鹡鸰诗。"仇兆鳌注："弟不能归，空传乌鹊之喜。"唐寒山《诗》之七七："终归不免死，浪自觅长生。"前蜀贯休《行路难》："九有茫茫共尧日，浪死虚生亦非一。"苏轼《赠月长老》："功名半幅纸，儿女浪苦辛。"宋葛胜仲《南乡子·九日用玉局翁韵作呈坐上诸公》："茗碧下青供酩酊，休休，楚客当年浪自愁。"宋梅尧臣《尝正仲所遗拨醅》："世无功名多浪死，刘伶阮籍于今传。"《资治通鉴·隋炀帝大业七年》："（王薄）又作《无向辽东浪死歌》以相感劝，避征役者多往归之。"胡三省注："浪死，犹言徒死也。"明陈海樵《贺新郎·客中有怀》套曲："灯前瑶斝，花间琼佩，浪把春光虚费。"《金瓶梅词话》第四二回："易老韶光休浪度，最公白发不相饶。"

"虚"、"空"、"徒然"、"白白地"带来的结果往往是负面的,不好的,因而需要对其规劝、禁戒、阻止,这样"浪"就很自然地引申为禁戒类否定副词,相当于"莫"、"休"、"别"、"不要"之义。正如《汉语大词典》:"浪,副词。表示否定。相当于'莫'、'不要'。"[39]除本文开头的所举用例外,又如《敦煌变文集新书》卷七:"者汉大痴,好不自知,恰见宽纵,苟徒过时。饭食浪道,我亦不饥。火急须去,恐王怪迟。"唐杨筠松《撼龙经》:"忽然四面皆是水,两册环合郁然青。罗星亦自有种类,浪说罗星在水边。"宋陈著《沁园春》:"闻君礼佛日千,浪说道繁华不值钱。想鸳衾底下,都将命乞。蒲龛里畔,未必心安。"宋无名氏《南柯子》:"自得陶朱法,休教懒瓒知。浪传黄独正甘肥。紫玉婴儿盈尺、更新奇。"

其实,古汉语中这种由负面意义引申为禁戒类否定副词的情况,除了"浪"之外,还有一些,例如"漫"、"休"、"别"等。如"漫",由最初指水盛大无际貌,引申为水满溢出之义,进而指人的放纵、散漫、不受约束的行为或个性,进一步用作副词,表空、徒然之义[40],属负面意义,最后"漫"就自然用作禁戒类否定副词,如杜甫《一百五日夜对月》:"牛女漫愁思,秋期犹渡河。"唐司空图《柳》诗之一:"漫说早梅先得意,不知春力暗分张。"王昌龄《送裴图南》:"漫道闺中飞破镜,犹看陌上别行人。"陆游《步至湖上寓小舟还舍》诗之五:"漫道贫非病,谁知懒是真。"清文康《儿女英雄传》第七回:"当下姑娘脸上的那番得意,漫说出将入相,八座三台,大约立刻叫他登基坐殿,成佛升天,他也不换!"又如"休",由休息义,逐步引申为休假、罢休、停止等义,又进而引申出离开、诀别、辞官、死亡等义[41],含有负面意义,从而引申出阻止或规劝之义,这样"休"就用作禁戒类否定副词了,如杜甫《诸将》诗之三:"洛阳宫殿化为烽,休道秦关百二重。"《前汉书平话》卷下:"太后免死,将刘友冷宫后面三间大房,锁于里面,休与饮膳。"《水浒传》第一回:"你休上去,山内毒虫猛兽极多,恐伤害了你性命。"《红楼梦》第五回:"势败休云贵,家亡莫论亲。"再如"别","别"的最初义指分开、离析,引申为区分、辨别,继而引申出离别、违背等负面意义[42]，最后引申作禁戒类否定副词，表示禁止或劝阻，相当于"莫"、"不要"等，如《红楼梦》第九四回："这是那里的话，玩是玩，笑是笑，这个事非同儿戏，你可别混说。"《儿女英雄传》第五回："那女子说：'别累赘，拿了去。我还干正经的呢！'"《老残游记》第五回："我去替少奶奶设法，做得成也别欢喜，做不成也别埋怨，俺有多少力量用多少力量就是了。"《二十年目睹之怪现状》第八十七回："解老爷管家，怕没吃饭，就在这里叫饭叫菜请他吃，可别走开。"

总之，"浪"作否定副词主要是表禁戒，至少在唐代就已经出现。"浪"作否定副词是在作情态副词的基础上进一步发展的结果，由表负面意义的"虚"、"空"、"徒然"、"白白"义进一步引申而来。除"浪"外，"漫"、"休"、"别"等禁戒类否定副词也是在语义上出现了负面意义后进一步发展而来的。"浪"作否定副词语义演变及语法化发展轨迹为：沧浪水名→水→波浪→流动、涌动→放纵、放荡、轻浮→随意、轻率→虚、空、徒然、白白地→禁戒类否定副词。其中"随意"、"轻率"义的出现是"浪"在发展为禁戒类否定副词过程中的重要一步。

注释：

[1][12][28]（清）陈廷敬、张玉书等编撰，《康熙字典》，北京：中华书局，1958 年版。

[2][18][36]商务印书馆编辑部等编，《辞源》（修订本），北京：商务印书馆，1988 年版。

[3][13][14][19][25][29][32][35]徐中舒主编，《汉语大字典》（缩印本），成都：四川辞书出版社、武汉：湖北辞书出版社，1993 年版。

[4]宗福邦等主编，《故训汇纂》，北京：商务印书馆，2003 年版。

[5][31][34][38]中国社会科学院语言研究所古代汉语研究室编，《古代汉语虚词词典》，北京：商务印书馆，1999 年版。

[6]杨伯峻、何乐士著，《古汉语语法及其发展》，北京：语文出版

社,2001 年版。

[7][8][20][26][30][33][37][39][40][41][42]罗竹风主编,《汉语大词典》,上海:汉语大词典出版社,1986—1993 年版。

[9](汉)许慎撰,(清)段玉裁注,《说文解字注》,上海:上海古籍出版社,1988 年版。

[10][16](南朝·梁)顾野王撰,《原本玉篇残卷》(影印本),北京:中华书局,1985 年版。

[11][17]周祖谟著,《广韵校本》,北京:中华书局,2004 年版。

[15][23](南朝·梁)萧统主编,(唐)李善等注,《六臣注文选》,北京:中华书局,2012 年版。

[21](宋)洪兴祖撰,《楚辞补注》,北京:中华书局,2002 年版。

[22](清)王念孙疏证,《广雅疏证》,北京:中华书局,1983 年版。

[24](宋)丁度等编,《集韵》(影印本),上海:上海古籍出版社,1985 年版。

[27](晋)郭璞注,(宋)邢昺疏,王世伟整理,《尔雅注疏》,上海:上海古籍出版社,2010 年版。

(原载《西南交通大学学报》2013 年 04 期,陈明富,张鹏丽)

"漫"作禁戒否定副词考

——兼论"曼"、"谩"、"慢"等

"漫"是古今汉语均较常见的词语之一,"漫"常作形容词,表"水大"、"长远"、"平缓"、"放纵"等义;或作动词,表"溢出"、"漫漶"、"覆盖"等义;也可作情态副词,义为"随意"、"胡乱"、"徒然"等;或作范围副词,相当于"全"、"都"等。另外,"漫"还可作否定副词,表禁戒,相当于"休"、"莫"等,如唐司空图《柳》诗之一:"漫说早梅先得意,不知春力暗分张。"王昌龄《送裴图南》:"漫道闺中飞破镜,犹看陌上别行人。""漫"作禁戒否定副词的用法是如何演变而来的呢？本文将重点探讨这一问题。同时，兼论“曼”、“谩”、“慢”等作禁戒否定副词的情况。

通过对“漫”的使用情况考察发现，“漫”作禁戒否定副词主要是由“漫”的最初意义逐步演变的结果。首先来看“漫”的最初意义。《说文》[1]无“漫”字。《慧琳音义》卷五十一“流漫”注引郭注《方言》：“漫，谓水潦浩漫也。”[2]《康熙字典》：“《广韵》《集韵》《韵会》《正韵》：‘漫，并莫半切，音缦。大水也。’”“又《集韵》《韵会》《正韵》：‘漫，并谟官切，音瞒。水大貌。’”[3]《助字辨略》卷四：“漫，水淫衍也。”[4]《汉语大字典》：“漫，水大无涯际貌。《玉篇·水部》：‘漫，水漫漫平远貌。’《集韵·桓韵》：‘漫，水广大貌。’又《换韵》：‘漫，大水貌’”[5]《汉语大词典》：“漫，水盛大无际貌。”[6]可见“漫”最初用来表示“水盛大无际”之义，从《慧琳音义》注引郭注来看，“漫”至少在魏晋时就有此义。又如《文选·左思〈吴都赋〉》：“尔其山泽，则嵬嶷峣屼，巊冥郁岪，溃渱泮汗，滇洒淼漫”唐储光羲《酬綦毋校书梦耶溪见赠之作》：“春看湖水漫，夜入回塘深。”

水盛大无际，就要溢出，因而“漫”很自然由“水盛大无际”之义引申出“水满外溢”之义。《辞源》：“漫，水涨溢。”[7]《汉语大字典》：“漫，水满外溢；水涨。”[8]《汉语大词典》：“漫，水满溢出，流溢。”[9]如宋王安石《白日不照物》：“妇子夜号呼，西南漫为壑。”清孙枝蔚《黄河舟中》：“势雄因近海，力大漫临城。”

水满外溢，说明水有多出的部分，由水的多出引申为一般事物之多，这样“漫”便有抽象的“多”义，包括水之多。《文选·马融〈长笛赋〉》：“僬眇睢维，涕洟流漫。”吕向注：“漫，言多。”[10]《汉语大字典》：“漫，多。”[11]又如唐韩愈《禘祫议》：“凡在拟议，不敢自专，聿求厥中，延仿群下。然而礼文繁漫，所执各殊。”《新唐书·儒学传中·马怀素》：“是时，文籍盈漫，皆炱朽蟫断，籤縢纷舛。”

事物多了，尤其是外溢之水多了，就会不受约束。人如果长期不受约束，就会放荡，散漫，因而“漫”很容易引申出“不受约束”、“放荡”、“散漫”之义。《汉书·艺文志》：“败漫羡而无所归心。”颜师古注:"漫,放也。"[12]《列子·黄帝》:"漫言曰。"殷敬顺释文:"漫,散也。"[13]《玉篇·水部》:"漫,散也。"[14]《辞源》:"漫,放纵,无检束。"[15]《汉语大词典》:"漫,放纵;散漫;不受约束。"[16]又如《新唐书·元结传》:"公漫久矣,可以漫为叟。"苏轼《李思训画长江绝岛图》:"舟中贾客莫漫狂,小姑前年嫁彭郎。"宋邓椿《画继》卷三:"襄阳漫士米黻,字符章,尝自述云:'黻即芾也',即作芾。"明余继登《典故纪闻》卷十一:"敢有漫不知省,仍蹈前弊者,通治以重罪不宥。"

一个人如果长期不受约束,散漫惯了,则做事的方式往往会很随意,因而"漫"又会引申出"随意"、"胡乱"之义,主要用来表示一种情态。《助字辨略》卷四:"漫,唐人诗多用为语助,取其因任放浪,无所拘检,如水之漫。"[17]《汉语大字典》:"漫,随便地;胡乱地。"[18]《汉语大词典》:"漫,随意;胡乱。"[19]《古代汉语虚词词典》:"漫,副词,表示动作行为的随意、无拘无束或漫不经心。可译为'随意'、'随便'等。"[20]这时,"漫"已经由实词虚化为情态副词了,完成了其语法化历程中的重要一步。如《列子·黄帝》:"遂与商丘开俱乘高台,于众中漫言曰:'有能自投下者,赏白金。'众笑竞应。"《齐民要术·耕田》:"漫掷黍穄,劳亦再徧,明年,乃中为谷田。"杜甫《闻官军收河南河北》:"却看妻子愁何在,漫卷诗书喜欲狂。"唐元结《酬裴云客》:"甚醉或漫歌,甚闲亦漫吟。"《明史·袁崇焕传》:"上英明,安可漫对。异日按期责效,奈何?"清吴骞《〈扶风传信录〉序》:"漫书数语,以引其端。"

做事如果过于随意、胡乱,其结果往往是徒劳的,虚空的,因而"漫"又很快由"随意"、"胡乱"之义引申出"枉"、"徒然"、"白白地"之义。杜甫《江上值水如海势聊短述》:"老去诗篇浑漫与,春来花鸟莫深愁。"仇兆鳌详注:"漫,徒也。"[21]《辞源》:"漫,助词。有随意、任由、枉、徒然等义。"[22]张相《诗词曲语辞汇释》卷二:"漫……转变而为徒义或空义。"[23]《汉语大词典》:"漫,副词。空,徒然。"[24]《古代汉语虚词词典》:"漫,副词,表示动作行为不起任何作用,没有任何意义或结果。可译为'徒然'、'枉然'、'白白地'等。"[25]又如杜甫《宾至》:"岂有文章惊海内,漫劳车马驻江干。"唐陆龟蒙《江南秋怀寄华阳山人》:"衣裾徒博大,文籍漫纵横。"唐杜审言《春日京中有怀》:"上林苑里花徒发,细柳营前叶漫新。"金李正臣《满江红·示妇》词:"笑杜陵,憔悴漫多情,须燕玉。"宋晏殊《浣溪沙》词:"月好漫成孤枕梦,酒阑空得两眉愁。"《三国演义》第三二回:"绍翻身大叫一声,又吐血斗余而死。后有人诗曰:'空招俊杰三千客,漫有英雄百万兵。'"清吴伟业《桃核船》:"三士漫成齐相计,五湖好载越姝行。"

"枉"、"徒然"、"白白"之义是负面的,不好的,这就会引起人们的注意和禁戒,因而"漫"就逐渐有了禁戒否定副词的用法,相当于"休"、"莫"、"不要"等。《汉语大字典》:"漫,表示否定,相当于'莫','不要'。"[26]《汉语大词典》:"漫,副词。休;莫。"[27]《古代汉语虚词词典》:"漫,用作否定副词,相当于'莫'、'不要'等。"[28]古汉语中还有一些禁戒否定副词像"漫"一样,由表示负面意义逐渐演变而来,如"浪"、"休"、"别"等。其中,"漫"与"浪"是个同义词,二者的语义引申和语法化演变轨迹非常相似,如"浪":沧浪水名→水→波浪→流动、涌动→放纵、放荡、轻浮→随意、轻率→虚、空、徒然、白白地→禁戒类否定副词。"漫"作禁戒否定副词用例可见本文开头,又如唐张谓《赠赵使君美人》:"罗敷独向东方去,漫学他家作使君。"杜甫《一百五日夜对月》:"牛女漫愁思,秋期犹渡河。"陆游《步至湖上寓小舟还舍》诗之五:"漫道贫非病,谁知懒是真。"又《泸州乱》:"岂知痈疽溃在内,漫倚筑城如铁坚。"清蒋士铨《桂林霜·告变》:"且漫悲啼,一同解救。"《儿女英雄传》第一回:"要论父亲的品行学业,慢道中一个进士,就便进那座翰林院,坐那间内阁大堂,也不是甚么难事。"又第七回:"当下姑娘脸上的那番得意,漫说出将入相,八座三台,大约立刻叫他登基坐殿,成佛升天,他也不换!"从语料考察来看,至少在唐代,"漫"已经可以用作禁戒否定副词了。

另外,古汉语中还有几个词语,与"漫"在字形、语音、意义方面都关系密切,而且也都可以用作禁戒否定副词,这几个词主要是“曼”、“谩”、“慢”等。“漫”与“曼”、“谩”、“慢”在字形上都是“曼”旁结构,都由“曼”字发展而来。语音上是相同或相近的:“曼”,《广韵》莫半切,去声换韵,明母;“曼”,《集韵》莫半切,去声换韵,明母;“谩”,《广韵》莫半切,去声换韵,明母;“慢”,《广韵》谟晏切,去声谏韵,明母。[29]语义上,“漫”、“曼”属于同义词,《庄子·马蹄》:“澶漫为乐。”陆德明释文:“漫,向、崔本作曼。”[30]《释名·释言语》:“慢,漫也。”毕沅疏证:“《说文》无漫字,当借用曼。”[31]《释名·释形体》:“面,漫也。”王先谦疏证补引苏舆曰:“漫与曼同。”[32]《文选·班彪〈北征赋〉》:“遵长城之漫漫。”李善注:“漫与曼古字通。”[33]《汉语大词典》:“曼,长;远。”“曼,延长;拉长。”“漫,广远貌。”“漫,长貌。”[34]“漫”、“曼”实际为一组同源词,这一点也可参见王力《同源字典》[35]。“漫”、“曼”虽为同源词,但二者作为禁戒否定副词用法的来源并不同,“曼”作为禁戒否定副词是由“长”、“远”义逐步演变而来。《康熙字典》:“曼,《说文》作曼,引也。从又冒声。《玉篇》长也。《诗·鲁颂》孔曼且硕。《传》曼,长也。《笺》修也,广也。”[36]“曼”由“长”、“远”义进一步引申出“轻细”义,《墨子·辞过》:“靡曼之衣。”孙诒让间诂引《文选·七发》李注:“曼,轻细也。”[37]《楚辞·大招》:“峨眉曼只。”朱熹集注:“曼,长而轻细也。”[38]轻细的极点是无,因而“曼”又有“无”义,先是动词“无”,《小尔雅·广诂》:“曼,无也。”[39]《广雅·释言》:“曼,无也。”[40]《读书杂志·余编下·文选》:“四子讲德论:但悬曼矰。”王念孙案:“曼者,无也。”[41]然后虚化为叙述否定副词“无”,作状语,《词诠》:“曼,否定副词,义同前。‘神怪茫茫,若存若亡,圣人曼云。(《法言·重黎》)’”[42]《古书虚字集释》:“‘曼’犹‘不’也。”[43]由叙述否定副词“无”进一步演变为禁戒否定副词,《词诠》:“曼,禁戒副词,毋也。‘或曰:谗谗者天下皆说也,奚其存?曰:曼是为也。(《法言·寡见》)’”[44]《汉语大词典》:“曼,副词。表否定。不;不要。”[45]又如《敦煌曲子词·阿曹婆词》:“秋夜更长难可度,曼怜他。”

“谩”、“慢”也可用作禁戒否定副词，如唐范摅《云溪友议》卷六：“文章谩道能吞凤，杯酒何曾解吃鱼。”宋周邦彦《玉烛新·梅花》词：“寿阳谩斗，终不似，照水一枝清瘦。”宋晏殊《破阵子》词：“谩道秦筝有剩弦，何曾为细传?”金董解元《西厢记诸宫调》卷三：“谩叹息，谩悒怏，谩道不想，怎不想?”《红楼梦》第五六回：“慢说拉手，他的东西，我们略动一动，也不依。”《儿女英雄传》第一回：“要论父亲的品行学业，慢道中一个进士，就便进那座翰林院，坐那间内阁大堂，也不是甚么难事。”“谩”、“慢”作禁戒否定副词并非自身演变的结果，而是通过文字通假现象而来的，“谩”、“慢”通“漫”的用法。《诗经·大雅·荡》：“天降滔德。”毛传：“滔，漫也。”陆德明释文：“漫，本一作慢。”[46][47]《助字辨略》卷四：“李义山诗：一名我漫居先甲，千骑君翻在上头。此漫字与谩通。犹云虚也，枉也，徒也。”又“杜子美诗：漫劳车马驻江干，此漫字亦通谩。犹云轻易也。”[48]

综上所述，至少在唐代，“漫”已经可以用作禁戒否定副词了。“漫”作禁戒否定副词的语义发展及语法化演变轨迹为：大水→水满外溢→多→不受约束，散漫，放浪→随便地，胡乱地→枉，徒然，白白地→表示禁戒否定。“曼”、“谩”、“慢”与“漫”在字形、语音、意义方面都关系密切，而且也都可以用作禁戒否定副词。它们在字形上都是“曼”旁结构，都由“曼”字发展而来，语音上相同或相近。其中“漫”与“曼”为同源词，但它们作禁戒否定副词的演变轨迹并不一样，“曼”作禁戒否定副词的演变轨迹为：长，远→轻细→动词“无”→叙述否定副词“无”→禁戒否定副词。“谩”、“慢”作禁戒否定副词并非自身演变的结果，而是通过文字通假现象而来的，“谩”、“慢”用法与“漫”相通，也就有了禁戒否定副词的用法。

注释：

[1]（汉）许慎撰，（清）段玉裁注，《说文解字注》，上海：上海古籍出版社，1988 年版。

[2](唐)玄应、(唐)慧琳、(辽)希麟著,徐时仪校注,《一切经音义三种校本合刊》,上海:上海古籍出版社,2008 年版。

[3][36](清)陈廷敬、张玉书等编撰,《康熙字典》,北京:中华书局,1958 年版。

[5][8][11][18][26][29]徐中舒主编,《汉语大字典》(缩印本),成都:四川辞书出版社、武汉:湖北辞书出版社,1993 年版。

[6][9][16][19][24][27][34][45]罗竹风主编,《汉语大词典》,上海:汉语大词典出版社,1993 年版。

[4][17][48](清)刘淇著,章锡琛校注,《助字辨略》,北京:中华书局,1954 年版。

[7][15][22]商务印书馆编辑部等编,《辞源》(修订本),北京:商务印书馆,1988 年版。

[10][33](南朝梁)萧统主编,(唐)李善等注,《六臣注文选》,北京:中华书局,2012 年版。

[12]王先谦撰,《汉书补注》,北京:中华书局,1983 年版。

[13]杨伯峻著,《列子集释》,北京:中华书局,1979 年版。

[14](南朝梁)顾野王撰,《原本玉篇残卷》(影印本),北京:中华书局,1985 年版。

[20][25][28]中国社会科学院语言研究所古代汉语研究室编,《古代汉语虚词词典》,北京:商务印书馆,1999 年版。

[21](唐)杜甫著,(清)仇兆鳌注,《杜诗详注》,北京:中华书局,1999 年版。

[23]张相著,《诗词曲语辞汇释》,北京:中华书局,1953 年版。

[30][47](唐)陆德明撰,张一弓点校,《经典释文》,上海:上海古籍出版社,2013 年版。

[31][32](汉)刘熙撰,(清)毕沅疏,(清)王先谦补,祝敏彻,孙玉文校,《释名疏证补》,北京:中华书局,2008 年版。

[35]王力著,《同源字典》,北京:商务印书馆,1982 年版。

[37](清)孙诒让撰,孙启治点校,《墨子间诂》,北京:中华书局,

2001 年版。

[38](宋)朱熹注,《楚辞集注》,上海:上海古籍出版社,2001 年版。

[39]黄怀信撰,《小尔雅汇校集释》,西安:三秦出版社,2003 年版。

[40](三国魏)张揖撰,(清)王念孙疏证,《广雅疏证》,南京:江苏古籍出版社,2000 年版。

[41](清)王念孙撰,《读书杂志》,南京:江苏古籍出版社,2000 年版。

[42][44]杨树达著,《词诠》,上海:上海古籍出版社,2006 年版。

[43]裴学海著,《古书虚字集释》,北京:中华书局,2004 年版。

[46](汉)毛亨传,郑玄笺,(唐)孔颖达疏,《毛诗正义》,北京:北京大学出版社,1999 年版。

(原载《西南交通大学学报》2012 年 01 期,陈明富,张鹏丽)

论古汉语中的处置式

一、处置式的提出及其特征

处置式是汉语的一种特殊句法现象,它最早是由王力先生提出并加以阐述的。王力先生在他的著作《中国现代语法》及《汉语史稿》中均明确加以阐述。在《中国现代语法》中他是这样阐述的:

在普通的结构里,目的位是放在叙述词的后面的,例如"我烧了那一封信。"有时候,咱们也可把目的位放在叙述词的前面,只需在叙述词的原来位置加上一个助动词"把"或"将"字,例如,"我把那一封信烧了"。

但是,这两种叙述并不是完全同意义的。前者是普通的叙述,后者是在叙述之中，同时表示这行为是一种处置或支配。因此，像“我把那一封信烧了”一类的句子可称为处置式。[1]他在《汉语史稿》中又说：

在现代汉语里，有一种特殊的语法结构，就是处置式。就形式上说，它是用一个介词性的动词“把”字把宾语提到动词的前面（“一定要把淮河修好”）；就意义上说，它的主要作用在于表示一种有目的的行为，一种处置。

处置式在较早时代，更常见的结构是“将”字式。所以我们在本节里同时讨论两种处置式：“将”字式和“把”字式。[2]

由此我们可以归纳出汉语处置式的一些基本特征：1. 就句法结构形式而言，必须有一个能把动词宾语提到动词前面的介词“将”、“把”或类似的其他介词，从而完成对动词宾语到介词宾语的转化。2. 就句意而言，宾语前置转换后必须表示一种处置、一种目的。3. 句子的谓语动词应该为及物动词或能带宾语的动词短语，因为介词的宾语实际上是谓语的。这三个特点是由王力先生对处置式的界定和阐述而直接归纳概括的。明白了处置式的内涵及特征，我们就可以从容地判断汉语处置式的实际用例，确定古汉语处置式的产生及其运用的具体情况。

二、处置式产生的真正时代

王力先生在《汉语史稿》中对于处置式产生的时代是这样阐述的：“在上古时期和中古的上半期——即七世纪以前，汉语里还没有处置式的存在。在现代汉语里用处置式的地方，在唐代以前只能用一般的动宾结构。”随后王力先生考证了“将”、“把”二字意义逐渐由实而虚的过程，说：“‘将’和‘把’在唐以前都是纯粹的动词。”“但是，介词性的动词‘把’字正是从这种有实在的动作意义的‘把’字逐渐虚化而成的。”“就处置式来说，在较早时期，‘将’字用的较多。”“由此可见，处置式的产生大约在第七世纪到第八世纪之间。到了中、晚唐以后，‘把’字用于处置式的情况更加普遍起来。”[3]王力先生认为汉语处置式最早产生于唐代,它的表现形式为"将"字式和"把"字式。王力先生对处置式产生时代的确认是否确切呢?

首先来看看《汉语发展史略》的作者舒化龙先生对这一问题的看法,他在该书中说:

上古没有处置式,这是因为古人对处置式的概念表现形式不一样,更重要的是没有把这种形式固定下来,成为一种语法结构。例如《诗·氓》:"以尔车来,以我贿迁。"其中的"以"就有提宾的作用,意义和后来的处置式的"把"差不多。但是,这一类的例子究竟很少。那时"以"的用法又很多,有的界限也不分明,所以这种例子只能说是汉语处置式概念的最早表现形式而已。从资料看,到了唐代,真正的处置式才产生。[4][5]

对上述文字稍作分析,不难看出,这段话充满了矛盾。既然上古已经有了"处置式"概念的最早表现形式,而且和后来的处置式的"把"差不多,怎么又能得出"上古汉语没有处置式"的结论呢?"'以'字在上古用法很多,有的界限也不分明"显然不能证明"以"字在某些例句中不能具体理解为"把"的意义,同时"例子究竟很少"也并不违背"例不十,法不立"的标准,上古"以字式"可以找出的用例远远超出这个立"法"的标准。其实许多虚词词典或有关语法书已经为"以"的这种用法单立专门的义项。如《古代汉语虚词词典》:"以,介词。……三,介绍动作施行时涉及的对象,可译为'把'、'同'等,或不译出。"[6]并举了译为"把"的两个例子:

1. 今予将试以汝迁。(《尚书·盘庚中》)——以汝迁,把你们迁走。

2. 伯楚以吕郤之谋告公。(《国语·晋语四》)

另外,《常用文言虚词词典》:"以,介词。……五,介绍并处置动作行为发生时直接涉及的对象。可译为'把'。并引例句加以证明。"[7]

语法书如《古汉语语法及其发展》,在介词一章里谈到"引进训告的内容"这一类介词时明确指出:"'以·告'表现训告的内容可位于动词前。”[8]并引了《左传》上的几个例句：“伯州犁以公卒告王，苗贲皇在晋侯之侧，亦以王卒告。”“秋，杞桓公来朝，劳公，且问晋故。公以晋君语之。”“初，公筑台，临党氏，见孟任，从之。閟。而以夫人言，许之。”这三句的“以”字书中明确译为“把”字。由此可见，早在上古时代，“以”字式的处置式已经存在，而且用例已具相当规模，这足以证明处置式产生于唐代的说法是不可靠的，处置式真正产生的时代应该是上古。

三、处置式的表现形式

王力先生在《汉语史稿》中提到了两种处置式，即“将字式”和“把字式”，由上面的分析可知，“以字式”应早于“将字式”和“把字式”，此外，处置式中还有一种形式即“用字式”，下面我们对这四种形式分别加以介绍。

（一）以字式

“以”字在甲骨文中作“ㄥ”，隶书作“㠯”，徐中舒认为“ㄥ”为“耜”的本字，象耜形：“耜为用具，故古文借为以字。以，用也。”（《甲骨文字集释》卷十四）可见，上古汉语中，“以”字最初是个完备的动词，表示“用”之意。如《楚辞·九章·涉江》：“忠不必用兮，贤不必以。”《左传·襄公十年》：“我辟礼矣，彼则以之。”而处置式中的“以”是“用”、“率领”、“使”等意逐步虚化，演化为表示介绍并处置动作行为发生时直接涉及的对象的虚词“把”，至此，“以”字式的“以”真正形成，用例也逐渐多起来。我们来看下面一些例句：

1. 尝以中山之谋微告赵王。（《韩非子·内储说下》）
2. 以崔子之冠赐人。（《左传·襄公二十五年》）
3. 秦子梁子以公旗辟于下道。（又《庄公九年》）
4. 诸将或言诛秦王……乃以秦王属吏。（《史记·高祖本纪》）
5. 以公命示子家子。（《左传·昭公二十五年》）
6. 复以弟子一人投河中。（《史记·滑稽列传》）
7. 以其兄之子妻之。（《论语·公冶长》）

8. 尧以天下让许由。(《韩非子·说林下》)

9. 则以其内实迁于卢蒲女敝氏。(《左传·襄公二十八年》)

通过这些例句,我们不难看出"以字式"的一些特征。首先,"以字式"中的主要动词主要是及物动词,介绍"以"的宾语在意念上又都是这个及物动词直接涉及的对象。这是因为这里的"以"字的语法功能正是把动词的宾语转化成了介词宾语,以强调对这个宾语的处置。其次,"以字式"带有明显的处置语义。比如,"以崔子之冠赐人",句子的表意重点是说把崔子之冠"怎么样了",是写齐庄公的放肆——不仅通人妻子,还把人家的帽子随便赐人。至于赐给什么人是无关紧要的,所以间接宾语"人"是无定的。这里的"以",不能解释成工具格的"用"。

这些特点及诸多例句足以说明"以字式"在上古已经从工具语中分离出来,固定为一种表示处置意义的语法结构,因而也证明了"处置式起源于唐代的说法是不可信的"。

(二)用字式

"用"字,《说文》:"用,可施行也。"如《周易·乾卦·初九》:"潜龙,勿用。"由这一本义逐步分离出"应用"、"使用"、"拿"等意义。如《诗经·大雅·公刘》:"酌之用匏。"《左传·宣公二年》:"弃人用犬。"又进而用于抽象意义,如《孟子·梁惠王上》:"无如寡人之用心者。"《左传·昭公二十年》:"齐氏用戈击公孟。"

由实词意义逐步虚化出以"凭藉"为核心的种种介词用法。这些用法跟介词"以"相类,如《孟子·滕文公上》:"吾闻用夏变夷者,未闻变于夷者也。"《论语·公冶长》:"不念恶,怨用是希。"由此虚化义进一步演变为可译成"拿、把"意的介词了。如《墨子·非命下》:"彼用无为有,故谓矫;若有而谓有,夫岂为矫哉。"《荀子·致士》:"用其终为始,则政令不行,而上下怨疾,乱所以自作也。"《松窗杂录·夜明帘》:"书生具以说事言,兼用夜明帘为贽。"这些例子中,"用"可译作"拿",也可译成"把",说明了"用"的意义逐步向"把"演变的过程,是用字式形成的重要阶段,但"用字式"还没完全形成。

语义的转变是渐进的，是需要过程的。“用”的意义由不稳固而逐渐稳固下来，从而形成处置式的另一种形式——“用字式”。真正的“用字式”大概产生于汉代，看下面例句：

1. 单于既得翕侯，以自为次王，用其姊妻子。（《史记 · 匈奴列传》）

2. 辟左右，亲问禹以无变，因用吏民所言王氏事示禹。（《汉书 · 张禹传》）

以上事例中的“用”只能译成“把”，译成其他的词就有点牵强，试比之于“以字式”，均符合“以字式”的特征，既具有明显的处置意义，谓语动词又为及物动词。“用字式”的用例从总体来看要比“以字式”少得多，究其原因，主要是“用”字作虚词时，相当一部分用来表工具格或表原因，表处置义的相对较少，同时，“用”的虚词用法后来逐渐为“以”所代替。因而总体上，“用字式”用例相对较少。

（三）“将字式”和“把字式”

“将”和“把”，在唐代以前都是全然的动词，如：

1. 阙尝童子将命。（“将命”，传话意）（《论语 · 宪问》）

2. 禹亲把天下瑞令以征有苗。（“把”，拿着）（《墨子 · 非攻下》）

到唐时开始出现一些形式与处置式相似的句子，但“把”、“将”仍为实词意义的用法，如杜甫诗：“醉把茱萸子细看。”韩愈诗：“直把春偿酒，都将命乞花。”但真正的处置式也就是在这种实词的基础上逐渐虚化而来的。处置式大约产生在第7世纪到第8世纪间，如较早的例句：杜甫《寄李十二白》：“已用当时法，谁将此义陈？”又《泛江送魏十八》：“见酒须相忆，将诗莫浪传。”就这两种处置式而言，它们并没有什么区别，往往互用于同一对句中，如皮日休诗：“如将月窟写，似把天河扑。”到了中、晚唐以后，“把”字用于处置式的情况逐渐普遍起来。随着语言的发展，到了现代，“将字句”多为“把字句”所代替，因为人们的习惯中，大多不再喜欢说“将”了，同时，“以字句”也逐渐为“把字句”所替代，因而在现代汉语普通话中，处置式的形式主要为“把字式”，当然也有“将字式”。

四、处置式与把字句的区别

前面我们讲了处置式的主要表现形式为“把字式”，而汉语中还有一种把字句，那么是否可以说处置式就是把字句呢？我们认为，两者是有区别的。先看下面两句：

1. 把姑娘的东西丢了。（《红楼梦》第七十三回）

2. 偏又把凤丫头病了。（《红楼梦》第七十六回）

这两个句子虽然形式上与把字句相似，但并不符合处置式特征，处置式中介词宾语与谓语动词之间应该为动宾关系，而不是主谓关系，而以上两例中“把”后宾语与谓语动词间均为主谓关系，这种不同王力先生早就注意到了，为了区别，他把这种把字句叫“继事式”，认为是不同于处置式的。他在《中国语法理论》中是这样说的：“继事式并不表示一种处置，只表示此事是受另一事影响而产生的结果。它在形式上和处置式完全相同。……在意义上，它们的差别就大了……”[9]对于两者的区别，我们可以说，有把字的处置式是把字句，而把字句则不全是处置式，二者在意义上与语法上是有一定区别的。

五、处置式的功能

处置式是汉语句法中的一种重要句式，处置式的产生，使汉语表达更加丰富、灵活、准确。它也是汉语语法逐渐完善的重要标志之一。就古汉语而言，古汉语中处置式的作用有以下几点：

第一，处置式可以起到舒缓语气的作用。处置式是一种动词宾语提前的句式，由于构成了介宾结构，从而使某些较长的句子在介宾结构后面可以有一个短暂的语气停留，避免较长的动宾连读的苦涩。比如：《韩非子·说林上》：“因乃让天下于务光。”又《说林下》：“尧以天下让许由。”前一句为一般句式，读来语气较长，后一句为处置式，读时自然而然就在“以天下”后稍作停顿，既舒缓了语气，又显得抑扬相接。

第二,宾语提前后,谓语部分的语法功能更加活跃,既可单用,又可带宾语或补语,却不使句子显得肿胀。因为宾语的提前,本身就为谓语动词减轻了负担,为其提供了足够的空间,因而谓语部分的表达更显灵活。谓语单用的如:白居易诗:"莫把杭州刺史欺。"皮日休诗:"如将月窟写,似把天河扑。"带补语的如:《左传·僖公十六年》:"王以戎难告于齐。"《刘宾客嘉话录》:"把他堂印将去。"带宾语的更多:《韩非子·内储说下》:"昔天以越予吴,吴不受。"《国语·晋语四》:"伯楚以吕郤之谋告公。"《汉书·高帝纪》:"项伯还,具以沛公言告羽。"可见,处置式的使用使语言更富于弹性。

第三,处置式不仅是汉语语法成熟的标志之一,同时也使汉语语义表达更加准确有力。由于处置式表示一种目的、一种处置,因而更具有强调突出的作用,从而使语义的表达更加确切,我们不妨比较一下处置式与一般式,如《史记·滑稽列传》有两句:"复以弟子一人投河中。"及"复投弟子一人河中。"不难看出,后一句只是一般陈述,而前一句除陈述之外,还强调了投入河中的对象不是别人,而是"弟子一人",从而表达了一种目的,一种谓语的处置对象。再如《韩非子》中也有两句:"以炼金百镒遗晋。""使人遗苏代金百镒。"前一句明确强调了遗晋的对象和目的是"炼金百镒",而后一句只能是说明遗金这件事本身,而别无其他可言。

以上三点是处置式的生命力之所在,在现代汉语中,处置式的表现形式——"把字式"、"将字式"更是汉语句法中不可或缺的一部分。

注释:

[1]王力著,《中国现代语法》,北京:商务印书馆,1985 年版。

[2][3]王力著,《汉语史稿》,北京:中华书局,1980 年版。

[4]舒化龙著,《汉语发展史略》,呼和浩特:内蒙古教育出版社,1983 年版。

[5]章也,《汉语处置式探源》,《内蒙古师范大学学报》,1992 年第 4 期。

[6]中国社会科学语言研究所古代汉语研究室编,《古代汉语虚词词典》,北京:商务印书馆,1999 年版。

[7]陕西师大编写组编,《常用文言虚词词典》,西安:陕西人民出版社,1983 年版。

[8]杨伯俊、何乐士著,《古汉语语法及其发展》,北京:语文出版社,2001 年版。

[9]王力著,《中国语法理论》(上册),北京:中华书局,1957 年版。

(原载《上饶师范学院学报》2004 年 05 期,陈明富,张鹏丽)

《六度集经》与《六祖坛经》判断句比较研究

《六度集经》又做《六度无极经》、《六度无极》、《六度集》,是三国时吴康僧会编译的一部佛本生故事与佛传故事集。原书八卷,共收 91 个本生故事和佛传故事。康僧会按“六度”(印度大乘佛教认为,人应该通过布施、持戒、忍辱、精进、禅定、智慧等六种方法达到涅槃解脱,称之为“六度”,即到达彼岸之意)的次序分类整理编辑,并在每一度前都附一篇短小的序言,简要说明其意义。《大正藏》(全名为《大正新修大藏经》,为日本高楠顺次郎博士、渡边海旭博士等于大正十一年——昭和九年监修完成)将《六度集经》收编在第三卷,本缘部上。

《六度集经》出现的时间较早,当时正值中国汉译佛经的初期,口语成分较同时代中土文献要多一些,因而它应是研究中古汉语和汉语史的宝贵资料。

《坛经》,也称《六祖坛经》,一卷,全名为《南宗顿教最上大乘摩诃般若波罗蜜经六祖惠能大师于韶州大梵寺施法坛经》,是禅宗六祖惠能讲述佛法的记录。由其弟子唐代僧人法海集记，通称法海本，收入《大正藏》第四十八卷。《六祖坛经》的版本有十几种，其中现存最早的版本为敦煌本，大约成书于公元780年，是时代较早的一种禅宗语录。该书主要记载了惠能大师得法经过和教化内容，反映了唐禅宗语录的口语面貌，对于近代汉语的研究有非常重要的价值。

中古汉译佛经虽然不同于近代禅宗语录，《六度集经》与《六祖坛经》也各有自己的语言风格，但二者在大量使用口语这一方面是相似的。并且，汉译佛经的语言对于后代文献语言在许多方面都有一些影响，《六度集经》也不例外。现据《大正藏》中的《六度集经》与《六祖坛经》，同时参考蒲正信的《六度集经》（巴蜀书社2001年版）和郭朋的《坛经校释》（中华书局1982年版），我们将两书的判断句进行比较，进而初步探讨判断句自魏晋南北朝以来的演变及发展规律。

判断句是汉语中一种常见的句式，指对主语所表示的事物进行判断的句子，其谓语一般由名词或名词性词组充当，故又称"名词谓语句"。现代汉语的判断句一般要用判断词"是"联系主语和谓语，古代汉语的判断句与现代汉语有些不同，战国末期以前没有判断词"是"，判断句的基本形式为：主语（者）+谓语（也），主语（者）+副词+谓语（也），主语+为+宾语。判断词"是"出现于战国末期，发展于东汉时期，于魏晋六朝时期在口语中普遍使用，并且逐渐取代了前期典型的几种判断句式。到了唐宋元明清，"是"字式判断句更加广泛使用，已非常接近于现代汉语。

《六度集经》与《六祖坛经》中的判断句从总体特点来说，一方面沿用先秦时期的判断句形式，另一方面又呈现出一些新的用法。同时，由于时代的发展，具体的判断方式在《六度集经》与《六祖坛经》中又有些彼此不尽相同的地方。根据其性质，《六度集经》与《六祖坛经》中的判断句从总体上可分为肯定判断与否定判断两种。

一、肯定判断句

即说明主语是什么的句子。根据句中有无判断词“是”可分为非“是”字式判断句和“是”字式判断句。

(一)非“是”字式判断句

主要有以下几种形式:

1. 主语 + 谓语 + 也

即主语之后有语音停顿,“也”用在句末成为判断句的语法标志。如:

(1)危己济众,菩萨上志也。(《六度集经》卷一 6 页)

(2)菩萨睹之,怆然心悲。哀念众生,外世忧苦……内自惟曰:“夫虎,肉食之类也。”(《六度集经》卷一 17 页)

(3)昔有圣王,名曰摩调,时为飞行皇帝,典四天下,心正行平,民无窃怨,慈悲喜护,意如帝释。时民之寿,八万岁也。(《六度集经》卷八 322 页)

《六祖坛经》中,此类句式仅见一例。即:

(4)又有一僧名神惠,南阳人也。(90 页)

句末用“也”来帮助判断,是上古汉语判断句最主要的表达方式之一,从以上的比较中可看出,这种表达方式从中古到近代已呈现出明显减少的趋势。

值得一提的是,《六度集经》还有类似此种句式的一些句子,即主语 + 所谓(可谓) + 谓语 + 也(矣),如:

(5)廉者以闻,王知行真,即欣而请之。执手升殿曰:“卿真可谓佛弟子者矣。”(卷四 131 页)

(6)一臣曰:“斯杀不酷,唯以投大海中,斯所谓酷者也。”(卷五 201 页)

其实,这种判断句在先秦及两汉一些典籍中都出现过。如:

(7)曾晳死,曾元养曾子,必有酒肉。将彻,不请所与,问有关,曰:“亡矣。”将以复进也。此所谓养口体者也。(《孟子·离娄上》)

(8)昔文王一动而功显于千世,列为三代,此所谓因天心以动作者也,故海内不期而随。(《史记·淮南衡山列传》)

(9)夫虽云爱,舅姑云非,此所谓以义自破者也。(《后汉书·列女传·曹世叔妻》)

(10)若东平宪王,可谓好礼者也。(《后汉书·光武十王传·东平宪王苍》)

(11)昭曰:"卿父昔为彼州,今卿复据此郡,可谓负者也。"(《三国志·魏书·刘馥传》)

在《六度集经》以前的汉译佛经中未曾有此判断句,《六祖坛经》中也未出现此种句式,在其后的汉译佛经中则有之。为何会有这种现象呢?我们说这是与此经的译者康僧会有着直接的关系的。康僧会是三国时吴人,祖先是康居人,世居天竺。其父后因经商移居交趾,十岁左右二亲并丧,既而出家。康僧会笃志好学,明练三藏,博览六典,可以说对传统的汉文化造诣很深,因此在他的译经中出现了许多翻译师不用的文言词和文言句式,也正因如此,《六度集经》的口语化程度相对不如《六祖坛经》。

2. 主语+者+谓语+也(矣)

即在主语后加"者",谓语后加"也(矣)"来帮助判断。如:

(1)对曰:"斯惑路者,吾之为也。"(《六度集经》卷一 53 页)

(2)夫忍无可忍者,万福之原矣。(《六度集经》卷五 715 页)

(3)念弥者,三界众圣之尊师也。(《六度集经》卷八 327 页)

《六祖坛经》中只有一例:

(4)佛者,觉也;法者,正也;僧者,净也。(46 页)

谓语后加"矣"来帮助判断是不符合古汉语的语法规则的,可以说这是一种变异形式,也反映出汉译佛经自己独有的特点。

3.(夫)主语+者+谓语

主语后只用"者"来表示语音停顿。如:

(1)王曰:"善哉! 夫贞洁者,沙门之行。"(《六度集经》卷五 192 页)

（2）皇孙难曰："夫杀者，害众生之命，害众生之命者，逆恶之元首。"（《六度集经》卷八 307 页）

《六祖坛经》中也有，如：

（3）摩诃般若波罗蜜者，西国梵语，唐言大智慧到彼岸。（24 页）

4. 主语 + 副词 + 谓语 + 也（矣）

（1）王曰："斯即长生矣。今还其国，吾还本居。"（《六度集经》卷一 53 页）

（2）曰："吾即墓魄矣。"（《六度集经》卷四 156 页）

（3）寒者即禅。（《六度集经》卷五 208 页）

（4）妇喜叹曰："斯即无上正真道最正觉者也。"（《六度集经》卷六 263 页）

（5）自悟自休修，即各归依也。（《六祖坛经》40 页）

（6）迷即佛众生，悟即众生佛；愚痴佛众生，智慧众生佛。（《六祖坛经》108 页）

以上三种句式在《六度集经》中出现得较多，《六祖坛经》中只有为数不多的几例，更多的是"是"字句。

5. 主语 + 为 + 宾语（也）

先秦时，"为"已有表示判断的用法，到两汉魏晋，"为"表示判断的用法就更加普遍了。并且，在《六度集经》中还有"为"字句句末加"也"或"矣"的例子。如：

（1）海诸龙神，佥会议曰："吾等巨海，唯斯三珠为吾荣华。"（卷一 40 页）

（2）长生曰："今得汝不乎？"拔剑欲斩之，忽意父命，曰："违父之教，为不孝矣。"（卷一 53 页）

（3）一蛇慈心，忍而谏之曰："夫为高士，当赦众愚，忍不可忍者，是乃为佛正真之大戒也。"（卷五 195 页）

《六祖坛经》中只有"主语 + 为 + 宾语"式。如：

（4）见不性不乱为禅。（37 页）

(5)愚为小人,故智为大人。(58 页)

(二)"是"字式判断句

判断词"是"在魏晋南北朝时期已经大量运用,发展到唐时已用得相当普遍。典型的"是"字式判断句在《六度集经》和《六祖坛经》中均占绝对优势。

主要有以下几种形式:

1. 主语+是+宾语

即主语为名词或代词,宾语为名词或名词性短语。如:

(1)鸽是吾食,愿王相还。(《六度集经》卷一 11 页)

(2)王曰:"汝是吾子法施者乎?"(《六度集经》卷四 141 页)

(3)王曰:"吾是迦夷国王。"(《六度集经》卷五 179 页)

(4)商人又曰:"所以笑搏儿者,儿是卿父,魂灵旋感,为卿作子。"(《六度集经》卷六 261 页)

(5)惠能答曰:"弟子是岭南人,新州百姓,今故远来礼拜和尚。"(《六祖坛经》8 页)

(6)神秀上座是教授师,秀上座得法后,自可依止,偈不用作。(《六祖坛经》11 页)

(7)何名"波罗蜜"? 此是西国梵音,唐言到彼岸。(《六祖坛经》51 页)

(8)和尚本是韶州曲江县人也。(《六祖坛经》114 页)

(9)何名般若? 般若是智慧。(《六祖坛经》511 页)

2. 副词+是+宾语

即主语承前省略,判断词"是"前面有副词。如:

(1)九亲惊曰:"古世之来,未闻幼孩而为斯云,将是天龙鬼神之灵乎?"(《六度集经》卷一 36 页)

(2)菩萨曰:"虫类尔济,人类吾贱,岂是仁哉? 吾不忍也。"(《六度集经》卷三 122 页)

(3)明日即随母行睹佛,五体投地,却立静心,视佛相好,念佛清净,真是天尊。(《六度集经》卷六 263 页)

(4)若争先后,即是迷人,不断胜负,却生法我,不离四相。(《六祖坛经》26页)

(5)从法身思量,即是化身;念念善,即是报身。(《六祖坛经》40页)

(6)惠能大师曰;"汝从彼来,应是细作。"(《六祖坛经》77页)

通过以上的一些例句可以看出,主语、谓语都齐全的"是"字式判断句以及判断词"是"前面有副词的句式在《六度集经》和《六祖坛经》中都运用的很普遍。

3. 主语+是

即省略宾语,主要是由于与宾语相关的信息在前句已出现,故此处省略。如:

(1)何名"五荫"? 色荫、受荫、想荫、行荫、识荫是。(《六祖坛经》92页)

(2)何名"六尘"? 色、声、香、味、触、法是。(《六祖坛经》)

(3)何名"六门"? 眼、耳、鼻、舌、身、意是。(《六祖坛经》)

4. (主语)+是+(宾语)

即主语和宾语都省略,只有判断词"是"。如:

(1)使君问:"法可不是西国第一祖达摩大师宗旨?"大师言:"是"。(《六祖坛经》64页)

以上3、4两种句式只在《六祖坛经》中出现了,《六度集经》中没有出现。由此可以看出,"是"字式判断句由魏晋南北朝到唐代已呈现出复杂化、多样化的特点。

二、否定判断

即说明主语不是什么的句子。

唐钰明先生[1](1992)指出:"……非是……",这种格式在东汉已出现。其中否定副词"非"是用来修饰"是","非"和"是"结合在一起来否定宾语。魏晋南北朝时,"……非是……"的判断句已被广泛运用,同时又产生了"……未是……","……不是……"的新格式,进入隋唐后,“……不是……”格式极为常见。

《六度集经》和《六祖坛经》中否定判断句主要有两种形式,一种是用否定副词“非”直接否定名词性谓语,这是承袭上古汉语否定判断句形式;另一种是在判断词“是”前加否定副词构成否定判断句。归纳起来主要有以下几种:

1. ……**非**……**也(矣)**

(1)弟曰:“杀彼全己,非佛仁道,吾不为也。”(《六度集经》卷四144页)

(2)今又犯之,种无量之罪,非佛弟子矣。(《六度集经》卷四146页)

(3)比丘抱言:“此非鬼病,但说尊敬,佛之大道。愿得入内,与其相间。”(《六度集经》卷六243页)

(4)船人抱尸,号天而哭曰:“斯必菩萨,非凡庸之徒。”(《六度集经》卷六250页)

(5)妇出曰:“尔非吾友矣。”(《六度集经》卷六262页)

(6)莫空口说,不修此行,非我弟子。(《六祖坛经》50页)

(7)武帝不识正理,非祖太师有过。(《六祖坛经》65页)

(8)无《坛经》禀承,非南宗弟子也。(《六祖坛经》75页)

(9)不禀受《坛经》,非我宗旨。(《六祖坛经》98页)

(10)吾去以后,莫作世情悲泣而受人吊问,钱帛,著孝衣,即非圣法,非我弟子。(《六祖坛经》110页)

2. ……**非是**……

《六度集经》中,此类否定格式只出现一例:

(1)比丘闻之,欢喜甚悦,怪此小儿,乃有智慧,非是凡人。(卷六243页)

在《六祖坛经》中,未出现“……非是……”这种否定形式,更多运用的是“……不是……”格式。这也说明“是”字句进入唐代后确实已经发展成熟了。如:

(2)教是先圣所传,不是惠能自知。(24页)

(3)善知识,众生无也誓怨度,不是惠能度善知识。(44 页)

(4)又有迷人,空心不思,名之为"大",此亦不是。(50 页)

(5)惠能大师曰:"汝从彼处来,应是细作。"志诚曰:"不是。"六祖曰:"何以不是?"志诚曰:"未说时即是,说了即不是。"(77 页)

现在人们对于由"不是"构成的否定判断句何时形成的问题有不同看法,刘世儒先生[2](1957)认为此种否定判断句在南北朝时还未形成。向熹先生[3](1995)则认为"不是"构成的否定判断句南北朝就开始了。唐钰明先生[4](1992)利用汉译佛典等新材料得出结论,认为此类否定判断句在魏晋南北朝已出现。汪维辉先生[5](1998)通过对汉译佛典研究认为,此类否定判断句出现的时代可推前至东汉末。尽管各家对于此类否定形式何时产生存在分歧,但不可否认的是,此类否定形式在唐宋时已屡见不鲜。

三、特殊的判断句形式

《六度集经》与《六祖坛经》中,"是"字式判断句出现了较为特殊的几种形式,主要表现在:

1. 主语 + 宾语 + 是

(1)时王者,吾身是。妻者,但夷是。子者,罗云是。天帝者,调达是。山中梵志,舍利弗是。彼国王者,弥勒是。(《六度集经》卷一 26 页)

(2)佛告诸比丘:"鸽母者,吾身是也。三子者,舍利弗,目连,阿难是也。"(《六度集经》卷三 109 页)

(3)佛告诸比丘:"童子者,吾身是也。妻者,但夷是。四姓者,调达是。"(《六度集经》卷五 188 页)

此种句式在《六度集经》中运用得很普遍,在每个故事结尾处,多好用此种句式。但在《六祖坛经》中未见此句式。

对于魏晋时汉译佛经中出现的这种判断句,张美兰[6](2003)认为,此种句式的产生可能有两种来源:一是与上古的一种句式,即"T,Np + 是 + 也"有关。如:

(4)天不能死,地不能埋,仲尼,子贡是也。(《荀子·荣辱》)

(5)臣闻七十里为政于天下者,汤是也。(《孟子·梁惠王下》)

二是受梵文句式的影响,佛教原经文谓语一般置于句末,判断动词在句末。受此表达句式影响,翻译者就模仿原文的格式,于是就出现了"……,……是"式。

我们赞同这一观点。《六度集经》是三国时译出的,译者康僧惠虽是西域人,但他对中国文化有较深的了解,不但遍读佛教三藏经典,还博览儒家六经,并达到很深的造诣,因而在翻译佛经时就能做到"信、达"(《六度集经》属早期汉译佛经,语言文字还比较质朴,在"雅"这方面还有些欠缺),既能忠实梵文的表达式,也能把梵文与汉语的表达式有机组合起来,这样在《六度集经》中就会既有"……,……是"式,也有"……者,……是也","……者,……既(则)是也","……(者),是……(也)"。现举例如下:

(6)佛告鹙鹭子:"王者,吾身是。跛人者,调达是。妇者,好首是也。"(卷四 145 页)

(7)王曰;"彼仁王者,我则是也。"(卷二 57 页)

(8)佛告阿难:"是时王者,即我身是。是夫人者,今但夷是。时太子者,今罗云是。"(卷四 144 页)

(9)童子者,吾身也。舅者,调达是。(卷四 150 页)

(10)佛告诸沙门:"理家者,是吾身也。国王者,弥勒是。鳖者,阿难是。狐者,鹭是。蛇这,目连是。漂人者,调达是。"(卷三 124 页)

2. ……是……,是……

《六度集经》中未出现此种句式,《六祖坛经》中出现一例:

(1)何名"大善知识?"解最上乘法,直示正路,是大善知识,是大因缘。(59 页)

3. ……是……,……为……

《六度集经》中有一例,《六祖坛经》中未有。即:

(1)对曰:"属是奴婢,今为王孙。"(卷二 77 页)

4. ……是……，又是……

《六度集经》中未出现此种句式，《六祖坛经》中出现一例：

（1）大师遂责惠能曰："汝是岭南人，又是葛獠，若为堪作佛？"（8页）

5. ……是……，非……

《六祖坛经》中已不存在这种过度句式，《六度集经》中还有此种句式。如：

（1）儿出抱父，战栗涕泣，呼号且告："彼是鬼也，非梵志矣。"（卷二73页）

（2）又曰："吾是天帝释，非世庸人也。"（卷二75页）

四、"是"字式判断句结构成分复杂化

柳士镇先生[7]（1992）指出，"是"字式判断句逐渐成熟与广泛运用，促进了判断句在结构上进一步扩展，汉末以后，判断句可以用来表示确认某种事实，解释某种原因或助成某种语气，这就使得判断句的结构成分趋于复杂化。《六度集经》和《六祖坛经》中的"是"字式判断句也表现出这种复杂化，只是《六度集经》的这种复杂化相对于《六祖坛经》来说简单些。主要表现在以下几方面：

（一）主语的复杂化

1. "者"字结构充当主语

（1）佛告诸比丘："时鹿王者，是吾身也。国王者，舍利佛是。"（《六度集经》卷三108页）

（2）佛告诸沙门："理家者，是吾身也。国王者，弥勒是。鳖者，阿难是。狐者，鹙鹭是。蛇者，目连是。"（《六度集经》卷三124页）

（3）佛告诸比丘："杀身济众者，吾身是也。"（《六度集经》卷六251页）

（4）能问童子："適来诵者，是何言偈？"（《六祖坛经》15页）

（5）悟此法者，即是无念，无憶，无著……（《六祖坛经》53页）

2. "所"字结构充当主语

(1)所可讽诵,是般若波罗蜜。(《六度集经》卷六 243 页)

(2)比丘报言:"无有病也,但说深经,甚有义理,疑此夫人所怀妊儿,是佛弟子也。"(《六度集经》卷六 244 页)

《六祖坛经》中无此种句式。

3. 主谓词组充当主语

(1)心地无非是自性戒。(《六祖坛经》78 页)

(2)心地无乱是自性空。(《六祖坛经》78 页)

(3)心地无痴是自性惠。(《六祖坛经》78 页)

《六度集经》中无此种句式。

4. 动词或动词性词组充当主语

(1)努力依法修行,即是转经。(《六祖坛经》82 页)

(2)见闻读诵是小乘,悟法解义是中乘,依法修行是大乘……(《六祖坛经》88 页)

《六度集经》中无此种句式。

(二)宾语的复杂化

《六度集经》中"是"字式判断句宾语主要是由名词或名词性词组充当,未呈现出复杂化,所以"宾语的复杂化"只就《六祖坛经》来举例。主要表现在:

1. 主谓词组充当宾语

(1)五祖遂唤秀上座于堂内,问:"是汝作偈否?若是汝作,应得我法。"秀上座言:"罪过!实是秀作……"(《六祖坛经》14 页)

2. 动词或动词性词组充当宾语

(1)悟此法者,即是无念,无憶,无著……(《六祖坛经》53 页)

3. 形容词或形容词性词组充当宾语

(1)又有迷人,空心不思,名之为"大",此亦不是。心是大,不行是小。(《六祖坛经》49 页)

(2)何名"摩诃"?摩诃者是"大",心是广大,犹如虚空。(《六祖坛经》50 页)

通过以上分析可以看出,《六度集经》和《六祖坛经》中的判断句都可谓形式多样,变异复杂,既对上古汉语的判断句有所继承,又对中古及近代判断句有所启发。同时,《六度集经》和《六祖坛经》的判断句又互有一些差别。由于《六度集经》属于早期汉译佛经,而且译者康僧会毕竟是外国人,这样就不可避免地在译经过程中受到自己母语——梵语的影响。就判断句而言,如前面提到的"……,……是"这种判断句式就主要是受梵文句式的影响而出现的一种较为特殊的形式。而《六祖坛经》属于近代禅宗语录,与《六度集经》相比,非"是"字式判断句的使用已呈现出明显减少的趋势,更加广泛使用的是"是"字式判断句。尤其是"……不是……"这种否定判断句的大量使用,更加说明判断句尤其是"是"字式判断句进入唐代后已发展成熟。

关于中古判断句的具体发展演变问题,诸多学者都曾撰文论述,我们在此不再赘述。总之,通过《六度集经》和《六祖坛经》判断句的比较,我们可以看出,从中古到近代,"是"字式判断句确实已逐步走向成熟和完善。

注释:

[1][4]唐钰明,《中古"是"字判断句述要》,《中国语文》,1992年第5期。

[2]刘世儒,《略论魏晋南北朝系动词"是"字的用法》,《中国语文》,1957年第12期。

[3]向熹著,《简明汉语史》(下),北京:高等教育出版社,1993年版。

[5]汪维辉,《系词"是"发展成熟的时代》,《中国语文》,1998年第2期。

[6]张美兰著,《祖堂集语法研究》,北京:商务印书馆,2003年版。

[7]柳士镇著,《魏晋南北朝历史语法》,南京:南京大学出版社,1992年版。

(原载《宁夏大学学报》2010年01期,张鹏丽,陈明富)

《颜氏家训》被动句类型考察

被动句是汉语里极为重要一种句式，从甲骨文时就已有相当数量的存在。几千年过去了，被动句至今仍以其新的面目活跃在现代汉语里。作为汉语枢纽的中古时期，被动句的使用相当活跃。《颜氏家训》，被动句同样很丰富，这些被动句的用法也很广泛，比起上古的被动句又有一定的发展。

对于被动句，不同的语法书，有不同的界定。如王力在《汉语语法史》[1]中把有明显标志的被动句"见"字句、"为"字句、"被"字句等称为被动式，把一般表被动义的动词句及"于"字句和"可"字句等只称作表被动义的句子，而不称为被动式；又如杨伯峻、何乐士在《古汉语语法及其发展》[2]中把被动句分为无形式标志的被动句和有形式标志的被动句，前者主要指一般表被动义的动词句，属意念被动，后者主要指"于"字句、"见"字句、"被"字句、"为"字句等；再如太田辰夫在《中国语历史文法》[3]中实际上把"蒙"字句、"见"字句、"被"字句、"叫"字句、"让"字句等均称为被动句。本文所说的被动句主要指有形式标志的被动式，以及"蒙"字类和"可"字类被动句。纯意念被动句不在本文考察之列。

对于"蒙"字类和"可"字类被动句的归类有一定的争议，考虑到这类被动句中"蒙"和"可"等在实际使用中具备一定的标志功能，还是归入有形式标志被动句中较合适。不过这些被动句往往用主动句的形式表示被动的含义，"蒙"、"可"等词具有一定的实义，因而这些被动句还不能称为被动式。"于"字句、"见"字句、"被"字句、"为"字句等则可称为被动式。

《颜氏家训》的被动句也可分为两类，一类是无形式标志的被动句，一类是有形式标志的被动句。关于《颜氏家训》的被动句学者们已有一些研究，如周日健[4]、刘光明[5]等。不过，笔者认为，对于《颜氏家训》被动句的研究仍有进一步细化的必要。本文主要讨论其中有形式标志的被动句。根据标志形式的不同,这类被动句可分为"蒙"字类被动句、"可"字类被动句、"于"字句、"见"字句、"被"字句、"为"字句等。

1."蒙"字类被动句

这里的动词是指具有"蒙受、遭遇、受到、获得"等义的动词,因为这些动词的后面,往往可接动词表被动义。这些词中,以"蒙"字为代表。一些语法书有所论及,如太田辰夫的《中国语历史文法》[6]。但该书对其他词几乎没有论及,其实,它们有着与"蒙"一样的用法。

《颜氏家训》里,"蒙"字类被动句的形式主要为:"蒙 + V"2 例,"受 + V"4 例,"罹 + V"2 例,"遭 + O + V"1 例,"遇 + V"1 例,"获 + V"3 例,"取 + V"4 例,"取 + V + O"1 例,"负 + O + V"1 例。如:

(1)昔在龆龀,便蒙诱诲。(《序致》)

(2)殊蒙礼遇,终于金紫光禄。(《勉学》)

(3)既无反心,受劳而罢,后竟坐幽薨。(《教子》)

(4)颜忠以党楚王受诛,颜俊以据武威见杀。(《诫兵》)

(5)当时羁旅,惧罹谤讟,思为此计,反示暇尔。(《止足》)

(6)得姓已来,无清操者,唯此二人,皆罹祸败。(《诫兵》)

(7)吾兄弟始在草土,并未得编次,便遭火荡尽,竟不传于世。(《文章》)

(8)其父奖,为扬州刺史,镇寿春,遇害。(《风操》)

(9)马季长佞媚获诮,蔡伯喈同恶受诛。(《文章》)

(10)或有劫持宰相瑕疵,而获酬谢。(《省事》)

(11)山巨源以蓄积取讥,背多藏厚亡之文也。(《勉学》)

(12)慎勿师心自任,取笑旁人也。(《文章》)

(13)唯汉武、魏太祖、文帝、明帝、宋孝武帝,皆负世议。(《文章》)

以上"蒙"、"受"等词,其本身都具有实在含义,但在以上各句中，它们的实词含义又都有不同程度的虚化。因为在以上例句中，它们后接的动词在语意上虽含有名词的特征，但毕竟还是动词的词性，而句子的中心含义也是由“蒙”、“受”等词的后接动词来体现，这样，“蒙”、“受”等词必然要虚化。这种现象也是汉语本身表意发展的必然结果，这种语法化的倾向到南北朝时要比上古时明显得多。

2.“可”字类被动句

这里的助动词也即一些语法书所称的能愿动词，有“可”、“足”、“当”等，这类词专作助动词使用。这些助动词后，往往可接表被动义的动词。王力在《汉语语法史》[7]中举了“可”的例子，其实其他助动词也有这种用法。

《颜氏家训》里，“可”字类被动句的形式主要为：“可＋V”9例，“足（足可、足以）＋V”7例，“当＋V”1例，“得＋V＋O”2例，“能＋V”1例。其中，“可＋V”类多为否定句，“足（足可、足以）＋V”全为否定句。如：

（1）河北人事，多由内政，绮罗金翠，不可废阙，羸马悴奴，仅充而已。（《治家》）

（2）周公名子曰禽，孔子名儿曰鲤，止在其身，自可无禁。（《风操》）

（3）此虽悉古事，不可用也。（《文章》）

（4）纵有小人之态，皆可鞭杖肃督，故多见委使，盖用其长也。（《涉务》）

（5）其父名云，字罗汉，一皆讳之，其余不足怪也。（《风操》）

（6）夫读书之人，自羲、农已来，宇宙之下，凡识几人，凡见几事，生民之成败好恶，固不足论。（《勉学》）

（7）比世所行，一尧十二棋，数术浅短，不足可玩。（《杂艺》）

（8）经不足以待问，史不足以讨论。（《省事》）

（9）贤俊者自可赏爱，顽鲁者亦当矜怜。（《教子》）

（10）吾兄弟始在草土，并未得编次，便遭火荡尽，竟不传于世。（《文章》）

(11)纵得免死,莫不破家,然后噬脐,亦复何及。(《省事》)

(12)疥癣蚊虻,或未能免,限以大分,故稀斗阋之耻。(《后娶》)

助动词本身在作谓语上不能与动词相比,而是大多情况下作为动词的修饰语前附于动词,这就为其后动词词性的发挥提供了很大的空间,而及物动词大多具有表被动的功能,这就为尚未发展到现代汉语这么发达和严密的中古汉语的被动表义提供了一定的空间,这也是"可"字类被动句在《颜氏家训》里仍然大量使用的原因之一。[8]

3."于"字句

"于"字句是古汉语较常用的一种被动句,上古已有,"于"字有时也用"於"字。《颜氏家训》里的"于"字句较少,只有1例:

(1)民庶称之,不容于口。(《名实》)

汉以后,"于"字句仍使用较多,但南北朝时表被动的"于"字句的使用频率远小于上古,究其原因,一是"被"字句的大量使用,二是由于语言和思维方式的变化,表被动的某些介词结构由后置到前移变化的结果。"于"字句在南北朝以后已不多使用。

4."见"字句

"见"字句上古已有使用,《颜氏家训》的"见"字句共有两个小类,即"见+V"和"见+V+O"型。

4.1 见+V

这种类型的用例相对"见+V+O"型较多一些,这与"见"字句在汉语史上的实际运用是相符的。"见+V"型在上古和中古使用都较频繁,近代相对较少。如:

(1)百姓之不见包,为不用恩焉。(《孟子·梁惠王上》)

(2)国破家亡,无心至此。今日若能见杀,乃是本怀。(《世说新语·贤媛》)

(3)久之,闻烛影下有语:"我病饥,故来奉谒。愿以少肉致掌中。幸无见阻。"(《宣室志·陈越石》)

《颜氏家训》中“见 + V”型被动句共 13 例，如：

(4)崔转为诸儒道之，始将发口，悬见排蹙。(《勉学》)

(5)邺平之后，见徒入关。(《勉学》)

(6)或有喧聒时人视听，求见发遣。(《省事》)

(7)及鄱阳王世子谢夫人，登屋诟怒，见射而毙。(《养生》)

也有“V”后加“者”构成“者”字结构的，2 例：

(8)而以教义见辱者，或被轻系而身死狱户者，皆为怨雠。(《风操》)

(9)梁孝元在蕃邸时，撰《西府新文》，讫无一篇见录者。(《文章》)

4.2　见 + V + O

只 1 例，“O”为施事宾语：

(10)唯不可令有称誉，见役勋贵，处之不坐，以取残杯冷炙之辱。(《杂艺》)

“见 + V + O”型被动句的正常表达方式是“见 + V + 於 + O”型，但到中古时有时可省略“於”字，这也体现了动词后介词结构开始松动的迹象，汉语介词结构正是由这种松动慢慢前移到动词之前的。这种用例又如“凡此诸子，以瞻为冠，绍、简亦见重当世。”(《世说新语 · 赏誉下》)

5.“被”字句

“被”字句在战国末期就已出现，汉以后，“被”字句得以发展，施事宾语可以出现。《颜氏家训》的“被”字句有以下几种类型：

5.1　被 + V

“被 + V”型被字句萌芽于战国末期，如：“万乘之国，被围于赵。(《战国策 · 齐策》)”，但是直到西汉其使用才逐渐多起来[9]。《颜氏家训》的这种类型相对较多，共 14 例，如：

(1)包日夜号泣，不能去，至被殴杖。(《后娶》)

(2)斛律明月，齐朝折冲之臣，无罪被诛。(《慕贤》)

(3)侯景之乱，王公将相，多被戮辱。(《养生》)

(4)经刘敬躬乱,县廨被焚,寄寺而往。(《归心》)

(5)颇有肤色充泽,无哀感者,梁武薄其为人,多被抑退。(《风操》)

"V"后也可接"者"构成"者"字结构,只1例:

(6)梁世被系劾者,子孙弟侄,皆诣阙三日,露跣陈谢。(《风操》)

从以上例句也可看出,到南北朝时,"被"字后的动词复音化的趋向非常明显,如"殴杖"、"戮辱"、"抑退"、"系劾",这不仅体现了汉语在南北朝时的发展,也体现了被动句在南北朝时的发展。"被+V"型被字句一直沿用到后世,如:"及秋将辞去,因被留以执事。"(韩愈《与孟东野书》)

5.2 被+V+O

"O"为受事宾语,只1例:

(7)或被发奸私,面相酬证,事途回穴,翻惧僭尤。(《省事》)

这种"V"后带"O"的用法,按照王力在《汉语语法史》[10]中的说法是在唐以后发展起来的,其实在南北朝时已有萌芽,除上面这例外,《世说新语》等也有,如:贺曰:"身被徵作礼官,不关此事。"(《规箴》),但中古时这种用法尚不多见。

5.3 被+O+V

这种类型的被动句在汉末已有出现,如:五月二十日,臣被尚书召问。(蔡邕《被收时表》)[11]"被+O+V"型在南北朝时较为普遍,《颜氏家训》中共有2例:

(8)每被课笃,勤劳经史,未知为子,可得安乎?(《勉学》)

(9)若官未通显,每被公私使令,亦为猥役。(《杂艺》)

5.4 被+O+所+V

这种类型当为"为……所……"式类化而成,类化是汉语语法发展的重要方式之一,"为……所……"式是汉代以后新生的一种重要被动句句式,"被……所……"式大概在南北朝时开始由"为……所……"式所类化,但极为少见,唐以后逐渐多起来,《颜氏家训》中只

有1例,其语料价值可见一斑:

(10)父子并有琴书之艺,尤妙丹青,常被元帝所使,每怀羞恨。(《杂艺》)

唐以后的如:元帅所夺州府县镇,皆被张飞所收。(《三国志平话·卷下》)[12]

6.“为”字句

根据王力等的研究,“为”字句在春秋时代就已产生,而且当时“为”与动词间已出现施动者,汉以后又出现“为……所……”式。南北朝时是汉语被动句大力发展的时期,“为”字句也得到了充分的发展。《颜氏家训》的“为”字句有以下几种类型。

6.1 为+V

这种类型春秋就有用例,先秦使用较多,如:

(1)韩厥献丑父,郤献子将戮之。呼曰:“自今无有代其君任患者,有一于此,将为戮乎?”(《左传·成公二年》)

到中古时仍有使用,《颜氏家训》的这种类型较少,仅1例:

(2)前妻之子,每居己生之上,宦学婚嫁,莫不为防焉,故虐之。(《后娶》)

6.2 之为+V

“之为+V”型实际上是“为+V”型的变异,是为了音节和或句子结构的需要,在“为+V”型上增加助词“之”而成,《颜氏家训》中这种类型也只有1例:

(3)女之为累,亦以深矣。(《治家》)

6.3 为+O+V

“为+O+V”型在《论语》和《左传》时就已经产生,如:

(4)不为酒困。(《论语·子罕》)[13]

(5)止,将为三军获。(《左传·襄公十八年》)[14]

这种类型汉以后仍有使用,但相对不多,《颜氏家训》中只有1例:

(6)今《史记》并作“徘徊”,或作“徬徨不能无出言”,是为俗传

写误耳。(《书证》)

6.4　为 + O_1 + V + O_2

“为 + O_1 + V + O_2”型中的“O_1”为施事宾语,“O_2”为受事宾语,这种类型主要见于中古以后的语料,如:

(7)比丘亦尔,乐在众务愦闹之处贪少利养,为烦恼贼夺其功德戒宝璎珞。(《百喻经·小儿得欢喜丸喻》)[15]

《颜氏家训》的这种类型只有1例:

(8)年登婚宦,暴慢日滋,竟以言语不择,为周逖抽肠衅鼓云。(《教子》)

此句中 O_1“周逖”为介词“为”的宾语,O_2“肠”与“鼓”分别为动词“抽”与“衅”的宾语。

6.5　为 + O + 所 + V

这种类型是“为”字句里最多的一种,主要兴起于西汉,如:

(9)汉军却,为楚所挤。(《史记·项羽本纪》)[16]

(10)卫太子为江充所败。(《汉书·霍光传》)[17]

“为 + O + 所 + V”型后来主要被新起的“被 + O + 所 + V”型所代替。《颜氏家训》的这种类型共22例,如:

(11)及西台陷没,玄绍以形体魁梧,为兵所围。(《兄弟》)

(12)名位未高,如为勋贵所逼,隐忍方便,速报取了。(《风操》)

(13)遵彦后为孝昭所戮,刑政于是衰矣。(《慕贤》)

(14)唯吴郡太守张嵊,建义不捷,为贼所害,辞色不挠。(《养生》)

(15)吾每为人所毁,常以此自责。(《名实》)

“为”字句里的“O”一般为人,很少为物,此类型里有三句“O”为物的:

(16)幸而感悟人主,为时所纳。(《省事》)

(17)世传云:解阴阳者,为鬼所嫉,坎壈贫穷,多不称泰。(《杂艺》)

(18)然则君子应世行道,亦有不守坟墓之时,况为事际所逼也!(《终制》)

"V"后也可接"者"构成"者"字结构,1 例:

(19)近有王爱州在邺学服松脂,不得节度,肠塞而死,为药所误者甚多。(《养生》)

从以上五种"为"字句可以看出,南北朝时"为"字句的表达基本上是离不开助词"所"的,而"为 + O + 所 + V"这种句式恰恰是中古"为"字句的新兴形式。另外四种主要大量适用于汉以前,汉以后逐渐以"为 + O + 所 + V"式为主。而"为 + O + 所 + V"型后来也被新起的"被 + O + 所 + V"型所代替。

6.6　为 + O + 之所 + V

这种类型共 6 例,如:

(20)吾望此书为汝曹之所信,犹贤于傅婢寡妻身。(《序致》)

(21)虽读《礼》、《传》,微爱属文,颇为凡人之所陶染,肆欲轻言,不修边幅。(《序致》)

(22)惟友悌深至,不为旁人之所移者,免夫!(《兄弟》)

"O"也有为物的,共 2 例:

(23)或有狼籍几案,分散部帙,多为童幼婢妾之所点污,风雨虫鼠之所毁伤,实为累德。(《治家》)

(24)一为察之所鉴,巧伪不如拙诚,承之以羞大矣。(《名实》)

6.7　为所 + V

这种类型共 2 例:

(25)此人直以晓算术,解阴阳,故著《太玄经》,数子为所惑耳。(《文章》)

(26)其人未甚误字,轻为轨则,托名贵师,世俗传信,后生颇为所误也。(《杂艺》)

以上两种"为"字句实际上是"为 + O + 所 + V"式的不同变异,"为 + O + 之所 + V"式是由于音节和结构的需要在"为 + O + 所 + V"式基础上加了一个助词"之","为所 + V"式是由于省略了介词宾语"O"的缘故。

7. 由 + O + 所 + V

这种类型只 1 例:

(1)皆由后人所羼,非本文也。(《书证》)

这种类型当为"为 + O + 所 + V"或"被 + O + 所 + V"式类化而成,这种被动句式不仅《颜氏家训》少有,其他典籍也很难见到。

8. 结论

综上所述,《颜氏家训》有形式标志的被动句,句式多样,使用灵活,不仅体现了汉语被动句的特征和发展状况,而且也反映了南北朝时汉语被动句的使用情况。南北朝是汉语大力发展的一个重要阶段,《颜氏家训》的被动句对于汉语被动句的研究无疑将是一个很好的材料,这一点从上文中已经得到很好的验证。

注释:

[1][7][9][10][11][12][13][14][16][17]王力著,《汉语语法史》,北京:商务印书馆,1989 年版。

[2]杨伯峻、何乐士著,《古汉语语法及其发展》,北京:语文出版社,2001 年版。

[3][6][日]太田辰夫著,《中国语历史文法》,北京:北京大学出版社,2003 年版。

[4]周日健等著,《〈颜氏家训〉词汇语法研究》,广州:广东人民出版社,1998 年版。

[5]刘光明,《〈颜氏家训〉的被动句研究》,《安徽师范大学学报》,2005 年第 3 期。

[8]刘利著,《先秦汉语助动词研究》,北京:北京师范大学出版社,2000 年版。

[15]柳士镇著,《语文丛稿》,南京:南京大学出版社,1998 年版。

(原载《西华师范大学学报》2010 年 05 期,陈明富,张鹏丽)

东汉至宋代汉语差比类形比句句式研究

形比句是比较句的一个类别，指谓语是形容词及形容词性成分的比较句。冯春田(2000)："比字差比句的比较语是形容词的，可称为'形比句'。"[1]本文所说的"形比句"不仅仅指比字差比句，还包括通常所说的平比、极比及其他差比句。形比句由于其谓语是形容词及形容词性成分，它与谓语是动词及动词性成分的比较句①有所不同，因而我们在研究比较句的时候，完全有必要在综合研究的同时将两者分开来研究，这样将有助于我们进一步从微观的角度来了解比较句的特征，也有助于我们进一步了解形容词谓语句和动词谓语句的特征。

本文主要是研究东汉至宋时期②形比句中差比类形比句句式结构及其发展的有关情况。关于比较句，最早对其进行分类的是马建忠(1983)，他说："象静为比有三：曰'平比'，曰'差比'，曰'极比'。"[2]吕叔湘(1982)将比较句分得更细，有：类同、比拟、近似、高下、不及、胜过、尤最、得失、不如、倚变等[3]。高名凯(1986)把汉语比较句分为差级、比较极级、绝对极级三类[4]。赵元任(1979)将比较句分为等同、较胜、较差、最高、反最高五类[5]。太田辰夫(1987)将比较句分为五类：平比、绝对的差比、相对的差比、绝对的极比、相对的极比[6]。黄晓惠(1992)除把比较句分为平比、差比、极比外，还分出一种泛比句③[7]。冯春田(2000)把"比"字比较句分为平比、差比、疑比④三类[8]。向熹(1998)把比较句分为平比、差比、极比三类[9]，与马氏相同。杨伯峻、何乐士(2001)把比较句分为同比、差比、极比三类[10]，实际也与马氏没有什么区别。刘焱(2004)把比较句分为平比和差比(含极比)两类[11]……以上比较句的分类，少则2类，多则10多类，当然每种划分都有自己的道理，因为具体的研究方法和研究目的不同。不过，无论怎样划分，都没有超过马氏的平比、差比和极比三分的内涵。正因如此,本文对比较句的分类基本采用马氏的分法,同时遵从语言的实际情况,将平比分为异同比和相似比两个小类,将比较句共分为四个小类:异同比、相似比、差比、极比。形比句的分类亦如此。

通过语料调查[5],东汉至宋汉语差比类形比句句式的肯定形式共发现七种类型:“XA 焉”、“XA 于 Y”[6]、“XA 乎 Y”、“XA 如 Y”、“XA 似 Y”、“X 比 YA”、“X 比似 YA”,其否定形式共发现六种类型:“X 无以 A 于 Y”、“X 未必 A 于 Y”、“X 非 A 乎 Y”、“X 不如 YA”、“X 不似 YA”、“X 不比 YA”。具体调查数据可见下表:

		周秦西汉	东汉至宋					元明清
			东汉	魏晋	南北朝	唐宋	东汉至宋	
肯定形式	XA 焉	23	1	0	0	2	3	0
		2.5%	0.3%	0	0	0.2%	0.1%	0
	XA 于 Y	190	76	32	98	53	259	33
		20.3%	19.2%	11.5%	10.2%	5.6%	10.1%	1.7%
	XA 乎 Y	24	0	2	0	0	2	0
		2.6%	0	0.7%	0	0	0.08%	0
	XA 如 Y	0	0	0	0	4	4	61
		0	0	0	0	0.4%	0.2%	3.2%
	XA 似 Y	0	0	0	0	14	14	59
		0	0	0	0	1.5%	0.5%	3.1%
	X 比 YA	0	0	0	0	18	18	274
		0	0	0	0	1.9%	0.7%	14.4%
	X 比似 YA	0	0	0	0	4	4	0
		0	0	0	0	0.4%	0.2%	0

续表

		周秦西汉	东汉至宋					元明清
			东汉	魏晋	南北朝	唐宋	东汉至宋	
否定形式	X 无以 A 于 Y	0	1	0	0	0	1	0
		0	0.3%	0	0	0	0.04%	0
	X 未必 A 于 Y	0	2	0	0	0	2	0
		0	0.5%	0	0	0	0.08%	0
	X 非 A 乎 Y	2	0	0	1	0	1	0
		0.2%	0	0	0.1%	0	0.04%	0
	X 不如 YA	0	0	0	0	2	2	0
		0	0	0	0	0.2%	0.08%	0
	X 不似 YA	0	0	0	0	2	2	4
		0	0	0	0	0.2%	0.08%	0.2%
	X 不比 YA	0	0	0	0	1	1	3
		0	0	0	0	0.1%	0.04%	0.2%

下面我们从肯定形式和否定形式两个方面来对东汉至宋汉语差比类形比句句式进行探讨。

一、肯定形式

东汉至宋时，表肯定的七种差比类形比句句式中，比较词互不相同，分别为“焉”[7]、“于”、“乎”、“如”、“似”、“比”、“比似”。下面将根据其比较词来分类讨论。

1.“焉”字句式

“焉”字句式即“XA 焉”。

“焉”在古代汉语中可作兼词，相当于“于之”，可表处所或比较。当兼词“焉”表比较时，常用于差比类形比句中，构成“XA 焉”型句式。这种表差比的“XA 焉”型句式主要见于周秦西汉语料，东汉至宋使用较少。“XA 焉”型句式在实际运用中常常构成“孰大焉”的固定组合,这种组合往往带有一种较强的夸饰性的感叹语气。从上表来看,周秦西汉时“XA 焉”型句式的使用比例[8]为2.5%,远远大于东汉至宋。如:

(1)是高爵丰禄之所加也,荣孰大焉!(《荀子·议兵》)

(2)侍者曰:“命可长也,君胡不为?”君曰:“命在牧民,死之短长,时也;民苟利矣,吉孰大焉。”遂徙于绎。(《说苑》卷第一)

东汉至宋时“XA 焉”型句式的用量较小,其比例仅为0.1%,只在《论衡》与《朱子语类》中偶有发现。东汉至宋时“XA 焉”型句式用量大减的主要原因是其文言色彩较浓,“焉”在东汉至宋以后已不再常用,“XA 焉”型句式的语义表达也多为“XA 于 Y”等替代。如:

(3)以少言之,可也;言空而无人,亦尤甚焉。(《论衡·艺增》)

(4)这虽是不曾说利,然使天下人皆不遗不后,利孰大焉!(《朱子语类·论语六》)

(5)曰:“事多、质不美者,此言虽若未是太过,然即此可见其无志,甘于自暴自弃,过孰大焉!真个做工夫人,便自不说此话。”(又《朱子十五》)

在所调查的语料中,没有发现元明清的用例。

2.“于”字句式

“于”字句式即“XA 于 Y”。

“XA 于 Y”型结构不仅可以作异同比类形比句句式,也可作差比类形比句句式。其中表差比的“XA 于 Y”型句式是东汉至宋以前差比类形比句句式中最为常用的一种句式,这一点在上表中反映再明显不过。据表可知,“XA 于 Y”型句式在周秦西汉的用量和使用比例最大,分别为190例和20.3%,这与周秦西汉比较词多用“于”有很大的关系。如:

(1)晏子曰:“臣闻大国贪于名,小国贪于实,此诸侯之通患也。……君之道义,殊于世俗,国免于公患。”(《晏子春秋·内篇杂上》)

(2)季氏富于周公,而求也为之聚敛而附益之。子曰:“非吾徒也。小子鸣鼓而攻之,可也。”(《论语·先进》)

(3)鲁阳虎欲攻三桓,不克而奔齐,景公礼之。鲍文子谏曰:“不可。……今君富于季孙,而齐大于鲁,阳虎所以尽诈也。”景公乃囚阳虎。(《韩非子·难四》)

(4)王稽遂与范雎入咸阳。已报使,因言曰:“魏有张禄先生,天下辩士也。曰:‘秦王之国危于累卵,得臣则安。然不可以书传也’。臣故载来。”(《史记·范雎蔡泽列传》)

东汉至宋时,句式“XA于Y”的使用比例较周秦西汉骤减,周秦西汉为20.3%,而东汉至宋仅为10.1%,减小了一半,那么“XA于Y”使用比例骤减的原因是什么呢?从上表不难看出,东汉至宋时,差比类形比句的肯定句式除了常见的“XA于Y”外,其余则有的衰落,有的兴起,前者有“XA焉”、“XA乎Y”,后者有“XA如Y”、“XA似Y”、“X比YA”、“X比似YA”等。兴起的句式中,尤其“XA如Y”、“XA似Y”、“X比YA”三种,自唐宋兴起后,一直到元明清都保持了相对旺盛的发展势头。所以东汉至宋“XA于Y”使用比例的减小与“XA如Y”、“XA似Y”、“X比YA”等的兴起排挤关系密切。再看东汉至宋内部,从东汉到唐宋,“XA于Y”型句式的使用比例也是呈不断下降趋势,到了唐宋时,比例陡降,仅为5.6%。从上表可知,东汉至宋内部的这种变化与整个古汉语时期的变化趋势是相吻合的,元明清则进一步骤减至1.7%。“XA如Y”、“XA似Y”、“X比YA”等句式的发展,一是体现了汉语虚词系统的发展与某些更替,二是体现了汉语语序的某些变化,如形比句中某些谓语形容词的后移等。东汉至宋用例如:

(5)禀牛马之形,当自得牛马之寿,牛马之不变为人,则年寿亦短于人。(《论衡·无形》)

(6)今之守相,制地千里,威权势力,盛于列侯,材明德义,未必过古,而所治逾百里,此以所治多荒乱也。(《潜夫论·班禄》)

(7)自大乱以来十数年矣,民之欲安,甚于倒悬,然而暴乱未息

者,何也？意者政失其道欤！(《三国志·魏书·袁涣传》)

(8)问诸曾断谷积久者云,差少病痛,胜于食谷时。(《抱朴子·内篇·杂应》)

(9)金翅王言:“吾之所好,唯食龙为美,甚于五乐,今共一处,无有恶念大如毛发,吾福第一。”(《杂譬喻经》卷下)

(10)王夷甫云:“闾丘冲,优于满奋、郝隆。此三人并是高才,冲最先达。”(《世说新语·品藻》)

(11)高祖引见朝臣,诏之曰:“卿等欲令魏朝齐美于殷、周,为令汉、晋独擅于上代?”(《魏书·咸阳王禧传》)

(12)以郢州居中流之要……纠合义兵,为百姓请命,废昏立明,易于反掌。(《梁书·张弘策传》)

(13)又以煎佳茶,不可名其鲜馥也。又愈于扬子南零殊远。(《煎茶水记》)

(14)古尺大短于今尺,若尽一十二百缕,须是一幅阔不止二尺二寸,方得如此。(《朱子语类·论语二十九》)

元明清时,“XA 于 Y”型差比句式的使用比例比“XA 如 Y”、“XA 似 Y”、“X 比 YA”都小,“X 比 YA”的使用比例最大。如:

(15)此辈乃小人,今到一处,即便供帐备具,奉承公子,胜于君王。(《二刻拍案惊奇》卷二十二)

(16)一言何难？但小侄苦衷,实有难于口舌言者。(《今古奇观》第十二卷)

(17)未若锦囊收艳骨,一抔净土掩风流。质本洁来还洁去,强于污淖陷渠沟。(《红楼梦》第二十七回)

3.“乎”字句式

“乎”字句式即“XA 乎于 Y”。

从语料的调查来看,“XA 乎 Y”型结构既可作异同比类形比句句式,又可作差比类形比句句式。表差比时,“XA 乎 Y”型句式主要用于周秦西汉,东汉至宋较少。其中,周秦西汉时共发现24 例,使用比例为 2.6%,而东汉至宋只在魏晋时发现 2 例,魏晋以后统计为零,元明清也没有用例。统计数据表明,"XA 乎 Y"型差比句式基本用于周秦西汉。其原因主要是"乎"的文言色彩较浓,到东汉至宋时,表比较义的"乎"多为"于"等所替代。如:

(1)福轻乎羽,莫之知载;祸重乎地,莫之知避。(《庄子·人间世》)

(2)贤也,何贤乎曹羁。(《春秋公羊传·庄公二十四年》)

(3)密胜乎疏,短胜乎长。(《笔势论·开腰》)

4."如"字句式

"如"字句式即"XA 如 Y"。

从调查的语料来看,"XA 如 Y"型句式在古代汉语形比句中既可表相似比,又可表差比,这里主要分析其表差比的用法。对于"XA 如 Y"型句式的成因,冯春田(2000)认为可能是由于在汉语差比句中,"于"字结构作补语是古代汉语语法的特征之一,在发展了的语言系统里,它存在着变化更新或被淘汰的可能,因为"于"字结构在内容上包括的范围较大,不符合语言要求明晰化的特性,因而在差比句里,通常用于比较的动词"如"及"似"替代了介词"于","如"及"似"由于用在"于"的位置上,其动词性也就慢慢弱化了,因此,从总体而言,冯春田认为"XA 如 Y"及"XA 似 Y"句式是一种局部更新了的差比句式。[12]关于"XA 如 Y"型句式的形成,我们认为主要有两个原因,一是"如"的虚化,二是受"XA 于 Y"结构的同化影响。古代汉语中,"如"的词性与意义较多,可作动词,表"像"、"如同"等义;可作连词,表"如果"义;也可作介词,表比较。作介词时,早在周秦时就可以用来表比喻义类的相似比,构成"XA 如 Y"型句式,同时南北朝末至唐宋时已可用"如"来表非比喻义的相似比和差比,构成"XA 如 Y"型句式,这里,"如"的语义类似介词"像"、"似"。从调查来看,"如"在南北朝时已经可虚化为相当于语义为"与"的介词。这些说明,受一定语言环境的影响,"如"完全有虚化为不同功能虚词的可能,当然,这种虚化也不是无限的,其最终还要接受语言交际的筛选,"如"的这种虚化应该是与某些比较结构的同化影响分不开的。表差比的"XA 如 Y"型句式的形成,有可能是受同样表差比的"XA 于 Y"型句式同化的结果,因为两者都表示比较,结构非常相似,适用语境也基本相同。

从调查的语料来看,表差比的"XA 如 Y"型句式在东汉至宋时主要见于宋代⑨。南北朝时有些用例看似表差比,但实际分析起来,仍表相似比,其比较客项多为表极端性语义的人或事物等。如:

(1)盛如卢循,强如容超,陵威南海,跨制北岱,楼船万艘,掩江盖汜,铁马千群,充原塞隰。(《宋书·袁湛传》)

(2)受丑陋形,皮毛粗强,剧如畜生,唯愿世尊,当见开示。(《贤愚经·波斯匿王女金刚品》)

东汉至宋时"XA 如 Y"型句式用例总体不多,只在《朱子语类》中见到4例。如:

(3)正如仲尼贤如盗跖,这般说话,岂不是骇!(《论语二十六》)

(4)"五福六极",曾子固说得极好。洪范,大概曾子固说得胜如诸人。(《尚书二》)

(5)十五卷论中庸言'无声无臭',胜如释氏言'非黄非白';似又以中庸之言,下与释氏较胜负。(《程子之书三》)

"XA 如 Y"型句式的大量运用主要在元明清,据调查,元明清时其使用比例达到了3.2%,远大于东汉至宋时的0.2%。如:

(6)八戒道:"哥呵,你去南海何干?"行者道:"这取经的勾当,原是观音菩萨;及脱解我等,也是观音菩萨。……等我去请他,还强如和这妖精相斗。"(《西游记》第二十二回)

(7)人都笑商春荫没志气,若肯去考,骗一个秀才做做,也强如这等落落莫莫,为人轻薄。(《今古奇观》第十二卷)

(8)谭绍闻面如土色,说道:"王中!王中!你也该与我留一点脸。胜如你骂我,你爽快把我扎死了罢!"(《歧路灯》第五十三回)

从表差比的"XA 如 Y"型句式在东汉至宋和元明清的运用来看,其谓语形容词多为"胜"、"强"之类的词语,这些词语表达的差比性较强。"XA 如 Y"型句式的比较客项多为表非极端性语义的人或事物等。

5."似"字句式

"似"字句式即"XA 似 Y"。

"XA 似 Y"型句式既可以表相似比,又可以表差比。表差比句式的成因,可能与表差比的"XA 于 Y"型句式的同化有关。最迟魏晋起,"XA 似 Y"型句式就可以表相似比,尤其唐宋时用量更大。"XA 似 Y"型句式与"XA 于 Y"型句式的结构相似,两者又同时用于表比较,这样"XA 似 Y"型句式受"XA 于 Y"型句式影响而表差比义是可能的。由于考察的语料有限,差比句式"XA 似 Y"的用量仅见于《朱子语类》[10]。如:

(1)康节以品题风月自负,然实强似皇极经世书。(《邵子之书》)

(2)徽宗朝作大晟乐,其声是一声低似一声,故其音缓散。(《论语二十一》)

(3)立之问"古之学者为己,今之学者为人"。曰:"此只是初间用心分毫之差耳。所谓'上达、下达'者,亦只是自此分耳。下达者只因这分毫有差,便一日昏蔽似一日。如人入烂泥中行相似,只见一步深似一步,便浑身陷没,不能得出也。君子之学既无所差,则工夫日进,日见高明,便一日高似一日也。"(《论语二十六》)

(4)道夫曰:"以意揣之,窃恐伊尹胜似夷惠得些。"曰:"也是伊尹体用较全。"顷之,复曰:"夷惠高似伊尹,伊尹大似夷惠。"(《孟子七》)

表差比的"XA 似 Y"也主要见于元明清,据上表可知,元明清的使用比例为 3.1%,远大于东汉至宋的 0.5%,也大于唐宋时的 1.5%。直到表差比的"比"字句大量盛行以后,差比句式"XA 似 Y"才逐渐退出口语。如:

(5)樱桃妒水底红,葱指剖冰瓜脆,更胜似爱月夜眠迟。(元杜仁杰《耍孩儿·七夕》)

(6)宋江道:“你若是如此,便强似送我金帛。”扈成拜谢了去。(《水浒传》第五十回)

(7)他虽是倚势欺人,我家放着有护持圣旨,这里和他理论不得,须是京师也有大似他的。(《水浒传》第五十二回)

(8)这一家造来,要胜似那一家的;那一家造来,又要赛过这一家的。(《长生殿·疑谶》)

6.“比”字句式

“比”字句式即“X 比 YA”。

在形比句中,“X 比 YA”型句式既可以表相似比,又可以表差比,这里将讨论其表差比的用法。

关于差比句“X 比 YA”的成因,张赪(2004):“贝罗贝(1989)、黄晓惠(1992)都认为现代汉语的‘比’字比较句由魏晋南北朝时期出现的‘周颛比臣,有国士门风(《世说新语·品藻》)’这样的句子发展而来,魏晋南北朝时期这类句子还是连动式,其句法结构可写为‘NP_1+V_1(比)$+NP_2+V_2P$’,这一连动结构逐步语法化为比较句,其中演变的关键一步是形容词进入这一结构。”[13] 虽然贝罗贝(1989)和黄晓惠(1992)都认为“NP_1 + 比 + NP_2+V_2P”句式产生的关键是由于形容词进入“比”字连动句,但对于“NP_1 + 比 + NP_2+V_2P”句式产生的时间,二者看法不一,前者认为“NP_1 + 比 + NP_2+V_2P”句式在唐诗中就产生了,后者认为这一句式到明清时才真正产生。张赪(2004)通过对《全唐诗》、《敦煌变文集》、《祖堂集》的考察发现,唐诗中表示比较的“比”字句中,以形容词表比较结果的“比”字句用得最多,因此他认为魏晋南北朝时期的“比”字连动式到唐代已经语法化为比较句,“比”字比较句在唐诗中已经出现了。对于差比句“X 比 YA”的出现时间,通过对大量语料的调查,我们认为,这种句式至迟在唐代已经确切出现,其谓语主要是形容词,从唐代用例的成熟运用来看,“X 比 YA”可能在南北朝末期已经萌芽并有零星的使用。对于其成因,我们认为主要有两点,除了形容词进入“比”字连动句的原因⑪外,还与动词“比”的虚化有着密切的关系。

在南北朝以前，“比”的语义更多的是动词义“比较”，到南北朝末期，随着形容词进入“X 比 YV”的连动组合构成“X 比 YA”后，“X 比 YA”的语义重心逐渐向“A”倾斜，“比”的动词义逐渐减弱，其作用逐渐转化为引出比较的对象。到唐代前后，随着“比”虚化过程的完成，“X 比 YA”组合已经可以用作表比较的固定句式了[12]。“X 比 YA”型句式形成后，由于它的表达较适合汉语思维的特点，加之“A”后容易形成新的语义空位，从而使得这一句式可以带上丰富的补语成分，因而其表达越来越适合汉语严密化的要求。

从语料的调查来看，表差比的“X 比 YA”型句式应该萌芽于南北朝，形成于唐代，成熟于元明清。到了现代汉语中，“X 比 YA”型句式更是表差比的最主要形式。但唐代时，表差比的“X 比 YA”型句式的用量仍然很少，到了宋代，其用量才逐渐多起来，在《朱子语类》里，已经是很常见的了。从上表来看，唐宋时的使用比例仅为 1.9%。如：

(1)齐人以阿井水煎胶，其井比旁井重数倍。(《唐国史补》卷下)

(2)贡高我慢比天长，折挫应交虚见伤，软弱柔和如似水，此个名为真道场。(《敦煌变文集·维摩诘经讲经文》)

(3)唯北狄乐声，比教坊乐下二均。(《梦溪笔谈·乐律二》)

(4)“游于艺”一句，比上三句稍轻，然不可大段轻说。(《朱子语类·论语十六》)

(5)既聘而享，则用圭璧以通信，有庭实以将其意，比聘时渐纾也。(《朱子语类·论语二十》)

(6)世所画唐明皇已裹两脚者，但比今甚短。(《朱子语类·礼八》)

经过东汉至宋的发展，到了元明清，表差比的“X 比 YA”型句式已经相当成熟了。从上表来看，元明清时，“X 比 YA”型句式用量猛增，使用比例更是高达 14.4%，远远大于东汉至宋或唐宋。统计数据也显示出，“X 比 YA”型句式是元明清汉语差比类形比句句式的最主要形式。元明清时，“X 比 YA”型句式在组合成分上也比东汉

至宋有所发展,其谓语形容词前一般少不了表量性程度副词“更”、“更加”等,清代还大量使用“还”、“还要”等。如:

(7)过了三日,完全好了。再复清汤浴过一番,身体莹然如玉,比前日更加嫩相。(《二刻拍案惊奇》卷二十九)

(8)若说是小人家假充乡宦,便局局促促要露出马脚,一个宰相家行事,比翰林更冠冕齐整,无一人疑心是假。(《今古奇观》第七十四卷)

(9)(袭人)把手伸着两个指头道:“说起来,比他还利害,连外头的脸面都不顾了。”(《红楼梦》第八十二回)

(10)桌上却摆了满满一桌的果碟,比方才吃的还要好看些。(《老残游记》第十七回)

7. “比似”字句式

“比似”字句式即“X 比似 YA”。

“X 比似 YA”型句式时一种特殊的差比类形比句句式,是由差比词“比”及“似”叠加使用而成,这种由于比较词的繁复使用而形成的句式,在形比句中并不多见,从调查的语料来看,除表差比的“X 比似 YA”型句式外,还有表相似比的“XA 如似 Y”型句式[13]。从调查的情况来看,这种繁复句式的使用范围较为有限,其用量较小,普遍性较弱。“XA 如似 Y”型句式主要见于敦煌变文,而“X 比似 YA”型句式也只见于《朱子语类》,共 4 例,如下:

(1)因言“恭敬”二字如忠信,或云:“敬,主于中者也;恭,发于外者也。”曰:“凡言发于外,比似主于中者较大。……”(《性理三》)

(2)因问“具体而微。”曰:“五峰说得牵强,看来只是比似孔子较小。今看颜子比孔子,真个小。”(《论语六》)

(3)或问:“胡文定之学与董仲舒如何?”曰:“文定却信‘得于己者可以施于人,学于古者可以行于今’。其他人皆谓得于己者不可施于人,学于古者不可行于今,所以浅陋。然文定比似仲舒较浅,仲舒比似古人又浅。”(《程子门人》)

二、否定形式

上面我们分析了差比类形比句句式的几种肯定形式，下面将进一步探讨其否定形式。从比较词的角度来看，东汉至宋时表否定的六种句式又可以分为五种类型，即“于”字句式、“乎”字句式、“如”字句式、“似”字句式、“比”字句式。

1.“于”字句式

“于”字句式又包括两种句式，即“X 无以 A 于 Y”、“X 未必 A 于 Y”，其否定词分别为“无以”、“未必”。

1.1　X 无以 A 于 Y

“X 无以 A 于 Y”型句式是差比句式“XA 于 Y”的一种否定形式，其特点是将否定词“无以”前置于谓语形容词“A”。形比句的否定句式用量整体较小，“X 无以 A 于 Y”型句式也不例外，仅在《论衡》中发现 1 例，即：

詹何之徒圣，孔子之党亦称圣，是圣无以异于贤，贤无以乏于圣也。（《实知》）

1.2　X 未必 A 于 Y

“X 未必 A 于 Y”型句式也是差比句式“XA 于 Y”的一种否定形式，是一种委婉的否定形式，其特点是将否定词“未必”前置于谓语形容词“A”。“X 未必 A 于 Y”型句式的用量也较小，也仅在《论衡》中发现 2 例，如下：

(1)治病之医，未必惠于不为医者。然而治国之吏，未必贤于不能治国者，偶得其方，遭晓其术也。（《定贤》）

(2)治病之医，未必惠于不为医者。（《定贤》）

2.“乎”字句式

“乎”字句式只有一种句式，即“X 非 A 乎 Y”。

“X 非 A 乎 Y”型句式是差比句式“XA 乎 Y”的一种否定形式，其特点是将否定词“非”前置于谓语形容词“A”。由于“XA 乎 Y”型句式主要用于周秦西汉，因而“X 非 A 乎 Y”型句式在理论上也应主要用于周秦西汉。不过从调查的语料来看,“X 非 A 乎 Y”型句式在周秦西汉和东汉至宋都使用不多,总共发现 3 例,周秦西汉 2 例,东汉至宋 1 例。即:

(1)今人君之力,非贤乎乌获、彭祖,而勇非贤乎孟贲、成荆也。(《申子·大体》)

(2)幼而学者,如日出之光,老而学者,如秉烛夜行,犹贤乎瞑目而无见者也。(《颜氏家训·勉学》)

3."如"字句式

“如”字句式只有一种句式,即“X 不如 YA”。

“X 不如 YA”型句式应该是差比句式“X 如 YA”的否定形式,但从调查的语料来看,似乎没有看到“X 如 YA”型句式表差比的用例,“X 如 YA”型句式主要表相似比。“X 不如 YA”型差比句式在东汉至宋只发现 2 例,唐宋各 1 例,即:

(1)钧客击杖鼓百面如一,教坊不如他齐整,打一面如打百面。(《醴泉笔录》卷下)

(2)诸葛诚之尝言,孟子说“性善”,说得来缓,不如说恶底较好。(《朱子语类·朱子十六》)

从实际用例来看,这种句式表达的语义初看既像相似比,又像差比,如果脱离具体语境,有时确实不好区分。其区分的关键就是看“A”的特性是只属于“Y”,还是共同属于“X”“Y”,只是量上有一定区别,如果是第一种情况,“X 不如 YA”型句式就属于相似比,否则就属于差比。

4."似"字句式

“似”字句式只有一种句式,即“X 不似 YA”。

“X 不似 YA”型句式是“X 似 YA”型句式的一种否定形式,其特点就是将否定词“不”前置于介词结构“似 Y”。在形比句中,“X 不似 YA”型句式可表相似比或差比的含义,这里只分析差比的情况。从上表来看,表差比的用例极少,东汉至宋只发现 2 例,这 2 例均见于《朱子语类》,即:

(1)问:“若使曾子为邦,比颜子如何?”曰:“想得不似颜子熟。然曾子亦大故有力。曾子子思孟子大略皆相似。”(《孔孟周程张子》)

(2)后山雅健强似山谷,然气力不似山谷较大,但却无山谷许多轻浮底意思。(《论文下》)

正像“X 不如 YA”型句式一样,“X 不似 YA”型句式表达的含义有时初看既像相似比,又像差比,如果脱离具体语境,也不太好区分,其区分办法与“X 不如 YA”型句式相似。

元明清用例如:

(3)行者道:“怕他怎的!”三藏道:“说那里话!不信直中直,须防仁不仁。我也与你走过好几处松林,不似这林深远。”(《西游记》第八十回)

(4)徘徊久,问桃花昔游,这江乡,今年不似旧温柔。(《桃花扇·逮社》)

(5)宝玉坐了坐,见薛姨妈情形不似从前亲热,“虽是此刻没有心情,也不犯大家都不言语。”满腹猜疑,自往学中去了。(《红楼梦》第九十一回)

5.“比”字句式

“比”字句式只有一种句式,即“X 不比 YA”。

“X 不比 YA”型句式是差比句式“X 比 YA”的一种否定形式,其特点是将否定词“不”前置于谓语形容词“A”。由于“X 比 YA”型句式主要用于唐宋以后,因而“X 不比 YA”型句式也应主要用于唐宋以后。一般来说,否定形式形比句句式的用量往往要比其肯定形式小得多,“X 不比 YA”型句式也不例外,仅发现 4 例,其中,东汉至宋只 1 例,见于《朱子语类》,即:

(1)“变化”字,且只大概恁地说,不比系辞所说底子细。(《易四》)

元明清用例如:

(2)我做一首口号,也刻在后面,等别人看见的,晓得我心事开

阔,不比他们猥琐的。(《二刻拍案惊奇》卷二十二)

(3)可是现放着奶哥哥,那一个不比人强?你疼顾照看他们,谁敢说个“不”字儿?(《红楼梦》第十六回)

以上十三种差比类形比句句式是仅就调查的语料而言的,如果调查的语料范围更大一些的话,也许还会发现一些其他类型的句式。从以上分析来看,差比类形比句否定形式的用量要远远小于肯定形式;在肯定形式中,XA 焉、XA 于 Y、XA 乎 Y 型句式在东汉至宋时的使用呈衰落趋势,XA 于 Y 型总体变化不大,XA 如 Y、XA 似 Y、X 比 YA、X 比似 YA 则主要是唐宋时的新兴形式,最终 X 比 YA 型句式成为汉语差比类形比句的主要表达形式。

说明:

①冯春田(2000)称为“动比句”。

②本文将古汉语分为三个时期,即:周秦西汉时期、东汉至宋时期、元明清时期,其中,东汉至宋时期内部又细分为四个阶段,即:东汉阶段、魏晋阶段、南北朝(含隋)阶段、唐宋阶段。本文的研究以东汉至宋为主,但为了便于汉语史的沟通,本文也兼及周秦西汉和近现代。

③黄晓惠(1992):“本文考察了差比句式由古到今的演变,认为汉语比较范畴还有一种泛比状态与平比、差比、极比并存,与它对应的泛比句式通常只强调比较的结果,并往往在语义上涵括了平比、差比和极比状态。”

④指“比”字比较句而比较语(即谓语部分)是疑问代词的句子,它不同于差比句式表示疑问的一类。以上见冯春田(2000)。

⑤为了结论的可靠性,本文在研究中调查了大量典型的语言材料,包括周秦西汉语料 31 部,东汉语料 11 部,魏晋语料 22 部,南北朝语料 16 部,唐宋语料 29 部,元明清语料 27 部,具体可见陈明富博士论文《中世汉语比较类形容词谓语句研究》,2007,南京大学。

⑥X 为比较主项,Y 为比较客项,A 为比较结果(含可能出现的比

较值),下同。

⑦“焉”不是一个纯比较词,而是一个兼词,相对于“于之”。

⑧使用比例是指用例数量在同期形比句用例总量中所占的比例,在调查的语料中,周秦西汉形比句用例总量为935个,东汉至宋为2577个(其中东汉395个,魏晋279个,南北朝961个,唐宋942个),元明清为1909个。

⑨冯春田(2000)在《吕氏春秋·爱士》中发现1例:“人之困穷,甚如饥寒。”但他认为这一句可能出于偶然,或被后人改动过,不过这一句可以理解为“如”字动比句。他(2000)又转引太田辰夫(1957)发现的唐陆龟蒙诗:“虽然诗胆大如斗。”不过这一句可以理解为表相似比。冯春田调查的结果是“XA如Y”型句式主要见于宋代,与本文的调查基本相同。

⑩太田辰夫(1957)发现了唐姚合诗“本寺远于日,新诗高似云”及敦煌文献《禅门十二时曲》“更富饶似石崇家”这样的句子,但这样的用例不多。以上转引自冯春田(2000)。

⑪黄晓惠(1992)认为,现代差比句来源于古代泛比句,在结构上表现为连谓结构向状中偏正结构的变化,在语义上表现为语义重心的后移和语义范围的缩小。史佩信(1993)认为,现代汉语比字句可以进一步溯源到先秦两汉时的比动句“比X于Y”。

⑫在现代汉语中,“比”主要作介词,作动词相对较少。黄晓惠(1992):“我们统计,在现代汉语中,‘比’用于差比句式的比率为94%;做动词使用的比率为6%,可见,‘比’在现代汉语中主要句法功能是用在(X)比YW句式中引出比较后项Y。”

⑬如:“贡高我慢比天长,折挫应交虚见伤,软弱柔和如似水,此个名为真道场。”(《敦煌变文集新书·维摩诘经讲经文》)

注释:

[1][8][12]冯春田著,《近代汉语语法研究》,济南:山东教育出版社,2000年版。

[2]马建忠著,《马氏文通》,北京:商务印书馆,1983 年版。
[3]吕叔湘著,《中国文法要略》,北京:商务印书馆,1982 年版。
[4]高名凯著,《汉语语法论》,北京:商务印书馆,1986 年版。
[5]赵元任著,《汉语口语语法》,北京:商务印书馆。1979 年版。
[6][日]太田辰夫著,《中国语历史文法》,北京:北京大学出版社,1987 年版。
[7]黄晓惠,《现代汉语差比格式的来源及演变》,《中国语文》,1992 年第 3 期。
[9]向熹著,《简明汉语史》,北京:高等教育出版社,1998 年版。
[10]杨伯峻、何乐士著,《古汉语语法及其发展》,北京:语文出版社,2001 年版。
[11]刘焱著,《现代汉语比较范畴的语义认知基础》,上海:学林出版社,2004 年版。
[13]张赪著,《唐宋时期"比"字比较句的演变》,《语言学论丛》第三十辑,北京:商务印书馆,2004 年版。

(原载《西华师范大学学报》2011 年 01 期,陈明富)

东汉至宋代汉语相似比类形比句句式研究

形比句是比较句的一个类别,指谓语是形容词及形容词性成分的比较句。冯春田:"比字差比句的比较语是形容词的,可称为'形比句'。"[1]本文所说的"形比句"不仅仅指比字差比句,还包括通常所说的平比、极比及其他差比句。形比句由于其谓语是形容词及形容词性成分,它与谓语是动词及动词性成分的比较句①有所不同,因而我们在研究比较句的时候,完全有必要在综合研究的同时将两者分开来研究,这样将有助于我们进一步从微观的角度来了解比较句的特征,也有助于我们进一步了解形容词谓语句和动词谓语句的特征。

本文主要是研究东汉至宋时期②形比句中相似比类形比句句式结构及其发展的有关情况。关于比较句,最早对其进行分类的是马建忠,他说:“象静为比有三:曰‘平比’,曰‘差比’,曰‘极比’。”[2]吕叔湘将比较句分得更细,有:类同、比拟、近似、高下、不及、胜过、尤最、得失、不如、倚变等。[3]赵元任将比较句分为等同、较胜、较差、最高、反最高五类。[4]太田辰夫将比较句分为五类:平比、绝对的差比、相对的差比、绝对的极比、相对的极比。[5]黄晓惠除把比较句分为平比、差比、极比外,还分出一种泛比句③。[6]冯春田把“比”字比较句分为平比、差比、疑比④三类。[7]杨伯峻、何乐士把比较句分为同比、差比、极比三类,实际也与马氏没有什么区别。[8]刘焱把比较句分为平比和差比(含极比)两类……[9]以上比较句的分类,少则2类,多则10多类,当然每种划分都有自己的道理,因为具体的研究方法和研究目的不同。不过,无论怎样划分,都没有超过马氏的平比、差比和极比三分的内涵。正因如此,本文对比较句的分类基本采用马氏的分法,同时遵从语言的实际情况,将平比分为异同比和相似比两个小类,将比较句共分为四个小类:异同比、相似比、差比、极比。形比句的分类亦如此。

就相似比类形比句而言,以往的研究大多把相似比和异同比混合起来研究,将二者合称为平比或同比。但从语言的实际调查⑤来看,由于语义的不同,相似比和异同比在句式上也是不尽相同的,这种不同不仅体现在某些结构上,也体现在某些不同阶段的发展演变上,正是出于实际上语言事实差别的考虑,应该把相似比和异同比分开研究。通过对语料的调查⑥,东汉至宋相似比类形比句句式的肯定形式主要发现九种类型:X与YA⑦、X如YA、X似YA、X似Y样A、XA如Y、XA若Y、XA似Y、XA如似Y、X比YA,其否定形式主要发现两种类型:X不与YA、X与Y不A。关于东汉至宋时期这些句式类型的具体调查数据,以及它们在周秦至西汉和元明清的数据情况可见下表:

		周秦至西汉	东汉至宋					元明清
			东汉	魏晋	南北朝	唐宋	总计	
肯定形式	X与YA	1	1	12	10	30	53	33
		0.1%	0.3%	4.3%	1%	3.2%	2.1%	1.7%
	X如YA	0	0	0	0	60	60	61
		0	0	0	0	6.4%	2.3%	3.2%
	X似YA	0	0	0	0	12	12	50
		0	0	0	0	1.3%	0.5%	2.6%
	X似Y样A	0	0	0	0	2	2	0
		0	0	0	0	0.2%	0.08%	0
	XA如Y	48	47	42	233	227	549	277
		5.1%	11.9%	15.1%	24.2%	24.1%	21.3%	14.5%
	XA若Y	3	0	0	7	8	15	10
		0.3%	0	0	0.7%	0.8%	0.6%	0.5%
	XA似Y	0	0	3	1	36	40	171
		0	0	1.1%	0.1%	3.8%	1.6%	9%
	XA如似Y	0	0	0	0	2	2	0
		0	0	0	0	0.2%	0.08%	0
	X比YA	0	0	0	0	2	2	0
		0	0	0	0	0.2%	0.08%	0
否定形式	X不与YA	0	4	0	0	2	6	0
		0	1%	0	0	0.2%	0.2%	0
	X与Y不A	0	0	0	0	4	4	0
		0	0	0	0	0.4%	0.2%	0

下面我们从肯定形式和否定形式两个方面来对东汉至宋相似

比类形比句句式进行探讨。

一、肯定形式

1. X 与 YA

“X 与 YA”型句式在形比句中主要表异同比和相似比。从语料的调查来看,表相似比的用量总体不及异同比大,但表相似比时,“X 与 YA”型句式仍然是东汉至宋时期一种极其常用的句式,这一点至少可以从上表的统计数据中得到说明。从上表来看,周秦至西汉已有用例,只是极少,仅发现 1 例,即:

(1)夫乐者,与音相近而不同。(《礼记·乐记》)

到东汉至宋时,这种表相似比的“X 与 YA”型句式在用量上明显增大,比例[8]也随之增大,周秦至西汉仅发现 1 例,比例仅为 0.1%,而东汉至宋则发现 53 例,比例为 2.1%。

关于“X 与 YA”型句式在东汉至宋时期发展的原因,主要与介词“与”的特征与功能有关。当“与”作介词时,意义比较单一,主要表“跟”、“和”、“同”等偕同义,而且“与”表比较时一直在谓语形容词之前,这种句法位置符合人们的认知心理,更符合汉语介词结构修饰语前移的趋势,因而到了东汉至宋,“X 与 YA”型形比句句式仍是人们表达相似比的最佳选择之一。即使到了现代汉语里,“X 与 YA”及其发展形式“X 和(跟、同)YA”仍然大量使用。我们从东汉至宋内部四个时期的统计数据可以看出,到了魏晋以后,表相似比的“X 与 YA”型句式的用量及比例已经明显增大,使用基本稳定。东汉至宋时的用例如:

(2)何等为五?不常;不断;不移;从于小因而生大果;与彼相似。(《佛说大乘稻秆经》)

(3)木骨闾与郁久闾声相近,故后子孙因以为氏。(《魏书·蠕蠕列传》)

这种稳定的使用一直延续到元明清,到了元明清,由于语言的发展,谓语形容词更加丰富,出现了许多东汉至宋不太常见的词语,如“仿佛、差不多、相并、相当、相类”等等。如：

(4)第二个好汉，名唤邹润，是他侄儿，年纪与叔叔仿佛，二人争差不多。(《水浒传》第四十九回)

2. X **如** YA

“如”在南北朝佛经及唐时敦煌文献中已经可表“与”之义，如“大王当知，我等已往庄校彼园，所有之物如此无异。”(《大悲莲华经·大施》)，这与“如”的动词义“如同”的虚化有关。“如”虚化为“与”义之后，“X 与 YA”同化出“X 如 YA”就不足为奇怪了。当“A”为相似类形容词时，“X 如 YA”句式就可以表相似比了。不过从调查的语料来看，这种用例到唐宋时才有所发现，而且唐时主要见于《祖堂集》与敦煌变文，其他文献很难发现用例，直到宋代的《朱子语类》才有不少用例，看来这种句式的口语化极强，不过东汉至宋时并没完全流行开。东汉至宋用例如：

(1)一切不拘，去留无碍。往来生死，如门开合相似。(《祖堂集·百丈》)

(2)天正如一圆匣相似，赤道是那匣子相合缝处，在天之中。(《朱子语类·理气下》)

(3)吉凶悔吝四者，正如刚柔变化相似。……正如“生于忧患，死于安乐”相似。(《朱子语类·易十》)

从实际用例来看，这种“X 如 YA”型句式有时略带一种比况的意味儿。另外，东汉至宋时，“X 如 YA”型句式的谓语形容词较单一，从调查出的用例来看，主要是“相似”。元明清其谓语形容词也主要是“相似”，以及“一般”。如：

(4)此时天色已暮，宋兵燃点火炬、火把，火光照耀，如白昼一般。(《水浒传》第九十六回)

3. X **似** YA

从调查的语料来看，“似”作形比句的比较词时，可用于异同比、相似比及差比类形比句句式中，其中，表异同比和相似比的用例最早主要见于唐代，表差比的用例最早主要见于宋代。从上表来看，东汉至宋时表相似比的"X 似 YA"型句式的使用比例总体较小，只有 0.5%，主要是因为这种句式只在唐宋时有所发现。根据实际调查出的用例来看，东汉至宋时"X 似 YA"型句式主要见于《祖堂集》、敦煌变文和《朱子语类》，看来这种句式的口语化极强，不过在唐宋时的使用范围还不是很广。这种句式的成因应该与"似"的虚化及"X 与 YA"等结构的影响有一定的关系。从实际的语料调查来看，唐宋时"似"已经可由动词义"像"、"如同"等义虚话为与介词"像"及"与"等相似的意义了，同时加上受到相似比类形比句句式"X 与 YA"等的同化影响，因而表相似比的句式"X 似 YA"的逐渐形成不足为奇。不过，这种"X 似 YA"型句式往往带有一种比况意味儿。这种句式的谓语形容词相对较为广泛，不仅仅是"相似"、"仿佛"等，许多性质形容词都可充任其谓语。东汉至宋用例如：

(1)不同窒塞人紧把着事不解传得，恰似死人把玉玉相似。(《祖堂集·岩头》)

(2)向来小时做底道理存其中，正似一个坯素相似。(《朱子语类·学二》)

元明清时，"X 似 YA"型相似比类形比句句式的用量大增，比例也大增，为 2.6%，不仅大于东汉至宋的 0.5%，也大于唐宋时的 1.3%。如：

(3)你看薄衬香绵，似一朵仙云轻又软。(《长生殿·看袜》)

4. X 似 Y 样 A

与"X 似 YA"型句式相比，"X 似 Y 样 A"型句式仅仅多了一个后缀"样"。从语料的调查来看，在古代汉语相似比类形比句中，使用后缀的情况在唐宋以后并不为奇，通常的后缀有"样"、"一样"、"般"、"一般"等。这些后缀严格来说只能称之为"准后缀"，为什么这么说呢？因为这些词附着在其他名词性成分之后，不管有没有平衡音节的作用，使用与不使用这些词，其语义表达效果还是有所区别的。尽管去掉语义也能表达，但有这些后缀则更能增强相似比的表达效果，因为这些后缀本身就能充任相似比类形比句的谓语形容

词。这种“X 似 YA”型句式在东汉至宋只发现 2 例,均见于《朱子语类》,即:

因曰:“这个太极,是个大底物事。‘四方上下曰“宇”,古往今来曰“宙”。’无一个物似宇样大:四方去无极,上下去无极,是多少大?无一个物似宙样长远:亘古亘今,往来不穷!自家心下须常认得这意思。”(《周子之书》)

5. XA 如 Y

从上表不难看出,相对其他相似类形比句而言,“XA 如 Y”型句式在古代汉语中的用量和使用比例都是最大的。“XA 如 Y”型句式的最大特征就是可以表达比况意义,这种比较义由于复合人们日常思维表达的需要,因而从周秦至西汉到元明清,“XA 如 Y”型句式的使用可以说是经久不衰,当然,其最大使用比例还是在东汉至宋时期。从上表来看,仅在周秦至西汉就达到了 5.1% 的比例,如:

(1)执一如天地,行微如日月,忠诚盛于内,贲于外,形于四海,天下其在一隅邪!(《荀子·尧问》)

东汉至宋时,“XA 如 Y”型句式的比例更是达到了 21.3%,尤其南北朝与唐宋时比例更大,均在 24% 以上。从调查的语料来看,东汉至宋时不仅一般的文献大量使用,佛经和敦煌变文中也有较多用例,这说明当时的使用确实较为普遍。如:

(2)倚簁,倚伎也。簁,作清簁也,言人多技巧,尚轻细如簁也。(《释名·释姿容》)

(3)第三之禅,守意牢固,善恶不入,心安如须弥,诸善不出外事,善恶寂灭不入心,犹莲华根茎在水,华合未发为水所覆。(《六度集经·禅度无极》)

(4)将军马上卓红旗,兵士各各依条贯,先锋踏道疾如风,即至黄河东北岸。(《敦煌变文集新书·伍子胥变文》)

元明清时,“XA 如 Y”型句式用量与比例有所回落,这与形比句中介词结构前移趋势及“XA 似 Y”等类型句式的用量增大不无关系。

6. XA **若** Y

周秦至西汉时,“如”为日母鱼部,“若”为日母铎部,鱼铎阴入对转,因而“如”与“若”实为一声之转,不过,“如”为平声韵,“若”为入声韵。表比较时,“若”的用量要远远小于“如”,这一点在上表中有较明显的反映,这可能是由于入声韵相对平声韵不便语音的贯通与韵律感的表达。从上表来看,无论周秦至西汉、东汉至宋或元明清,“XA 若 Y”的用量与比例都无法与“XA 如 Y”相比。从实际用例来看,“XA 若 Y”句式的使用,有时完全是为了在对举时,避免两个“如”字重复出现的需要。“XA 若 Y”型句式在周秦至西汉时只发现3 例,比例也不大,只有 0.3% 。其周秦至西汉用例如:

(1)夫相收之与相弃亦远矣,且君子之交淡若水,小人之交甘若醴。(《庄子·山木》)

从调查的语料来看,东汉至宋时,其用量与比例比周秦至西汉都有所增加,分别为 15 例和 0.6% ,但其内部很不均衡,从上表不难看出,东汉与魏晋并没发现用例,只在南北朝与唐宋时发现用例,这说明“XA 若 Y”型句式在东汉至宋时也并不常用,其主要原因仍是“若”为入声的缘故。如:

(2)有人哭和长舆曰:“峨峨若千丈松崩。”(《世说新语·容止》)

(3)形类色理,都如鸡卵,大若五升囊;举之至轻,唯空壳耳。(《梦溪笔谈·神奇》)

元明清时,“XA 若 Y”型句式的使用比例与东汉至宋相差不大,为 0.5% ,仍然较小。

7. XA **似** Y

本文第一部分中我们提到,“似”作形比句的比较词时,可用于异同比、相似比及差比类形比句句式中,并且分析了“X 似 YA”型相似比句式,这里将继续分析另一种相似比句式,即“XA 似 Y”型句式。“XA 似 Y”型句式形式还可表差比,关于这一点后文第三节还将谈到,此处只讨论相似比的情况。从结构来看,“XA 似 Y”型句式与“X 似 YA”型句式的最大不同就是“A”与介词结构“似 Y”的相对位置不同。不过,从实际调查来看,“XA 似 Y”型句式似乎更能够适合古代汉语的相似比的表达,因为“X 似 YA”型句式主要是从唐代时才开始使用起来,而且当时的使用范围也主要限于《祖堂集》和敦煌变文,而从上表的反映来看,“XA 似 Y”型句式至少早在魏晋时就有用例,而且无论东汉至宋或元明清,其用量和使用比例均大于同期的“X 似 YA”型句式。如果结合差比句式来看,“XA 似 Y”型句式应该说是东汉至宋以后较为常用的一种句式形式。直到元明清后期“和”字句、“像”字句、“同”字句等逐渐盛行以后,“XA 似 Y”型相似比句式的用量才逐渐减少。“XA 似 Y”型句式的用量要相对大于“X 似 YA”型句式的原因,应该和古代汉语形比句中谓语形容词多置于“似 Y”之前的总体语序有关。因为从调查的情况来看,古代汉语中,除“与”字句及“比”字句等少数句式中谓语形容词后置外,谓语形容词前置的情况较为普遍。

从上表来看,尽管魏晋南北朝时“XA 似 Y”型相似比句式已发现有用例,但用例较少,其大量使用主要还在唐宋以后。从实际的语料调查来看,这种句式的使用在敦煌变文中很多。如:

(1)恪父瑾,面长似驴,孙权大会群臣,使人牵一驴入,长检其面,题曰:“诸葛子瑜”。(《三国志·吴书·诸葛恪传》)

(2)刘胡,南阳涅阳人也,本名坳胡,以其颜面坳黑似胡,故以为名。(《宋书·邓琬列传》)

(3)此水东流急似轮,水中砂细细如尘,举头极目无青草,浪底深沉少白苹。(《敦煌变文集新书·妙法莲华经讲经文》)

元明清时,“XA 似 Y”型相似比句式的用量和比例明显大于东汉至宋时期,直到现代汉语普通话里,这种句式才完全从口语交际中退出。如:

(4)香桃烂杏,美甘甘似玉液琼浆;脆李杨梅,酸荫荫如脂酥膏酪。(《西游记》第一回)

8. XA 如似 Y

“XA 如似 Y”型句式应该说是一种特别的句式,它是由于相似比较词“如”与“似”的叠加使用而形成的一种句式。这种由于比较词的繁复使用而形成的句式，在形比句中并不多见，从调查的语料来看，除“XA 如似 Y”型句式外，还有表差比的“X 比似 YA”型句式。不过，它们的用例均较少，而且使用范围极为有限，普遍性较弱，“XA 如似 Y”型句式主要见于敦煌变文，只发现 2 例，即：

(1)佛如尼俱律陀树，子小如似黑由麻，垂条耸□百千寻，五百乘车荫总遍。(《敦煌变文集新书·佛说阿弥陀经讲经文》)

(2)贡高我慢比天长，折挫应交虚见伤，软弱柔和如似水，此个名为真道场。(《敦煌变文集新书·维摩诘经讲经文》)

9. X 比 YA

从调查的语料来看，“X 比 YA”型句式可表相似比与差比。表差比是其主要用法，表相似[9]比用法的成因应该与表差比用法的成因没有区别，只是具体的“A”不同而已，表差比的用法及其成因将在后文中详细讨论；表相似比的用例总体不多，就调查的语料来看，仅发现 2 例，见于《朱子语类》[10]，即：

(1)“诚者，物之终始；不诚无物。”诚者，事之终始，不诚，比不曾做得事相似。(《中庸三》)

(2)伯恭动劝人看左传迁史，令子约诸人抬得司马迁不知大小，恰比孔子相似！(《吕伯恭》)

二、否定形式

前面我们主要讨论了相似比类形比句句式的九种肯定形式，下面将分析其否定形式。从调查的情况来看，相似比类形比句句式的否定形式只有两种，即：X 不与 YA、X 与 Y 不 A，远远少于异同类及差比类形比句句式的否定形式。这可能与调查的语料受限有关，不过，从实际的调查来看，相似比类形比句句式的否定形式确实不多使用，从发现的两种类型来看，也主要见于唐宋时期，而且主要是《论衡》和《朱子语类》，下面来具体分析。

1. X 不与 YA

“X 不与 YA”型句式是相似比类形比句“X 与 YA”型句式的一

种否定形式,其特点就是将否定词“不”前置于介词结构“与 Y”。从上表来看,这种句式主要见于东汉至宋,但发现的用例较少。从实际用例来看,主要见于《论衡》与《朱子语类》。如:

(1)人死世谓鬼,鬼象生人之形,见之与人无异,然犹非死人之神,况熊非人之形,不与人相似乎!(《论衡·死伪》)

(2)须是理会到深处,又却不与禅相似,方是。(《朱子语类·大学五》)

从以上用例来看,这种“X 与 YA”型句式的谓语形容词也极有限,主要是“相似”一词。

2. X 与 Y 不 A

相似比类形比句“X 与 Y 不 A”型句式是相似比类形比句“X 与 YA”型句式的一种否定形式,其特点就是将否定词“不”后置于介词结构“与 Y”。从上表来看,其用例极少,只发现 4 例,根据调查的结果,这 4 例均见于《朱子语类》。如:

(1)子游与子夏绝不相似。子游高爽疏畅,意思阔大,似个萧散底道人。(《论语十四》)

(2)近得先生集注却云:“‘一日克己复礼’,则天下之人皆与其仁。”似与诸公之意全不相似。(《论语二十三》)

以上十一种相似比类形比句句式是仅就调查的语料而言的,如果调查的语料范围更大一些的话,也许还会发现一些其他类型的句式。从调查的情况来看,东汉至宋时期相似比类形比句否定形式的类别和用量都要远远小于肯定形式;在肯定形式中,X 与 YA 型和 XA 如 Y 型句式的使用时限较长,其中后者的用量和使用比例相对最大,其他主要见于唐宋时期。

另外,在语料的调查过程中,还发现了十多种句式,只是这些句式仅在元明清语料中有一些用例,在所调查的东汉至宋语料中尚没发现用例。为便于汉语史的研究,这里不妨列将其句式逐一举出。其肯定形式主要有:X 似 Y 般 A、X 和 YA、X 和 Y 一般 A、X 如 Y 一般 A、XY 般 A、XY 样 A、XY 么样 A、XY 来样 A、XY 也似 A、X 同 Y

一般A、X同YA、X像YA、X像Y一样A、X有YA;其否定形式主要有:X不若YA、X不如YA、X不似YA、X不似Y那等A、X不似Y那样A、X没有YA。鉴于篇幅,这里不再逐一举例。

说明:

①冯春田(2000)称为“动比句”。

②本文将古汉语分为三个时期,即:周秦至西汉时期、东汉至宋时期、元明清时期,其中,东汉至宋时期内部又细分为四个阶段,即:东汉时期、魏晋时期、南北朝(含隋)时期、唐宋时期。本文的研究以东汉至宋为主,但为了便于汉语史的沟通,本文也兼及周秦至西汉和近现代。

③黄晓惠(1992):“本文考察了差比句式由古到今的演变,认为汉语比较范畴还有一种泛比状态与平比、差比、极比并存,与它对应的泛比句式通常只强调比较的结果,并往往在语义上涵括了平比、差比和极比状态。”

④指“比”字比较句而比较语(即谓语部分)是疑问代词的句子,它不同于差比句式表示疑问的一类。以上见冯春田(2000)。

⑤⑥为了结论的可靠性,本文在研究中调查了大量典型的语言材料,包括周秦至西汉语料31部,东汉语料11部,魏晋语料22部,南北朝语料16部,唐宋语料29部,元明清语料27部,具体可见陈明富博士论文《中世汉语比较类形容词谓语句研究》,2007,南京大学。

⑦X为比较主项,Y为比较客项,A为比较结果(含可能出现的比较值),下同。

⑧使用比例是指用例数量在同期形比句用例总量中所占的比例,在调查的语料中,周秦至西汉形比句用例总量为935个,东汉至宋为2577个(其中东汉395个,魏晋279个,南北朝961个,唐宋942个),元明清为1909个。

⑨黄晓惠(1992)认为比字句的源头比动句是表泛比,而史佩信(1993)认为是表平比。

⑩蒋冀骋、吴福祥(1997):“唐五代时期,‘比’主要用于‘比较、比拟’义动词,作为介词的用例极少见。”

注释:

[1][7]冯春田著,《近代汉语语法研究》,济南:山东教育出版社,2000 年版。

[2]马建忠著,《马氏文通》,北京:商务印书馆,1983 年版。

[3]吕叔湘著,《中国文法要略》,《吕叔湘文集》第一卷,北京:商务印书馆,1990 年版。

[4]赵元任著,《汉语口语语法》,北京:商务印书馆,1979 年版。

[5][日]太田辰夫著,《中国语历史文法》,北京:北京大学出版社,1987 年版。

[6]黄晓惠著,《现代汉语差比格式的来源及演变》,《中国语文》1992 年第 3 期。

[8]杨伯峻、何乐士著,《古汉语语法及其发展》,北京:语文出版社,2001 年版。

[9]刘焱著,《现代汉语比较范畴的语义认知基础》,上海:学林出版社,2004 年版。

(原载《南京理工大学学报》2011 年 01 期,陈明富)

东汉至宋代汉语异同比类形比句句式研究

形比句是比较句的一个类别,指谓语是形容词及形容词性成分的比较句。冯春田(2000):“比字差比句的比较语是形容词的,可称为‘形比句’。”[1]本文所说的“形比句”不仅仅指比字差比句,还包括通常所说的平比、极比及其他差比句。形比句由于其谓语是形容词及形容词性成分,它与谓语是动词及动词性成分的比较句①有所不同,因而我们在研究比较句的时候,完全有必要在综合研究的同时将两者分开来研究,这样将有助于我们进一步从微观的角度来了解比较句的特征,也有助于我们进一步了解形容词谓语句和动词谓语句的特征。

本文主要是研究东汉至宋时期②形比句中异同比类形比句句式结构及其发展的有关情况。关于比较句,最早对其进行分类的是马建忠(1898),他说:"象静为比有三:曰'平比',曰'差比',曰'极比'。"[2]吕叔湘(1982)将比较句分得更细,有:类同、比拟、近似、高下、不及、胜过、尤最、得失、不如、倚变等。[3]高名凯(1986)把汉语比较句分为差级、比较极级、绝对极级三类。[4]赵元任(1979)将比较句分为等同、较胜、较差、最高、反最高五类。[5]太田辰夫(1987)将比较句分为五类:平比、绝对的差比、相对的差比、绝对的极比、相对的极比。[6]黄晓惠(1992)除把比较句分为平比、差比、极比外,还分出一种泛比句③。冯春田(2000)把"比"字比较句分为平比、差比、疑比④三类。向熹(1998)把比较句分为平比、差比、极比三类,与马氏相同。[7]杨伯峻、何乐士(2001)把比较句分为同比、差比、极比三类[8],实际也与马氏没有什么区别。刘焱(2004)把比较句分为平比和差比(含极比)两类[9]……以上比较句的分类,少则 2 类,多则 10 多类,当然每种划分都有自己的道理,因为具体的研究方法和研究目的不同。不过,无论怎样划分,都没有超过马氏的平比、差比和极比三分的内涵。正因如此,本文对比较句的分类基本采用马氏的分法,同时遵从语言的实际情况,将平比分为异同比和相似比两个小类,将比较句共分为四个小类:异同比、相似比、差比、极比,形比句的分类亦如此。

就异同比类形比句而言,以往的研究大多把异同比和相似比混合起来研究,将二者合称为平比或同比。但从语言的实际调查⑤来看,由于语义的不同,异同比和相似比在句式上也是不尽相同的,这种不同不仅体现在某些结构上,也体现在某些不同阶段的发展演变上,正是出于实际上语言事实差别的考虑,本文把异同比和相似比分开研究。就异同比而言,东汉至宋汉语形比句句式的肯定形式主要有四种类型:"X 与 YA"[⑥]、"XA 于 Y"、"XA 乎 Y"、"X 和 YA",其否定形式主要有十种类型:"X 不与 YA"、"X 与 Y 不 A"、"X 无与 YA"、"X 与 Y 无 A"、"X 与 Y 无以 A"、"X 不 A 于 Y"、"X 如 Y 无 A"、"X 似 Y 不 A"、"X 似 Y 无 A"、"X 比 Y 不 A"。具体统计数据情况可见下表:

		周秦西汉	东汉至宋					元明清
			东汉	魏晋	南北朝	唐宋	东汉至宋	
肯定形式	X 与 YA	59	39	14	90	59	202	16
		6.3%	9.9%	5%	9.4%	6.3%	7.8%	0.8%
	XA 于 Y	64	14	3	31	31	79	0
		6.8%	3.5%	1.1%	3.2%	3.3%	3.1%	0
	XA 乎 Y	28	0	3	12	4	19	0
		3%	0	1.1%	1.2%	0.4%	0.7%	0
	X 和 YA	0	0	0	0	1	1	1
		0	0	0	0	0.1%	0.04%	0.05%
否定形式	X 不与 YA	10	4	5	5	5	19	1
		1.1%	1%	1.8%	0.5%	0.5%	0.7%	0.05%
	X 与 Y 不 A	7	2	2	36	45	85	25
		0.7%	0.5%	0.7%	3.7%	4.8%	3.3%	1.3%
	X 无与 YA	3	0	1	1	0	2	0
		0.3%	0	0.4%	0.1%	0	0.08%	0
	X 与 Y 无 A	0	4	5	11	8	28	2
		0	1%	1.8%	1.1%	0.8%	1.1%	0.1%
	X 与 Y 无以 A	1	1	0	0	1	2	1
		0.1%	0.3%	0	0	0.1%	0.08%	0.05%

续表

		周秦西汉	东汉至宋					元明清
			东汉	魏晋	南北朝	唐宋	东汉至宋	
否定形式	X不A于Y	7	2	0	0	0	2	0
		0.7%	0.5%	0	0	0	0.08%	0
	X如Y无A	0	0	0	5	2	7	0
		0	0	0	0.5%	0.2%	0.3%	0
	X似Y不A	0	0	0	0	1	1	0
		0	0	0	0	0.1%	0.04%	0
	X似Y无A	0	0	0	0	2	2	0
		0	0	0	0	0.2%	0.08%	0
	X比Y不A	0	0	0	0	5	5	61
		0	0	0	0	0.5%	0.2%	3.2%

下面我们从肯定形式和否定形式两个方面来对东汉至宋汉语异同比类形比句句式进行探讨。

一、肯定形式

从调查的情况来看,东汉至宋汉语异同比类形比句肯定形式的四种句式中,比较词都是互不相同的,这四个比较词分别为“与”、“和”、“于”、“乎”。

1.“与”字句式

“与”字句式即“X与YA”。

从上表可知,在所调查出的四种肯定形式的句式中,无论是用量还是比例[⑦],“X与YA”型句式基本都是最大的。在周秦西汉时,其用量就很大,比例也达到了6.3%。如:

(1)夫赏高罚下,而上无必知其道也,与无道同也。(《商君书·禁使》)

(2)孟子曰:“王子宫室、车马、衣服多与人同,而王子若彼者,其居使之然也。……”(《孟子·尽心上》)

从上表来看,到了东汉至宋,“X与YA”型异同比类形比句句式的用量大增,比例也比周秦西汉有所增大,为7.8%。在东汉至宋的四个阶段中,东汉和南北朝比例较大,都在9%以上,东汉更是接近10%,魏晋和唐宋比例稍小,但也都在5%以上,这说明在东汉至宋时期,“X与YA”型异同比类形比句句式仍有较强的生命力。为什么东汉至宋以前其使用相对如此频繁呢?这主要与介词“与”的特征与功能有关,当“与”作介词时,意义比较单一,主要是表“跟”、“和”、“同”等偕同义,而且“与”表比较时一直在谓语形容词之前,这种句法位置符合人们的认知心理,更符合汉语介词结构修饰语前移的趋势,因而到了东汉至宋,这一句式仍是人们表达异同比的最佳选择。即使到了现代汉语里,“X与YA”及其发展形式“X和(跟、同)YA”仍然大量使用。我们看上表中的其他三种类型的肯定句式,除了“X和YA”是“X与YA”的发展形式外,其余两种类型的比较词“于”、“乎”,既可以表示比较义,又可以表示处所义,而表比较义时又有异同比与差比之别,加之介词结构成分前移的发展趋势,因而这些类型的异同比类形比句句式的用量及比例基本不会超过“X与YA”型句式。如:

(3)畅草亦草野之物也,与彼桑谷何异?如以夷狄献之则为吉,使畅草生于周家,肯谓之不善乎?(《论衡·异虚》)

(4)后稷近于周,民户知之,世据以兴,基由其祚,本与汉异。(《东观汉记·传九·杜林》)

(5)世人多疑此事为虚诞,与不信神仙者正同也。(《抱朴子内篇·黄白》)

(6)所留之种,率皆精好,与世间绝殊,不可同日而语之。(《齐民要术·养羊》)

(7)而古语与今殊别,其间轻重清浊,犹未可晓;加以内言外言、急言徐言、读若之类,益使人疑。(《颜氏家训·音辞》)

(8)至周宣王时,太史史籀更着大篆十五篇,与古文或异,然不外六书之指。(《封氏闻见记·文字》)

(9)其中惟闭息一法,如能忘机绝虑,即与二乘坐禅相同。(《悟真篇·自序》)

与周秦西汉相比,东汉至宋时“X与YA”型句式的谓语形容词前一般多出现副词等修饰成分,这与状语的发展及语言表达的严密性都有很大的关系。

到了元明清,“X与YA”型句式的用量大为减少,比例也只有0.8%,从调查数据的反映来看,这可能与异同比类形比句用量在元明清整体减小以及“X与YA”句式的各种发展形式的使用有一定的关系。如:

(10)而今说一个人在万里之外,两不相知,这边预取下的名字,与那边原取下的竟自相同。(《二刻拍案惊奇》卷三十二)

(11)今铁公子为救侄女,触怒奸人,反堕身陷阱,被毒垂危……则是侄女存心与豺狼何异?(《侠义风月传》第六回)

2.“于”字句式

“于”字句式即“XA于Y”。

从上表不难看出,“XA于Y”型句式的用量及比例在古代汉语阶段呈总体下降趋势。其中,周秦西汉用量和比例都是最大的,分别为64例和6.8%,周秦西汉时“于”多表异同比与差比。如:

(1)呜呼!其在受德暋,惟羞刑暴德之人,同于厥邦;乃惟庶习逸德之人,同于厥政。(《尚书·立政》)

(2)叶公语孔子曰:“吾党有直躬者,其父攘羊,而子证之。”孔子曰:“吾党之直者异于是。父为子隐,子为父隐,直在其中矣。”(《论语·子路》)

(3)晏子曰:“臣闻大国贪于名,小国贪于实,此诸侯之通患也。……君之道义,殊于世俗,国免于公患。”(《晏子春秋·内篇杂上》)

(4)梁丘据谓晏子曰:“吾至死不及夫子矣。”晏子曰:“婴闻之,

为者常成,行者常至;婴非有异于人也,常为而不置,常行而不休者,故难及也。"(《说苑》卷三)

东汉至宋时,"XA 于 Y"型句式用例及比例大为下降,分别为 79 例和 3.1% 。就东汉至宋内部的四个阶段而言,除了魏晋时用量和比例相对较小外,其余三个时期都相对要大,单从使用比例来看四个阶段总体走势还算平稳。但到了元明清,统计数据却为零。"XA 于 Y"型异同比类句式的这种汉语史的变化特点,应该与汉语语序的变化趋势有关,为什么周秦西汉、东汉至宋及元明清三大时期相对下降明显,就是因为汉语语序中比较补语逐渐从谓语形容词后前移至谓语形容词之前作比较状语的缘故。到元明清时,这一过基本完成了,此期表异同比的"XA 于 Y"句式在口语中几乎不再使用了,取而代之的则是"X 与(和、同等)YA"型句式。东汉至宋用例如:

(5)府廷之内,吏舍比属,吏舍之形制,何殊于宅? 吏之居处,何异于民?(《论衡·诘术》)

(6)试使奚仲、公班之徒,释此四度,而效倕自制,必不能也;凡工妄匠,口规秉矩,错准引绳,则巧同于倕也。(《潜夫论·赞学》)

(7)人形性同于庶类,劳则早毙,逸则晚死。(《典论·论文》)

(8)权曰:"君与太子从事,异于他吏。"使中使慰劳,听复本职,发遣还郡。(《三国志·吴书·孙登传》)

(9)如来光明,殊于日月。能于恶世,演大智慧。(《大悲莲华经》卷第九)

(10)前者乳母赵娆,贵重天下,生则赀藏侔于天府,死则丘墓逾于园陵,两子受封,兄弟典郡。(《后汉书·蔡邕传》)

(11)其职僚异于余府,有左、右长史、左西曹掾、属各一人,余则同矣。(《宋书·百官志上》)

(12)若听更生,即有情之类,不断不灭;若不听更生,则永归寂灭,同于无情之物。(《六祖坛经·机缘品》)

(13)亮问江州刺史曰:"闻有孟嘉,其人何在"守曰:"在坐,君自认之。"俄然,指曰:"彼君少异于众,非嘉乎"曰:"然。"亮大笑,喜

得嘉。(《独异志》卷上)

(14)岐山西北十余里有周公祠,祠后山下泉涌出,甘冽特异于他所,土人谓之润德泉。(《独醒杂志》卷三)

3.**“乎”字句式**

“乎”字句式即“XA 乎 Y”。

从上表可以看出,“XA 乎 Y”型异同比类形比句句式在周秦西汉时的用量和比例相对较大,分别为 28 例和 3%,这是由于周秦西汉时介词“乎”多用来表异同比与差比的缘故。如:

(1)彼汾一方,言采其桑。彼其之子,美如英。美如英,殊异乎公行。(《诗经·魏风·汾沮洳》)

(2)世俗之人,皆喜人之同乎己而恶人之异于己也。同于己而欲之,异于己而不欲者,以出乎众为心也。(《庄子·在宥》)

到了东汉至宋,介词“乎”的用量明显减小,“乎”的语义表达多为“于”、“如”、“似”、“比”等所代替,因而“XA 乎 Y”型异同比类形比句句式的用量也受到影响而随之减小,仅发现 19 例,比例也只有 0.7%,相信如果只统计纯口语成分的话,这一比例将更小。从东汉至宋内部的四个阶段来看,东汉统计数据为零,其他三个时期用量比例都不大,而且从南北朝起,用量和比例明显减小,以至到元明清的统计数据为零。如:

(3)啜荈漱泉,而太牢同乎藜藿。(《抱朴子·内篇·畅玄》)

(4)是玩华藻于木末,而不识所生之有本也。何异乎贵明珠而贱渊潭,爱和璧而恶荆山。不知渊潭者,明珠之所自出;荆山者,和璧之所由生也。(《抱朴子内篇·塞难》)

(5)昔曹子抗质于柯盟,相如申威于河表,盖以决一旦之负,异乎百死之地也。(《后汉书·耿弇传》)

(6)今以其片言辩其要趣,何异乎夕死之类而论春秋之变哉。(《梁书·刘峻传》)

(7)问“十五志于学”。曰:“横渠用做实说,伊川用做假设说。……它底志学,异乎众人之志学;它底立,异乎众人底立;它底

不惑，异乎众人之不惑。”(《朱子语类·论语五》)

元明清时“XA 乎 Y”型句式的统计数据为零，也是由于到了元明清，异同比的表达多选用“X 与(和、同等)YA”型句式的缘故。

4.“和”字句式

“和”字句式即“X 和 YA”。

从上表来看，“X 和 YA”型异同比类形比句句式的使用主要是唐宋以后的事。从上文的分析来看，汉语史上“XA 于 Y”与“XA 乎 Y”型句式的使用总体呈减小趋势，其一部分语义表达被“X 与 YA”型句式所代替，尤其到了元明清，“XA 于 Y”与“XA 乎 Y”型句式的语义表达基本为“X 与 YA”型句式所代替。到了东汉至宋后期，“X 与 YA”型句式则一部分发展为“X 和 YA”等形式，这与介词“和”的语义演变以及介词“与”与“和”的替换[8]有一定的关系。从调查的语料来看，东汉至宋只在唐宋时发现 1 例，另外元明清也仅发现 1 例，即：

(1)第一内药还同外药，内通外亦须通。丹头和合类相同，温养两般作用。(《悟真篇》下卷)

(2)你说的是，我也心里这般想着，你说的恰和我意同，只除那里好。(《老乞大》)

到了现代汉语中，“X 和 YA”型异同比类形比句句式才得到大量使用，但东汉至宋后期无疑是这一句式的重要萌芽时期。

二、否定形式

上文分析了四种肯定形式的异同比类形比句句式，下面将分析否定形式的异同比类形比句句式。从比较词的角度来看，东汉至宋时发现的十种句式又可以分为以下五种类型：“与”字句式、“于”字句式、“如”字句式、“似”字句式、“比”字句式。

1.“与”字句式

“与”字句式具体又包括五种句式，即“X 不与 YA”、“X 与 Y 不 A”、“X 无与 YA”、“X 与 Y 无 A”、“X 与 Y 无以 A”。这五种句式的否定词不尽相同,如果从否定词的角度来看,表否定的“与”字句式又可分为三种,即否定词为“不”的句式、否定词为“无”的句式,否定词为“无以”的句式。

1.1 否定词为“不”的句式

否定词为“不”的句式包括两种句式,即“X 不与 YA”、“X 与 Y 不 A”。

1.1.1 X 不与 YA

“X 不与 YA”型异同比类形比句句式是“X 与 YA”型句式的否定形式之一,这种句式的特征就是把否定词“不”前置于介词结构“与 Y”。从上表来看,这种句式的使用在古代汉语时期总体比例都不是很大,周秦西汉也仅为 1.1%,如:

(1)今官之师旅,无乃实有所阙,以携诸侯,而罪我诸戎。我诸戎饮食衣服,不与华同,贽币不通,言语不达,何恶之能为?(《春秋左氏传·襄公十四年》)

到了东汉至宋,其总体比例进一步下降,为 0.7%,这种下降与东汉至宋时“X 与 Y 不 A”型句式用量大增有着密切的关系。这里牵涉到一个语序的问题,从汉语史的发展来看,谓语前的否定副词修饰语的位置发展趋势是,从前置或后置于介词结构到逐步后置于介词结构,东汉至宋时期正是这一语序的大力变更时期。正因如此,在上表中,我们不难发现,东汉至宋时随着“X 不与 YA”型句式用量的减少,而“X 与 Y 不 A”型句式的用量却呈稳步增多的趋势。再看东汉至宋内部的四个阶段,“X 不与 YA”型句式的使用比例在东汉魏晋时还比较平稳,与周秦西汉差别不大,但到了南北朝及唐宋时,其比例明显降低,这种变化正是上面所说的汉语语序的变化所引起的,我们将其与“X 与 Y 不 A”型的变化比较一下不难发现,“X 与 Y 不 A”型句式的变化正好与“X 不与 YA”型句式相反,即南北朝及唐宋时比例明显上升,这也进一步说明了南北朝唐宋正是“X 不与 YA”型句式向“X 与 Y 不 A”型句式转化的重要时期。如:

(2)今大山广长不与人同,而其精神不异于人。(《论衡·纪妖》)

(3)卧,化也,精气变化,不与觉时同也。(《释名·释姿容》)

(4)或纵目,或乘龙驾虎,冠服彩色,不与世同,皆有经图。(《抱朴子内篇·杂应》)

(5)今陛下乃欲以十世之武帝,远讳实事,岂不与桓公异哉?(《后汉书·孔僖传》)

(6)崇祖闻陈显达李安民皆增给军仪,启上求鼓吹横吹。上敕曰:"韩、白何可不与众异。"给鼓吹一部。(《南齐书·垣崇祖传》)

(7)有《题大慈寺芍药》云:"浮花不与众花同,为感高僧护法功。繁影夜铺方丈月,异香朝散讲筵风。……"(《鉴诫录·布燮朝》)

(8)问:"老子似不与杨朱同。"曰:"老子窥见天下之事,却讨便宜置身于安闲之地,云'清静自治',岂不是与朱同?"(《朱子语类·孟子十》)

周秦西汉时,"X 不与 YA"型句式的谓语形容词多为"同","异"义类的词较少。从实际调查来看,东汉至宋时,"异"义类词的使用频率要稍大于周秦西汉。

到了元明清,"X 不与 YA"型句式仅发现 1 例,其语义表达形式基本上被"X 与 Y 不 A"型句式所代替,这一点在上表的统计数据中表现得非常明显,这里不再细说。

1.1.2 X 与 Y 不 A

"X 与 Y 不 A"型异同比类形比句句式也是"X 与 YA"型句式的否定形式之一,这种句式的特征就是把否定词"不"后置于介词结构"与 Y"。周秦西汉时这种句式的使用比例达到了 0.7%,仅次于"X 不与 YA"型句式,如:

(1)夫乐者,与音相近而不同。(《礼记·乐记》)

(2)不至尺之不至也,与不至千里之不至不异,其不至同者,远近之谓也。(《墨子·大取》)

从上表来看,在所调查出的九种否定形式的句式中,"X 与 Y 不 A"型句式是东汉至宋和元明清时期用量和比例最大的一种。这种原因我们在上文对“X不与YA”型句式的分析中已经谈到过，主要是由于到了东汉至宋以后，形比句中谓语前的否定副词修饰语句法位置发生了变化，即由从前置或后置于介词结构到逐步后置于介词结构。从上表来看，这一变化主要出现于南北朝时期，南北朝时，“X与Y不A”型句式的使用比例为3.7%，而之前各个时期的使用比例都没有超过1%，并且南北朝时“X不与YA”型句式及“X无与YA”型句式的使用比例都明显变小。就总体而言，与周秦西汉相比，东汉至宋“X与Y不A”型句式的用量与比例都明显增大，其统计数据分别为85例与3.3%。如：

(3)夫畅草可以炽酿，芬香畅达者，设自生于周朝，与嘉禾、朱草、蓂荚之类不殊矣。(《论衡·异虚》)

(4)夫神仙之法，所以与俗人不同者，正以不老不死为贵耳。(《抱朴子内篇·道意》)

(5)管宁、华歆共园中锄菜，见地有片金，管挥锄与瓦石不异，华捉而掷去之。(《世说新语·德行》)

(6)数岁之后，便结子，实芬芳，香、形、色与蜀椒不殊，气势微弱耳。(《齐民要术·种椒》)

(7)见身无实是见佛，了心如幻是了佛。了得身心本性空，斯人与佛何殊别？(《祖堂集·拘留孙佛》)

(8)宏礼曰：“臣所学相术，凡人之相有类陛下者，不得善终。臣闻圣人不相，故知圣人与世凡不同尔。”(《续世说·术解》)

元明清时，与东汉至宋相比，“X与Y不A”型句式的用量及比例都相对减小，分别为25例与1.3%，这可能与元明清异同比类形比句用量的总体相对较小有关，至少从所调查的语料来看如此。如：

(9)行者道：“你不知帝王之居，与府县自是不同。你看他四面有十数座门，周围有百十余里，楼台高耸，云雾缤纷。非帝京邦国，何以有此壮丽？”(《西游记》第六十二回)

(10)恰好绍闻同儿子自书房出来，器宇俊逸，与从前大不相同。

(《歧路灯》第九十五回)

1.2　否定词为“无”的句式

否定词为“无”的句式包括两种句式,即“X 无与 YA”、“X 与 Y 无 A”。

1.2.1　X 无与 YA

“X 无与 YA”型异同比类形比句句式也是“X 与 YA”型句式的否定形式之一,这种句式的特征就是把否定词“无”前置于介词结构“与 Y”。从上表来看,这种句式的使用量在古代汉语时期较小,在调查的语料中,总共只发现 5 例,南北朝以后没有发现用例。其中,周秦西汉发现 3 例,如:

(1)田开疆曰:“吾仗兵而却三军者再,若开疆之功,亦可以食桃,而无与人同矣。”援桃而起。(《晏子春秋·内篇谏下》)

(2)古冶子曰:“吾尝从君济于河,鼋衔左骖以入砥柱之流。……若冶之功,亦可以食桃而无与人同矣。二子何不反桃!”抽剑而起。(《晏子春秋·内篇谏下》)

东汉至宋只在魏晋南北朝时发现 2 例。这种用量较少的情况与“无”形比句否定词的用量以及否定词“无”与介词结构“与 Y”的位置变化有关。从统计的数据来看,否定词“无”的用量与“不”相比还是要小得多,这与用语的习惯及“无”不如“不”作否定词语义相对单一有关,另外,正如上文关于谓语前否定副词修饰语位置发展趋势的分析,“无”位于介词结构“与 Y”前的语义表达多为“X 与 Y 无 A”型句式所替代,关于这一点,只要看看上表中有关“X 与 Y 无 A”型句式的统计数据就不言自明了。东汉至宋 2 例如下:

(3)木弓短下长上,竹箭或铁镞或骨镞,所有无与儋耳、朱崖同。(《三国志·魏书·东夷传》)

(4)何与军覆于中原,身膏于草野,功败名丧,耻及先祖哉?圣人转祸而为福,智士因败而为功,愿明公深计而无与俗同。(《后汉书·冯衍传》)

1.2.2　X 与 Y 无 A

"X 与 Y 无 A"型异同比类形比句句式也是"X 与 YA"型句式的否定形式之一,这种句式的特征就是把否定词"无"后置于介词结构"与 Y"。从上表来看,在调查的语料中,周秦西汉时"X 与 Y 无 A"型句式的统计数据为零。东汉至宋时,魏晋阶段使用比例相对最大,为 1.8%,但从南北朝以后就逐渐变小,到元明清仅为 0.1%。这种变化趋势与"X 与 Y 不 A"型句式对"X 与 Y 无 A"型句式的替换不无关系,因为"无"的文言色彩较浓,加之"无"表否定时意义比"不"复杂,因而"不"对"无"的替换是很自然的事情。正因如此,从上表来看,"X 与 Y 无 A"型句式在南北朝到唐宋阶段,使用比例逐渐减小,相反,"X 与 Y 不 A"型句式的使用比例则逐渐增大⑨。如:

(1)或曰:"桓公实无道,任贤相管仲,故能霸天下。"夫无道之人,与狂无异,信谗远贤,反害仁义,安能任管仲?能养人令之?(《论衡·书虚》)

(2)孙霸,字子威,和(同母)弟也。和为太子。霸为鲁王,宠爱崇特,与和无殊。(《三国志·吴书·孙霸传》)

(3)问言:"失来二月,云何此觅?"答言:"我失钎时画水作记,本所画水与此无异,是故觅之。"(《百喻经·乘船失钎喻》)

(4)率鱼一斗,曲末四升,黄蒸末一升……二七日便熟。味香美,与生者无殊异。(《齐民要术·作酱等法》)

(5)二童曰:"胡为其然!吾国与汝国无异,不信,盍从吾游。或能使留,则君无生死苦矣。"(《玄怪录·张左》)

(6)师上堂,因示徒云:"过去如许多诸圣,乃至今时老宿,出头来尽道'我愿度一切众生,成道成果,与我无异。'……"(《祖堂集·保福》)

(7)孟子曰"居天下之广居",则亦与己之广居无异。(《朱子语类·论语十四》)

1.3 否定词为"无以"的句式

否定词为"无以"的句式只包括一种句式,即"X 与 Y 无以 A"。

"X 与 Y 无以 A"型异同比类形比句句式也是"X 与 YA"型句式

的否定形式之一,这种句式的特征就是把否定词"无以"后置于介词结构"与Y"。从上表来看,这种句式的用量极少,在所调查的语料中,仅见4例,其中东汉至宋2例。这4例如下:

(1)庶人无侧室者,及月辰,夫出居群室。其问之也,与子见父之礼无以异也。(《礼记·内则》)

(2)夫日者,天之火也,与地之火无以异也。地火之中无生物,天火之中何故有乌?(《论衡·说日》)

(3)弘而不毅,如近世龟山之学者,其流与世之常人无以异。毅而不弘,如胡氏门人,都恁地撑肠拄肚,少间都没顿着处。(《朱子语类·论语十七》)

(4)自陈坊墟西行荒野之中,中洼如岩,岩中突石,盘错蹲踞,但下无深坠之隙,中无渊涵之水,与前所过石桥村南洼陂突石无以异也。(《徐霞客游记·粤西游日记二》)

就东汉至宋而言,"X与Y无以A"型句式用量较少的原因主要是,在表比较义时,"无以"作否定词本来就不多,加之东汉至宋时"X与Y不A"型句式对其他否定类型句式的强势排挤与替换,从而使得"X与Y无以A"型句式用量相对极少。

2."于"字句式

"于"字句式只包括一种句式,即"X不A于Y"。

"X不A于Y"型句式是"XA于Y"型句式的一种否定形式,从上表来看,这种句式在周秦西汉用例相对较多,为7例,主要见于《韩非子》与《盐铁论》。如:

(1)夫道者、弘大而无形,德者、核理而普至。至于群生,斟酌用之,万物皆盛,而不与其宁。道者、下周于事,因稽而命,与时生死。参名异事,通一同情。故曰道不同于万物,德不同于阴阳,衡不同于轻重,绳不同于出入,和不同于燥湿,君不同于群臣。(《韩非子·扬权》)

(2)今盐、铁、均输,所从来久矣,而欲罢之,得无害先帝之功,而妨圣主之德乎?有司倚于忠孝之路,是道殊而不同于文学之谋也。

(《盐铁论·非鞅》)

东汉至宋时,仅在东汉语料中发现2例,东汉以后就没再发现用例。“X不A于Y”型句式的这种变化主要是与“XA于Y”型句式的用量及比例总体下降有关。从上表及上文的相关分析可知,东汉以后,“XA于Y”型句式的用量及比例明显下降,而且呈递减趋势,“XA于Y”型句式的变化当然要不可避免地影响到其否定形式“X不A于Y”型句式的使用。东汉的2例全部见于《论衡》,即:

(3)有人于此,文偶仲舒,论次君山,终不同于二子者,姓名殊也。(《案书》)

(4)古今圣王不绝,则其符瑞亦宜累属。符瑞之出,不同于前,或时已有,世无以知,故有《讲瑞》。(《须颂》)

3.“如”字句式

“如”字句式只包括一种句式,即“X如Y无A”。

从上表的统计数据来看,“X如Y无A”型句式主要见于南北朝与唐宋时期。从所调查出的实际用例来看,全部见于东汉至宋佛经与敦煌变文中有关佛经的语料中,而佛经以外的中土文献并未发现用例。因而表异同比的“X如Y无A”型句式应该说是一种较为特别的句式。这种句式可能是受“X与Y无A”型句式或“X与Y不A”型句式的同化影响而来的,当然也与“如”的语义虚化有关,因为“如”在东汉至宋后期已经可表作比较的虚词“与”的意义了。用例如:

(1)大王当知,我等已往庄校彼园,所有之物如此无异。(《大悲莲华经·大施》)

(2)是人闻已,其心惊愕,叹未曾有,寻发妙愿,于诸众生生大悲心,如我无异,作是愿言……(《大悲莲华经·诸菩萨本受记》)

(3)一者了了,自知己身有苦,二者知众生苦如己受苦,为断彼苦,如己无异。(《优婆塞戒经·发菩提心》)

(4)喻如入海无殊,恰似求珠不异。若能入海,必遇金银。(《敦煌变文集·维摩诘经讲经文》)

(5)以此今日,并得生天。承前所修,于欲不染。相见犹如兄弟姊妹无异也。(《敦煌变文集·佛说观弥勒菩萨上生兜率天经讲经文》)

4."似"字句式

"似"字句式包括两种句式,即"X似Y不A"、"X似Y无A",这两种句式的否定词不同,分别为"不"和"无"。

4.1 X似Y不A

在古汉语形比句中,"似"一般可在相似比类形比句及差比类形比句中作比较词,构成"X似YA"或"XA似Y"句式,但其出现时间较晚,主要在唐宋以后才逐渐有这种用法。受相似比类形比句句式"X似YA"的影响,"似"也可适用于异同比类形比句句式,但从调查的语料来看,其使用范围较为有限,主要用于谓语为"异"的否定句,用例也不多。本文只发现"X似Y不A"与"X似Y无A"两种句式,其中,"X似Y不A"型句式从句式结构来看,可能与异同比类形比句句式"X与Y不A"结构的同化影响也有一定的关系。"X似Y不A"型句式只在敦煌变文中发现1例,即:

喻如入海无殊,恰似求珠不异。(《敦煌变文集·维摩诘经讲经文》)

4.2 X似Y无A

"X似Y无A"型句式与"X似Y不A"型句式在本质上没有太大的区别,两者结构相同,成因也应该没有什么区别,其区别主要是否定词的不同。从调查的语料来看,"X似Y无A"型句式只有2例,也只见于敦煌变文,如下:

(1)忽出门看,遂见元皓来至子京前,还似平生无异。(《敦煌变文集·搜神记》)

(2)是时慈母闻唤数声,抬身强强起来,状似破车无异,于是牛头把捧(棒),狱卒擎叉。(《敦煌变文集·目连缘起》)

从用例范围来看,"X似Y无A"型句式与"X与Y不A"型句式应该是较为特殊的两种句式,由于用例太少,尚无法作进一步的探讨。

5.“比”字句式

“比”字句式只包括一种句式,即“X 比 Y 不 A”。

“X 比 Y 不 A”型句式是“X 比 YA”型句式的否定形式。从调查的情况来看,“X 比 YA”型句式主要用于相似比类和差比类形比句中,其否定形式主要有两种,即“X 比 Y 不 A”与“X 不比 YA”,其中,前者主要见于异同比类形比句中,后者主要见于差比类形比句中,这里主要讨论“X 比 Y 不 A”用于异同比类形比句的情况。从调查的语料来看,表异同比的“X 比 Y 不 A”型句式在东汉至宋时用例不多,仅见5例,均见于《朱子语类》[10]。如下:

(1)月令比尧之历象已不同。今之历象,又与月令不同。(《礼四》)

(2)问:“遗书有一段云:‘“致知在格物”,物来则知起。物各付物,不役其知,则意自诚。’比其它说不同,却不曾下格物工夫。”曰:“不知此一段如何。”(《程子之书三》)

(3)孟施舍本与北宫黝皆只是勇夫,比曾子不同。(《孟子二》)

(4)庄子比老子便不同。庄子又转调了精神,发出来粗。列子比庄子又较细腻。(《老氏》)

这一句式元明清用例较多,共发现61例。如:

(5)妇人的口气,更比男子不同,竟是带讲带骂说:“从来慕富嫌贫是女家所做之事,那一本戏文小说不是男家守义,女家背盟……”(《今古奇观》第五十二卷)

从实际用例来看,表异同比的“X 比 Y 不 A”型句式的谓语形容词一般为“同”,很难发现有“异”类词。

6.非东汉至宋的几种句式

另外,在语料的调查过程中,还发现了其他几种否定句式,只是这些句式仅在周秦西汉或元明清语料中有一些用例,东汉至宋语料中尚未发现用例,这里也一并列出。这些句式是:X 无以 A 于 Y(周秦西汉,3 例)[11]、X 无 A 于 Y(周秦西汉,1 例)、X 不比 YA(2 例)。

需要特别说明的是,这里仅仅是就调查的语料而言,如果语料调查的范围再大些,这些句式可能有更多的用例,也有可能适用于东汉至宋。如:

(1)曰:"异于白马之白也,无以异于白人之白也;不识长马之长也,无以异于长人之长与?且谓长者义乎?长之者义乎?"(《孟子·告子上》)

(2)其言议谈说已无异于墨子矣,然而明不能别。(《荀子·儒效》)

(3)我不学他们直偷。我只摇身一变,也变成个香芋……岂不比直偷硬取的巧些?(《红楼梦》第十九回)

以上十四种异同比类形比句句式仅就调查的语料而言,从调查的情况来看,肯定形式中,X 与 YA 型句式的用量和使用比例最大,否定形式中,X 与 Y 不 A 型句式的用量和使用比例最大。

说明:

①冯春田(2000)称为"动比句"。

②本文将古汉语分为三个时期,即:周秦西汉时期、东汉至宋时期、元明清时期,其中,东汉至宋时期内部又细分为四个阶段,即:东汉阶段、魏晋阶段、南北朝(含隋)阶段、唐宋阶段。本文的研究以中古为主,但为了便于汉语史的沟通,本文也兼及周秦西汉和近现代。

③黄晓惠(1992):"本文考察了差比句式由古到今的演变,认为汉语比较范畴还有一种泛比状态与平比、差比、极比并存,与它对应的泛比句式通常只强调比较的结果,并往往在语义上涵括了平比、差比和极比状态。"

④指"比"字比较句而比较语(即谓语部分)是疑问代词的句子,它不同于差比句式表示疑问的一类。以上见冯春田(2000)。

⑤为了结论的可靠性,本文在研究中调查了大量典型的语言材料,包括周秦西汉语料 31 部,东汉语料 11 部,魏晋语料 22 部,南北朝语料 16 部,唐宋语料 29 部,元明清语料 27 部,具体可见陈明富博士论文《中世汉语比较类形容词谓语句研究》,2007,南京大学。

⑥X 为比较主项,Y 为比较客项,A 为比较结果(含可能出现的比较值),下同。

⑦使用比例是指量性状语用例数量在同期形比句用例总量中所占的比例,在调查的语料中,周秦西汉形比句用例总量为 935 个,东汉至宋为 2577 个(其中东汉 395 个,魏晋 279 个,南北朝 961 个,唐宋 942 个),元明清为 1909 个。

⑧指在表异同比的情况下。

⑨"X 与 Y 不 A"型句式的使用比例由南北朝到唐宋时逐渐增大的原因不仅如此,还与"X 不与 YA"等类型句式的变化有关,可参见上文的分析。

⑩冯春田(2000)通过调查发现,这种句子大约始于宋代,但并不多见,而明末至清代的文献中较为常见。

⑪均见于《孟子》。

注释:

[1]冯春田著,《近代汉语语法研究》,济南:山东教育出版社,2000 年版。

[2]马建忠著,《马氏文通》,北京:商务印书馆,1983 年版。

[3]吕叔湘著,《中国文法要略》,北京:商务印书馆,1982 年版。

[4]高名凯著,《汉语语法论》,北京:商务印书馆,1986 年版。

[5]赵元任著,《汉语口语语法》,北京:商务印书馆,1979 年版。

[6][日]太田辰夫著,《中国语历史文法》,北京:北京大学出版社,1987 年版。

[7]向熹著,《简明汉语史》,北京:高等教育出版社,1998 年版。

[8]杨伯峻、何乐士著,《古汉语语法及其发展》,北京:语文出版社,2001 年版。

[9]刘焱著,《现代汉语比较范畴的语义认知基础》,上海:学林出版社,2004 年版。

(原载《河南科技大学学报》2011 年 02 期,陈明富)

古汉语形比句量值补语的历时考察

形比句是比较句的一个类别，指谓语是形容词及形容词性成分的比较句①。汉语比较句的研究最早可以追溯到1898年的《马氏文通》，马建忠在介绍"静字"时说："同一静字，以所肖者浅深不能一律，而律其不一，所谓比也。象静为比有三：曰'平比'，曰'差比'，曰'极比'。"[1]此后比较句一直是汉语语法研究的内容之一，一些著名语法学家也都对比较句进行过探讨，如吕叔湘[2]、高名凯[3]等。从汉语史的角度对比较句进行深入研究的，主要是从20世纪八九十年代开始的，相关的文章与论著较多，如章新传[4]、黄晓惠[5][6]、史佩信[7]、殷志平[8]、赵金铭[9]、张赪[10]、刘焱[11]等，形比句的研究也主要体现在这些文章与论著中。我们研究形比句可以把比较句与形容词谓语句结合起来进行考察，因为从谓语的角度而言，形比句也属于形容词谓语句的一个类别。自从朱德熙把形容词分为性质形容词与状态形容词之后[12][13]，学者们便对这两类形容词进行了不断的深入探讨。形比句的谓语主要是性质形容词，性质形容词有一个重要特点就是含量的变化。李宇明说："'量'是人们认知世界、把握世界和表述世界的重要范畴。在人们的认知世界中，事物（包含人、动物）、事件、性状等无不含有'量'的因素。"[14]量性特征是形容词的一个重要特征，近些年来，学者们对形容词的量性特征进行了较多探讨，如沈家煊[15]、张国宪[16][17]、李宇明[18]、刘焱[19]等。状态形容词表量主要是定量，是一个量点，因而状态形容词及其成分很难进入对量变要求较高的形比句中，性质形容词表量主要是变量，因而形比句的谓语主要是性质形容词及其成分。尽管形比句在谓语部分已经标示了一定的量的差别与变化，但为了进一步突出比较项之间量的差别度，形比句还往往在状语与补语部分使用一些具有量性的句法成分。李宇明根据形容词的量性特征，对形容词表量的级次进行了研究，并把与形比句关系密切的横向与纵向级次分为六级，列为不等式的形式为：超最级〉最高级〉较高级〉原级〉较低级〉略微级[20]。这一点在形比句的量值状语部分表现较为明显，但在量值补语部分表现却并不突出。因为形比句的量值补语并不表现出明显的级次差别，而是主要表现为实虚及确约②的区别。在汉语史上这种量值补语有什么样的分布与演变呢？本文主要就这一问题对古汉语的情况进行探讨。

通过对大量的文献进行调查发现，带量值补语的形比句③在元代以前相对不多，元明清时相对较多。在所考察的文献④中，周秦至唐宋仅发现58例，其中，周秦6例，两汉12例，魏晋8例，南北朝11例，唐宋11例；元明清时用量大增，共发现了159例。

为了弄清楚古汉语形比句量值补语的分布及其演变规律，我们有必要对各个时期进行具体分析。首先来看周秦时期的6个用例：

(1)孟季子问公都子曰："乡人长于伯兄一岁，则谁敬？"曰："敬兄。"(《孟子·告子上》)

(2)韩之轻于天下亦远矣，今之所争者，其轻于韩又远。(《庄子·让王》)

(3)梁丘据、裔款言于公曰："吾事鬼神，丰于先君有加矣。……"(《晏子春秋·外篇上七》)

(4)(司射)遂以奇筭告，曰："某贤于某若干纯。"——奇则曰奇，均则曰左右钧。(《礼记·投壶》)

(5)有胜，则司射以其算告曰："某党贤于某党，贤若干纯。"——奇则曰奇，钧者曰钧。(《大戴礼记·投壶》)

以上6例中的量值补语主要用于长幼类、强弱类、轻重类及多少类的性质形容词谓语后，从表量的性质来看，仅有表长幼类的形容词"长"后的量值补语"一岁"为确量，其余5个量值补语均表约量。从表量的成分来看，有数量短语"一岁"，有类似数量短语的名词性成分"若干纯"，有性质形容词"远"，有动词性成分"有加"。综观这几个量值补语，虽然都表量，但除了一个数量短语"一岁"外，大多为非数量成分。周秦时形比句的量值补语为什么多用非数量成分，并且多表约量呢？首先，周秦时数量表达还远远不够发达，尤其是量词的使用较少，除了度量衡量词及一些集体量词外，个体物量词总体来看还不丰富，动量词的出现则更是中古以后的事[5]。量词发展的滞后在一定程度上影响与制约了周秦汉语数量短语的表达，进而也影响了形比句量值补语的选择与使用，尤其是确量补语使用较少。另外，从形比句本身来看，充当谓语的主要是性质形容词及其成分，性质形容词在表量时具有可变性与模糊性的特征，它主要表示一个具有可调节性的量域。对其量值补语而言，约量比确量更具有可变性与模糊性，约量往往更符合人们表达的实际与心理，因为人们在比较事物的强弱高下时，很多情况下并不是非得寻求一个确切的量值，而只是用一个大约的量来标示其区别而已，况且有些区别根本就无法找到一个确值来表达。因而在周秦汉语中，形比句的量值补语以约量居多不足为奇，即使在后世的形比句中，约量补语仍然占绝大多数。

两汉发现的 12 个用例中，有 11 例为《史记》用例，另 1 例为《论衡》用例。在《史记》的 11 例[6]中，量值补语均为数量短语，全部用于长幼类性质形容词后，《论衡》中 1 例的量值补语为性质形容词，举例如下：

(6)颜回者，鲁人也，字子渊。少孔子三十岁。(《史记·仲尼弟子列传》)

(7)言偃，吴人，字子游。少孔子四十五岁。(《史记·仲尼弟子列传》)

(8)高祖诛项羽，折铁；武王伐纣，摧木。然则汉力胜周多矣。(《论衡·恢国》)

从实际用例来看，两汉时量值补语主要有两种，一种为表确数的数量短语，主要是置于表长幼类性质形容词“少”后来标示年龄的差别，一种为表多少类的性质形容词“多”，这两种量值补语都没有超出周秦时的范围。其中，《史记》中虽然发现了 11 个用表确量的数量短语来做形比句的量值补语的用例,但从某种意义上来讲,这11例实际上只能算作1例的重复使用,因为除了具体数值不同外,其句法位置、句法成分与句型结构完全相同,因而在两汉量值补语上,并不能说表确量的数量短语占多数,从汉语史上看,这也是不符合事实的。总之,从调查的情况来看,两汉汉语形比句的量值补语主要是性质形容词与位于长幼类形容词后表确量的数量短语。

魏晋时形比句的量值补语以性质形容词为主,请看下列用例:

(9)昔项羽背范增之谋,以丧其王业,绍之杀田丰,乃甚于羽远矣!(《三国志·魏书·刘表传》)

(10)观年少严二十余岁,而与严通狎如时辈云。(《三国志·蜀书·杨戏传》)

(11)时恢众少敌倍,又未得亮声息……(《三国志·蜀书·李恢传》)

(12)何况人类,信心受持,过逾于彼百千万倍,不可为比。(《撰集百缘经·五百雁闻佛说法缘》)

(13)诸有百疾之在目者皆愈,而更加精明倍常也。(《抱朴子内篇·杂应》)

(14)此亦……其与凡物不同亦远矣,亦复何疑于千岁哉?(《抱朴子内篇·对俗》)

(15)泥壤易消者也,而陶之为瓦,则与二仪齐其久焉。(《抱朴子内篇·至理》)

从上面几个用例来看,魏晋时形比句的量值补语主要是性质形容词与数量短语。其中性质形容词为表远近类的"远"与表时间类的"久",数量短语有两种,一种为表年龄的"二十余岁",一种为表倍数的"百千万倍"及其变化形式"倍"、"倍常"⑦等。其中"百千万倍"是数值上的虚夸用法,并非表真实的量,应该是一个虚量,"倍"与"倍常"看似表达一个确量,实际仍是约量,因为"倍"表数值时本身具有很大的模糊性及主观性,很难确定其精确数值。因而从魏晋语料来看,形比句的量值补语主要是性质形容词及表约量的数量短语或其相关的变异形式。

南北朝时量值补语主要有四种,一种是性质形容词及由之构成的短语,主要有表多少类的“多”,表远近类的“远”及其短语等;一种是表确量的数量短语,只1例,位于长幼类性质形容词后表年龄差;一种是表约量的数量短语,如“四分有余”;一种是表虚量的数量短语,主要有“百千万倍”、“数千万倍”、“十倍有余”等,它们多表倍数,主要见于《贤愚经》,这些数量短语尽管也有表约量的成分,但就其表达目的而言主要是夸大比较的差距,因而看作虚量较好。其用例如:

(16)(勖)始知后汉至魏,尺度渐长于古四分有余。(《宋书·历志上》)

(17)计用人功,轻于车运十倍有余,不费牛力,又不废田。(《魏书·刁雍传》)

(18)作琴瑟等弦,清鸣响彻,胜于凡丝远矣。(《齐民要术·种桑、柘》)

(19)王夷甫长裴成公四岁,不与相知。(《世说新语·方正》)

(20)洎于齐末,秘书缮写,贤於往日多矣。(《颜氏家训·杂艺》)

(21)贤者对曰:“更有可畏剧汝数倍。”(《贤愚经·海神难问船人》)

(22)其人命终……殊胜于汝数千万倍。(《贤愚经·海神难问船人》)

唐宋时性质形容词及由之构成的短语作量值补语的情况大大减少,仅见两例,只是表远近类的“远”及其短语“殊远”,此期用数量短语表量值补语的情况也不多,而准数量短语及其他形式的量值补语却相对多起来,例如:

(23)及刺永嘉……又愈于扬子南零殊远。(《煎茶水记》)

(24)如李德林来受驱策……胜于麒麟、凤凰远矣。(《续世说·赏誉》)

(25)唯北狄乐声,比教坊乐下二均。(《梦溪笔谈·乐律二》)

(26)公西华较细腻得些子,但也见不透。(《朱子语类·论语二十二》)

(27)今日有人做亦得,只是又较难些子!(《朱子语类·程子门人》)

(28)窃观圣贤之间,惟两答问最亲切极至……(《朱子语类·朱子十五》)

从上述用例不难看出,到唐宋时,作量值补语的性质形容词较前代减少,而且数量短语也大为减少,真正的数量短语只有表确量的“二均”,其他如“些子”等都不能算作数量短语,“极至”则根本就不是数量表达,这些表达都表约量。由此可见,与前代相比,到唐宋时,汉语形比句的量值补语已经发生了很大的变化。

这种变化对元明清汉语有较大的影响。元明清时,性质形容词作形比句量值补语的情况共有 10 例,主要是多少类的“多”,另有远近类的“远”及时间类的“早”,这些用例有 9 例见于清代,只有 1 例见于明代。确量作量值补语的有 16 例,都是用数量短语来表达,其中 13 例见于明代,3 例见于清代,这些确量较前代又有所发展,它们分别位于高下类性质形容词“高”,长幼类性质形容词“少”、“长”、“大”、“小”,数量类性质形容词“少”,长度类性质形容词“长”,贫富类性质形容词“穷”,时间类的性质形容词“迟”,阔窄类的性质形容词“阔”等后面。约量作量值补语的仍然较多,共 110 例,表达形式又比前代显得多样。它们大多不用数量短语表达,其中,用数量短语表达的仅有 13 例,主要是“三四分”、“十多岁”、“五尺多些”、“五尺许”、“四五岁”、“十几岁”、“二十几位”、“头十岁”等,同时也有用于这些形容词的动态结构中的情况,但用例较少;非数量短语,有 97 例,主要有“些”、“好些”、“些个”、“分毫”、“好几倍”、“多少”等等。另外,此期量值补语还发现了不少虚量表达,共 23 例,主要有“十倍”、“三分”、“十分”、“十二分”、“百倍”、“千倍”、“万倍”、“万万倍”等,它们看似确量的表达形式,但却都不表实际数量,而是表达一个主观上的大量[8],是一个虚量,属语用上的夸张用法。与魏晋南北朝时的虚量用法相比，此期的虚量表达不仅有约数的形式，更多的是采用了确数的形式。此期的用例如：

(29)早修起了，比在前高二尺阔三尺，如法做的好。(《老乞大》)

(30)这马家的是官宦，张家是财主，比梁鸿差得多哩！(元无名氏《孟德耀举案齐眉》)

(31)这大户人家，却不强似客店多少！(《水浒传》第七十三回)

(32)行者喝道："……我老孙比那王位还高千倍，他敬之如父母，事之如神明……"(《西游记》第七十一回)

(33)跳下他的帽子来，钉在树头上……只是比他略长了三五寸，口里也那般念着，赶上前叫道："走路的，等我一等。"(《西游记》第七十四回)

(34)袁绍大喜曰："吾得云长，胜颜良、文丑十倍也。"(《三国演义》第二十六回)

(35)你的性灵比我竟强远了……(《红楼梦》第九十一回)

(36)你现今比我大十四五岁，就是你不见，我将来是一定见哩。(《歧路灯》第三十九回)

(37)咱们都是该穷的，你要比我先穷二十年哩。(《岐路灯》第六十九回)

(38)因为阴天，所以比平常更黑得早，于是喊店家拿盏灯来。(《老残游记》第六回)

上面用例中，(29)、(37)量值补语为确量，由数量短语充任；(30)、(35)、(38)量值补语为约量，由性质形容词充任；(33)、(36)量值补语为约量，由数量短语充任；(31)量值补语为约量，由非数量短语充任；(32)、(34)量值补语为虚量，由数量短语充任，这些数量短语看似确量，实际上在句中表达的是一个虚量，具有夸张的语用作用。

根据上文的分析，我们不难看出古汉语形比句量值补语的演变特点。古汉语形比句量值补语的大量使用主要在元明清时期，共发现159例;此前发现不多,只有58例。从调查的语料来看,古汉语形比句的量值补语主要由实量充当,虚量相对极少。在所调查出来的217个用例中,实量补语用例共有190个,其比例为87.6%;虚量补语用例只有27个,比例仅为12.4%。实量补语的用量远远大于虚量补语,是因为实量补语更能体现比较的目的与认知的心理,比较的目的本来就是要分出比较项高下强弱等的量值,实实在在的实量量值当然要比不确切的虚量量值更为符合比较的目的和心理。虚量的使用主要是受语用因素的影响,虚量充当量值补语的用法在魏晋南北朝时已经发现有用例,但很少,仅有4例。从用例来看,魏晋南北朝时的虚量补语表达主要是用约数的形式,还没有发现以确数的形式来表虚量的用法⑨,以确数的形式来表虚量并大量使用主要是元明清时期的事。在充任量值补语的实量中,有确量与约量之分,确量较少,总共只有31例,在实量补语总用例数190中只占到16.3%;约量占绝大多数,共159例,占了83.7%的比例。其用量及比例差别之大,正如前文所述,这是因为约量在表达量值时更富有灵活性、浮动性与模糊性,人们在比较两个事物时,就其认知心理而言,更多的是关注其高下强弱的区别,而大多数情况下并非一定要求得出一个定值,而且有些差别是很难用定值来区别的,这时,使用具有模糊性的约量反而不至于违背客观事实,因为从实事求是的角度而言,有时模糊本身也是一种准确。确量补语主要由数量短语充任,在南北朝以前主要用于长幼类性质形容词后表年龄差,到元明清时其使用范围有所扩大,除了用于长幼类性质形容词后,还发现了用于高下类、数量类、长度类、贫富类、时间类及阔窄类的性质形容词后的用法,较前代有很大的拓展。约量中,唐宋以前主要以性质形容词为主,唐宋以后相对总量要少得多。数量短语表约量的用法在汉语史上一直较少,总共只发现了14例,其中有13例是元明清时的用例,元明清以前只发现1例。而非数量短语的用法在唐宋以后则有较大的发展,其中,元明清共发现97例,不仅数量大增,而且表达形式也更为丰富。这主要是因为非数量短语在表达上形式更为多样,而且基本不受数量表达的制约,同时非数量短语的表意较其他形式有时更为准确灵活一些,因而南北朝以后,约量量值补语的选择更多地倾向于非数量短语,而不是数量短语或性质形容词。

以上是对古汉语形比句量值补语发展演变的粗略考察,对于现代汉语的情况,由于明清以后基本定型,变化不是很显著,因而本文不再予以论述。

说明:

①冯春田《近代汉语语法研究》:"'比'字差比句的比较语是形容词的,可称为'形比句'"。

②李宇明《汉语量范畴研究》:"量,除了因是否使用数量词语表达而可分为明量、暗量之外,还有实量和虚量之分,确量与约量之分,客观量与主观量之分。""实量中又有确量和约量之分。确量是精确表达的量…约量表示的是大概的具有一定模糊性、浮动性的量。"

③形比句的补语除了量值补语外,还有比较项补语、动相补语等。

④可见陈明富博士论文《中世汉语比较类形容词谓语句研究》,2007,南京大学。为节省篇幅,此处省略。

⑤见王力《汉语语法史》与柳士镇《魏晋南北朝历史语法》。

⑥均见于《史记·仲尼弟子列传》。

⑦其中"倍"可看成"一倍"的省略,"倍常"可看成"平常的两倍"之义,对倍数的使用中古相对较多,佛经中也有不少用例。

⑧亦可参见李宇明《汉语量范畴研究》刘焱《现代汉语比较范畴的语义认知基础》等。

⑨如果语料调查范围更加广泛的话,不排除魏晋南北朝时有一些确数虚量补语的用例,但用量肯定较少。

注释:

[1]马建忠著,《马氏文通》,北京:商务印书馆,1983 年版。

[2]吕叔湘著,《中国文法要略》,《吕叔湘文集》(第一卷),北京:

商务印书馆,1990 年版。

[3]高名凯著,《汉语语法论》,北京:商务印书馆,1986 年版。

[4]章新传,《〈朱子语类〉的“比”字句及其汉语史价值》,《上饶师专学报》,1991 年第 4 期。

[5]黄晓惠,《现代汉语差比格式的来源及演变》,《中国语文》,1992 年第 3 期。

[6]黄晓惠,《红楼梦中差比句式的运用——兼论前 80 回和后 40 回的差异》,《安徽师大学报》,1995 年第 1 期。

[7]史佩信,《比字句溯源》,《中国语文》,1993 年第 6 期。

[8]殷志平,《X 比 Y 还 W 的两种功能》,《中国语文》,1995 年第 2 期。

[9]赵金铭,《汉语差比句的南北差异及其历史嬗变》,《语言研究》,2002 年第 3 期。

[10]张赪,《从汉语比较句看历时演变与共时地理分布的关系》,《语文研究》,2005 年第 1 期。

[11][19]刘焱著,《现代汉语比较范畴的语义认知基础》,上海:学林出版社,2004 年版。

[12]朱德熙著,《现代汉语形容词研究》,《现代汉语语法研究》,北京:商务印书馆,1980 年版。

[13]朱德熙著,《语法讲义》,北京:商务印书馆,1982 年版。

[14][18][20]李宇明著,《汉语量范畴研究》,武汉:华中师范大学出版社,2000 年版。

[15]沈家煊,《“有界”与“无界”》,《中国语文》,1995 年第 5 期。

[16]张国宪,《形容词的记量》,《世界汉语教学》,1996 年第 4 期。

[17]张国宪,《现代汉语形容词的典型特征》,《中国语文》,2000 年第 5 期。

（原载《古汉语研究》2012 年 03 期,陈明富）

唐宋禅宗语录特殊选择疑问句考察

禅宗是中国佛教史上一个重要的具有中国特色的宗教派别，是儒释道相结合的特殊产物，对中国思想文化各方面都产生了深远的影响。记录禅宗的典籍很多，文体也很多，有传记、谱牒、语录、灯录、拈古、颂古、评唱、笔记、文集等。其中数量最多的是语录和灯录，多达数百部。由于语录和灯录都是以对话为主，因而广义的禅宗语录也将灯录包括在内，统称为禅宗语录。本文所指的禅宗语录就是这种广义的语录，包括灯录在内。

由于禅宗语录在体例上主要采用问答式，因而疑问句在禅宗语录中成为最普遍，也最丰富的一种表达方式。本文选取了唐宋时期五部有代表性的禅宗典籍，即《六祖坛经》、《神会语录》、《祖堂集》、《古尊宿语录》、《五灯会元》，对其中三种特殊选择疑问句进行考察，以图窥视禅宗语录疑问句的特点。

选择问句，也称抉择问句，吕叔湘(1982)认为："迭用两个互相补充的是非问句，询问对方孰是孰非，就成为抉择问句。"[1] 唐宋禅宗语录中的选择疑问句种类繁多，其中有些类型的选择疑问句比较特殊，为同期的本土文献所没有或罕见的，"[K]VP 那，作摩"式疑问句、正反选择问句和"唯(只)……，别(更)……?"式疑问句就是其典型代表。下面我们将重点讨论这三种比较有特色的选择问句。

一、"[K] VP 那，作摩？"式①

"[K]VP 那，作摩?"式是唐五代时期新产生的一种特殊选择问句，这种选择问的选择前项为是非问句，选择后项则是特指问句，与一般的选择问句不同。这种选择问句始见于《祖堂集》，共有 7 例。根据选择前项有无反诘副词，又可分为两小类：

1."KVP 那,作麼?"式

例如:

(1)问:"如何是本来事?"师曰:"汝因何从我见?"进曰:"不从师觅,如何即得?"师曰:"何曾失却那,作麼?"(《祖堂集·石头和尚》)

(2)师问僧:"我寻常道,莫道道不得,设而道得十成,犹是患謇。既道得十成,为什麼却成患謇?"僧云:"从来岂是道得底事那,作麼?"师抗声云:"脱却来!"(《祖堂集·保福和尚》)

(3)问:"古人以调弦,以弁为希。只如熊耳与曹溪,以何为验?"师云:"无纹彩。"进曰:"既然如此,六叶从何来?"师云:"岂是有纹彩那,作麼?"(《祖堂集·金峰和尚》)

(4)和尚云:"……登时神会唤作'本源佛性',尚被与杖,今时说道,达摩祖师将经来,此是谩糊达摩,带累祖宗,合吃其铁棒。只如佛法到此土三百余年,前王后帝,翻译经论,可少那,作麼?达摩特来,为汝诸人贪着三乘五性教义,汩没在诸义海中,所以达摩和尚,救汝诸人迷情,初到此土时,唯有梁朝宝志禅师一人识。……"(《祖堂集·仰山和尚》)

上述例(1)至例(4)中的选择前项均有表示反诘的副词"何"、"岂"、"可",句末为疑问语气词"那",构成反诘语气,重点是对所述事实的一种否定;选择后项"作麼"是谓词性成分,表示"作什么"、"还是怎么样"之意,起到一种加强语气的作用。

2."VP 那,作麼?"式

例如:

(1)僧问西堂:"有问有答则不同,不问不答时如何?"答曰:"怕烂却那,作麼?"(《祖堂集·百丈和尚》)

(2)僧问:"如何是西来意?"师打之。师谓众曰:"是你诸人患颠那,作麼?"(《祖堂集·黄檗和尚》)

(3)师有时良久云:"自作自受。"或时见僧入门来云:"患颠那,作麼?"僧便问:"未审过在什麼处?"师云:"不是萧逸,争取兰亭。"

(《祖堂集·禾山和尚》)

例(1)至例(3)中没有表示反诘的副词,重点是对所述事实的一种肯定,含有一种责备、质问的语气。

"[K]VP那,作摩?"这种选择问句仅见于《祖堂集》,同时期的其他典籍均未见用例。到了宋代,这种选择问句在形式上有些变化,其中一种情况是以紧缩句的形式出现,没有反诘副词,也没有句末语气词"那"。例如:

(4)问:"从上宗乘,如何理论?"师曰:"少人听。"曰:"请和尚直道。"师曰:"患聋作么?"(《五灯会元·玄沙师备禅师》)

(5)后有僧问:"请和尚密付真心。"师曰:"欺这里无人作么?"(《五灯会元·洞山道延禅师》)

(6)问:"如何是鼓山正主?"师曰:"瞎作么?"(《五灯会元·鼓山神晏国师》)

(7)曰:"如何是证诸法?"师曰:"醉作么?"(《五灯会元·天台德韶国师》)

(8)问:"如何是宝寿家风?"师曰:"一任观看。"曰:"恁么则大众有赖。"师曰:"汝作么生!"曰:"终不敢谩大众。"师曰:"嫌少作么?"(《五灯会元·罗汉智依禅师》)

另外,我们在《祖堂集》中也检得一例。即:

(9)问曰:"西来密旨,和尚如何指示于人?"翠微驻步须臾,师又近曰:"请和尚指示!"翠微答曰:"不可,事须要第二杓恶水浆泼作摩?"(《投子和尚》)

这种问句属于紧缩句,句中没有语气词"那"连接两个选择分句,这样表示反诘、质问的语气就更为急促,结构上更为紧凑。

另一种情况是以一个是非问句的形式出现,句末语气词为"在"、"那"、"邪"等,没有"作摩"一词。例如:

(10)赵州行脚时参师,遇师洗脚次。州便问:"如何是祖师西来意?"师云:"恰值老僧洗脚。"州近前作听势,师云:"更要第二杓恶水泼在?"(《古尊宿语录·镇州临济慧照禅师语录》)

(11)师问杏山:"如何是露地白牛?"山云:"吽,吽!"师云:"哑那?"(《古尊宿语录·镇州临济慧照禅师语录》)

(12)问曰:"西来密旨,和尚如何示人?"师驻步少时。子曰:"乞师垂示。"师曰:"更要第二杓恶水那?"子便礼谢。(《五灯会元·丹翠微无学禅师》)

(13)俞道婆,金陵人也。市油餈为业。常随众参问琅邪,邪以临济无位真人话示之。一日,闻丐者唱莲华乐云:"不因柳毅传书信,何缘得到洞庭湖?"忽大悟,以餈盘投地。夫傍睨曰:"你颠邪?"婆掌曰:"非汝境界。"(《五灯会元·金陵俞道婆》)

此类问句由于没有"作摩"来加强语气,因而反诘、质问的语气相对弱一些。

关于"[K]VP 那,作摩?"疑问句式,曹广顺(1998)、张美兰(2003)都曾作过系统论述。曹文认为这种句式在宋代消失,到了元代,又以新的形式重新出现在史料里。"~那? 作摩?"中独立成为一个分句的疑问代词"作摩",宋代写作"作么",主要用于宋代的各种禅宗语录中。同时,由"作么(生)"合音而产生了"怎"和"怎生",并迅速取代了"作么"。晚唐五代的另一个疑问代词"什摩"同期也发生了书写形式的变化,变为"甚"和"甚么"。"作么"、"怎么"询问性质、原因、方式;"什么"、"甚么"主要询问人物、时间、处所,也兼及性质、方式。适应疑问代词的上述变化,"~那? 作摩?"变成了"~那? 甚么?",大量出现于《元典章》中,如:[2]

(14)这般宣谕了,别个的管民官、和尚每不怕那? 甚么?(《礼六》)

(15)如是元骑马匹不乏,强行夺要头匹,不有罪故那? 甚么?(《兵三》)

张美兰(2003)不赞同此种观点,认为《元典章》中的"不V那甚么"与《祖堂集》中的"VP 那,作摩?"结构、语义、语用均不同。[3]

从结构上来看,"岂(可)"VP 是有疑而问的问句形式,"作摩"是谓词性的,主要询问性状、原因、方式;"不V那"是否定反诘形式,

"甚么"主要询问人物、时间、处所,较少作性状、方式,与"作摩"相对应的应该是"怎么"、"怎的"、"怎生"、"怎",而不是"甚么"。

从语境来看,《祖堂集》中"[K]VP 那,作摩?"用于禅师生问答对语中,是问话体的一种句式,往往问话后伴有相应的动作或语言;而《元典章》这种句式原本无问,在敕令、奏疏、诏书中使用,多用于这些文件的篇末作为最后一句禁令语。

从语义上来看,"不 V 那甚么"在汉语文言体中译作"国有常宪,宁不知惧",是作为篇末最后一句禁令语的。

张文在此分析的基础上,提出与《祖堂集》中"[K]VP 那,作摩?"相对应的疑问句应是"VP 呵怎生"、"VP 那怎的"、"VP 阿怎么"。如:

(16)"尸首实葬了那怎的?""烧人场里烧着,寺里寄着哩"。(《朴通事》)

(17)"你高丽地面里,没井阿怎么?""我那里井不似这般井。"(《老乞大》)

我们认为:"[K]VP 那,作摩?"句式既不与曹文所提到的"~那? 甚么?"相对应,也不对应于张文所说的"VP 呵怎生"、"VP 那怎的"、"VP 阿怎么"。对于《元典章》和《元代白话碑》中出现的"~那? 甚么?"句式,我们觉得与《祖堂集》中的"KVP 那,作摩?"(即第一小类)在用法上有相似之处。二者都表示否定反诘,下面我们重新来看前面的例(3)和例(15):

(3)问:"古人以调弦,以弁为希。只如熊耳与曹溪,以何为验?"师云:"无纹彩。"进曰:"既然如此,六叶从何来?"师云:"岂是有纹彩那,作摩?"(《祖堂集·金峰和尚》)

(15)如是元骑马匹不乏,强行夺要头匹,不有罪故那? 甚么?(《元典章·兵三》)

通过比较例(3)和例(15),我们可以看出:例(3)中的"岂是有纹彩那,作摩?"表达的意思就是"没有纹彩",语气非常肯定;例(15)中的"不有罪故那? 甚么?"表达的意思是"有罪故",语气也是非常肯定,不容置疑的。当然,由于“～那？甚么?”句式是作为禁令语来使用的,更多表达的是一种警戒、警示的语气,表示反诘、质问的语气与“KVP 那,作摩?”句式相比则相对弱些。那么,“～那？甚么?”这种句式是不是主要来源于“KVP 那,作摩?”句式呢？我们认为这还是一个有待于进一步研究的问题。因为“KVP 那,作摩?”这种句式在宋代就已消失,在元代突然出现且没有过渡状态,似乎不合常规。通过考察可以发现,“～那？甚么?”这种句式都是出现在翻译体的白话诏书、敕令、奏疏中,在其他类型的文字里,像案例、口供、兵、工各部的文告、公文等都未见到,而同时期的元曲散曲也未见。曹广顺(1998)中曾提到:“元白话是元代很接近口语的语体,但明显地带有少数民族语影响的痕迹(特别是语法方面),应当是当时汉语与外民族融合的产物。”[4]

因此,我们猜测,这种句式极有可能也是当时汉语与外民族融合的产物。当然,这还是一个有待于进一步研究的问题。

至于“VP 呵怎生”、“VP 那怎的”、“VP 阿怎么”句式,我们觉得它们在用法上也是不同于《祖堂集》中出现的“[K]VP 那,作摩?”句式。在“VP 呵怎生”、“VP 那怎的”、“VP 阿怎么”句式中,如例(16)和例(17),前后两个选择项在语意上虽然也是前重后轻(同于“VP 那,作摩?”),但并未带有反诘语气,其中前一项是预估的,后一项是未知的。问者对前一项有较大的把握,但又未达到确信的程度,不能排除其他的可能性。而其他的可能性,或者是问者完全不知道的,或者虽然也猜测到可能是些什么,但在问者的估量中,它们成为现实性的几率同前项相比显得较小,另一方面它们之间互相比起来,现实的可能性孰大孰小又难以确定。在这种情况下,后项不便用实指性词语,而采用疑问词语“怎的”、“怎么”等②。[5]而“[K]VP 那,作摩?”句式中的“作摩”并没有真正询问的意思,它只是起到一种强调反诘语气的作用,在这种情况下,整个选择问句的语意重心更加倾向于前项。“作摩”可以说只是对前项起着陪衬的作用,有之,反诘语气更重些,无之,则反诘语气稍弱些。

我们觉得，倒是近代文学作品《金瓶梅》中出现的表示反诘语气的“VP 也怎的”与《祖堂集》中“VP 那，作摩？”（即第二小类）句式在结构和使用语境上有相似之处。例如：

（18）你两人合穿着一条裤子也怎的？（第十五回）

（19）如今惯的你这奴才们，想有些折儿也怎的？（第四十六回）

这种选择问句也常常是无疑而问，语气含有一种责备、质问。该类句式多用于主子斥骂下人，妻妾争宠发泄不满等场合，说话者往往根据已发生的某种现象或结局来发问，同时又表现出说话者说话时那种不容置疑的情态③。[6]

我们再来看上面《祖堂集》中属于“VP 那，作摩？”句式的几个例句，即例（1）、例（2）和例（3）：

（1）僧问西堂：“有问有答则不同，不问不答时如何？”答曰：“怕烂却那，作摩？”（《百丈和尚》）

（2）僧问：“如何是西来意？”师打之。师谓众曰：“是你诸人患颠那，作摩？”（《黄檗和尚》）

（3）师有时良久云：“自作自受。”或时见僧入门来云：“患颠那，作摩？”僧便问：“未审过在什摩处？”师云：“不是萧逸，争取兰亭。”（《禾山和尚》）

通过这三个例句可以看出：“VP 那，作摩？”句式也是无疑而问，主要是禅师质问禅生，含有责备的口气。老师常常是根据学生提出的一个问题或已发生的某件事来发问，禅师发问时的语气也是不容置疑的。

另外，现在的内蒙古西部方言选择问句中也存在着一种特殊的选择问句。例如④：

（20）你是喝醉了是咋的？[7]

（21）你是跟上鬼子了是咋的？[8]

这种选择问句一般只表反诘，语气中有责备、不满的成分。在用法上与《祖堂集》中的“VP 那，作摩？”句式及《金瓶梅》中表示反诘语气的“VP 也怎的”句式都有相似之处。那么，这三种句式之间是否存在一种源流关系呢？从方言地域上来看，似乎不太可能。因为《祖堂集》主要反映的是南方某些地区的方言，而《金瓶梅》反映的是山东方言，内蒙古西部方言属于晋语，这三种方言区差别很大，但为何都存在一种表达相近的选择疑问句式呢？这还有待于进一步研究。

二、正反选择疑问句

正反选择疑问句⑤是唐五代时新兴的一种比较特殊的句式，刘子瑜（2005）指出："这种句式的特殊之处就在于并列选择问句的分句是由语义相对的正反问句的分句构成，它是并列选择问句在发展过程中与正反问相套合而形成的句法形式。"[9]

根据关联词句法位置的不同，唐宋五部禅宗语录中的正反选择问可以分为以下几类：

1."关联词·A，关联词·B"式

此种类型的正反选择问仅1例，构成"还VP，为当不VP"结构。即：

长庆举似保福，保福拈问长庆："只如上座道'不逐四时雕'，与摩道还得剿绝，为当不得剿绝？"（《祖堂集·保福和尚》）

2."关联词·A，B"式

此式共35例，按谓词性结构有无宾语又可分为以下两小类：

2.1 "还（为、是、为是、为复）V不V"式

例如：

（1）扬州长史王怡问曰："佛性既在众生心中，若死去入地狱之时，其佛性为复入不入？"（《神会语录·南阳和尚问答杂征义》）

（2）有南方禅客问："如何是古佛心？"师曰："墙壁瓦砾，无情之物，并是古佛心。"禅客曰："与经太相违。故《涅盘经》曰：'离墙壁瓦砾，无情之物，故名佛性。'今云一切无情皆是佛心。未审心与性为别不别？"师曰："迷人即别，悟人即不别。"（《祖堂集·慧忠国师》）

(3)问:"古人拈槌竖拂。还当不当?"(《古尊宿语录·投子和尚语录》)

(4)问:"承古有言,了即业障本来空,未了还须偿宿债。未审二祖是了未了?"师云:"确。"(《古尊宿语灵·云门匡真禅师广录上》)

(5)滁州定山神英禅师,因榫树省和尚行脚时参问:"不落数量,请师道。"师提起数珠曰:"是落不落?"(《五灯会元·定山神英禅师》)

以上几例为紧缩式正反选择问,共21例,占总数32例的65%。

2.2 "为是(是、还)VO不VO"式

此句式共14例,占总数35例的40%。例如:

(6)和上问诸学道者:"今言用心者,为是作意不作意?……"(《神会语录·南阳和尚问答杂征义》)

(7)仰山即举一境问云:"诸方老宿还说这个不说这个?"(《祖堂集·仰山和尚》)

(8)师问保福:"古人道:'是不是非不非。是即龙女顿成佛。非即善星生陷坠。'与么道,还留是非不留是非?"(《古尊宿语录·鼓山先兴圣国师神晏和尚法堂玄要广集》)

(9)小参,云:"古人道:'若是陶渊明攒眉,却回去。'如今敢问大众,攒眉去,是具眼不具眼?"(《古尊宿语录·舒州龙门佛眼和尚小参语录》)

(10)抚州龙济绍修禅师,初与法眼同参地藏,所得谓已臻极。暨同辞至建阳,途中谭次,眼忽问:"古人道万象之中独露身,是拨万象不拨万象?"(《五灯会元·龙济绍修禅师》)

3."A,关联词·B"式

此句式共2例。即:

(1)又时上堂云:"古人教向未启口已前会取。今日报慈同于古人,为复不同于古人?有明眼汉,出来断看。"(《祖堂集·报慈和尚》)

(2)师举佛日见夹山因缘云:"古人道:'自己尚是怨家,岂况从

人?'得与摩判断,堪与人为眼,为复不堪与人为眼?"(《祖堂集·报慈和尚》)

三、"唯(只)……,别(更)……?"式

此种选择问句是唐宋禅宗语录中比较有个性的问句。其特点是:选择前项用副词"唯"、"只"等表示一种范围上的仅限,后项用"别"、"更"等来转换范围,共18例。如:

(1)师问百丈:"汝以何法示人?"百丈竖起拂子对。师云:"只这个,为当别更有?"百丈抛下拂子。(《祖堂集·江西马祖》)

(2)又问:"唯此一等,更有别耶?"(《祖堂集·菩提达摩和尚》)

(3)惠明问云:"上来密意,即这个是,为当别更有意旨?"行者云:"我今分明与汝说着,却成不密。汝若自得自己面目,密却在汝边。"(《祖堂集·仰山和尚》)

(4)问:"如何是承天家风?"师云:"胡饼日日新鲜,佛法年年依旧。"云:"只这便是,为别更有?"师云:"更有则错。"(《古尊宿语录·并州承天嵩禅师语录》)

(5)师问百丈:"汝以何法示人?"丈竖起拂子。师曰:"只这个,为当别有?"丈抛下拂子。(《古尊宿语录·马祖大寂禅师》)

(6)一日,大寂遣师诣长安,奉书于忠国师。国师问曰:"汝师说甚么法?"师从东过西而立。国师曰:"只这个更别有?"师却从西过东边立。(《五灯会元·西堂智藏禅师》)

(7)峰曰:"只恁么,为别有商量?"师曰:"和尚恁么即得。"(《五灯会元·镜清道怤禅师》)

张美兰(2003)指出:这种句式是禅宗语录中具有禅宗语言特色的选择问句。禅宗提倡"不立文字",强调简洁明快的顿悟,否定教条、经典、戒律、偶像崇拜,而禅生未悟道之前,总执着于问禅问道,问了这个,还要问及其他,所以禅生往往问完一个问题后意犹未了,还要问"只这个,更别有不"。[10]

在唐五代时期的《敦煌变文集》中也存在着类似的选择问表达

法:“则(即、只、还、唯)……;……?”,“则(即、只、还、唯)……,为复(但是)……”,共10例,大都集中在《悉达太子修道因缘》和《八相变》两篇中,内容都是宣讲佛教生死教义的。如:

(8)殿下问言:“即一人有忙,诸余人总有?”(《太子成道经》)

(9)太子问道:“只此一人死? 诸人亦然?”(《悉达太子修道因缘》)

(10)“即公一个死,世间亦复如然?”(《八相变》)

(11)太子闻之:“世人总还如此,为复只遮一人?”(《悉达太子修道因缘》)

(12)又问:“病者唯公一个,为复尽皆如然?”(《八相变》)

我们接着考察了唐宋时期其他非佛教典籍文献,未发现这种选择问句。由此可以说,这种类型的选择问句是一种“同行语法”现象,是一种非常有特色的疑问句。

从以上考察来看,“[K]VP那,作摩”式疑问句、正反选择问句和“唯(只)……,别(更)……?”式疑问句是唐宋禅宗语录中比较特殊的三类选择疑问句,这三类疑问句在同期的本土文献中极为少见,它们对于近代汉语疑问句的研究具有重要的意义,同时对于禅宗语言的研究也具有极大的价值。

说明:

①“K”表示反诘副词。
②参见吴慧颖(1990)。
③参见张美兰(2003)。
④参见邢向东、张永胜(1997)。
⑤可归入十二式即“关联词·A,B”式或“A,关联词·B”。

注释:

[1]吕叔湘著,《中国文法要略》,北京:商务印书馆,1982年版。
[2][4]曹广顺著,《试说近代汉语中的“~那? 作摩?”》,《语言

学论丛》(20 辑),北京:商务印书馆,1998 年版。

[3][6][10]张美兰著,《〈祖堂集〉语法研究》,北京:商务印书馆,2003 年版。

[5]吴慧颖,《"VP1 也 VP2"和"VP1 也怎的"》,《古汉语研究》,1990 年第 2 期。

[7][8]邢向东、张永胜著,《内蒙古西部方言语法研究》,北京:中国社会科学出版社,1997 年版。

[9]刘子瑜,《汉语选择问句历史发展研究述评》,《中国语文》,2005 年第 5 期。

(原载《南京师范大学文学院学报》2009 年 03 期,张鹏丽)

唐宋禅宗语录特殊特指疑问句考察

禅宗是中国佛教史上一个重要的具有中国特色的宗教派别,是儒释道相结合的特殊产物,对中国思想文化各方面都产生了深远的影响。记录禅宗的典籍很多,文体也很多,有传记、谱牒、语录、灯录、拈古、颂古、评唱、笔记、文集等。其中数量最多的是语录和灯录,多达数百部。由于语录和灯录都是以对话为主,因而广义的禅宗语录也将灯录包括在内,统称为禅宗语录。本文所指的禅宗语录就是这种广义的语录,包括灯录在内。

由于禅宗语录在体例上主要采用问答式,因而疑问句在禅宗语录中成为最普遍,也最丰富的一种表达方式。唐宋禅宗语录中疑问句不仅数量繁多,而且句型丰富。此外,值得注意的是,其中有一些疑问句式只是在禅宗语录中存在,而同期的其他文献中少见甚至不见用例,袁宾(1992)[1]将其称之为"同行语法"现象。如"只如"型疑问句、"且置"型疑问句、"W + 聻(你、尼、哝)"型疑问句都属此种语法现象。本文选取了唐宋时期五部有代表性的禅宗典籍,即《六祖坛经》、《神会语录》、《祖堂集》、《古尊宿语录》、《五灯会元》,对上述三种比较特殊的句型进行考察分析，从而揭示这些具有禅宗特色疑问句在使用上的某些特点。

一、“只如”型特指疑问句[①]

禅宗语录中存在着大量的“只如”型疑问句，多以特指疑问句的形式出现。我们称之为“只如”型特指疑问句。这种特指疑问句中的“只如”多具有承上启下的作用。一般是会话一方先提出某个话题，对方紧接着就这个话题再提出问题，而“只如”则起着承接前面话题作用，从而使话题具有延续性；另一方面，又提示下面将要论及的话题。如：

(1)新到参次，师问：“赀梨从什摩处来？”对云：“佛国来。”师云：“只如佛以何为国？”对云：“清净庄严为国。”(《祖堂集·镜清和尚》)

(2)南阳张诹问：“某甲闻有无情说法，未谛其事，乞师指示。”师曰：“无情说法，汝若闻时，方闻无情说法。缘他无情，始得闻我说法，汝但问取无情说法去。”张诹曰：“只如今约有情方便之中，如何是无情因缘？”(《祖堂集·慧忠国师》)

(3)师因斋次，拈起匙箸云：“我不供养南僧，只供养北僧。”时有僧问：“为什么不供养南僧？”师云：“我要钝置伊。”僧云：“为什么祇供养北僧？”师云：“一箭两垛。”有僧拈问：“只如前意作么生？”(《古尊宿语录·云门匡真禅师广录中》)

(4)上堂云：“看经也在生死里，不看经也在生死里。诸人且作么生出得去？”僧便问：“只如俱不留时如何？”(《古尊宿语录·赵州真际禅师语录并行状》)

(5)僧回举似师。师示偈曰：“百丈竿头不动人，虽然得入未为真。百尺竿头须进步，十方世界是全身。”僧便问：“只如百尺竿头如何进步？”师曰：“朗州山，澧州水。”(《五灯会元·赵州从谂禅师》)

(6)公曰：“心如何了？”观曰：“善恶都莫思量。”公曰：“不思量后，心归何所？”观曰：“且请太尉归宅。”公曰：“只如人死后，心归何

所?”观曰:“未知生,焉知死?”(《五灯会元·节使李端愿居士》)

另外,有些问句中的“只如”只是强调、凸显话题,不具有承上启下的作用,这时“只如”多出现在会话中首先发问的一方。如:

(7) 抚州刺史便问圆长老:“只如国王大臣未曾见有小福,未审曾供养什麽人来?”长老云:“曾供养佛。”(《祖堂集·云居和尚》)

(8)问:“只如维摩登时,或有人问,和尚如何败遣?”(《祖堂集·化度和尚》)

(9)问:“只如龙牙问德山,山乃引颈。此意如何?”师云:“德山引颈,宝应即偃身缩项。”(《古尊宿语录·次住宝应语录》)

(10)问东使:“只如仰山只对沩山于面前与一画,意作么生?”东使云:“作家。”(《古尊宿语录·鼓山先兴圣国师神晏和尚法堂玄要广集》)

(11)曰:“只如德山担疏钞行脚,意在甚么处?”师曰:“拶破你眼睛。”(《五灯会元·华严祖觉禅师》)

(12)因病示众:“久病未尝推木枕,人来多是问如何。山僧据问随缘对,外黄鹂口更多。只如七尺之躯甚处受病?众中具眼者,试为山僧指出病源。”(《五灯会元·白杨法顺禅师》)

在疑问句中,与“只如”具有相同作用的还有“且如”,但用例较少。如:

(13)从上宗门中事如节度使信旗,且如诸方及先德未建立如许多名目、指陈已前,诸兄弟约什麽体格商量?(《祖堂集·九峰和尚》)

(14)问:“且如二祖得髓又作么生?”师云:“莫谤二祖。”(《古尊宿语录·赵州真际禅师语录并行状》)

(15)上堂:“参禅学道,大似井底叫渴相似,殊不知塞耳塞眼,回避不及。且如十二时中,行住坐卧,动转施为,是甚么人使作?(《五灯会元·给事冯楫居士》)

“只如”型疑问句除了特指问句外,还有是非问、正反问、选择问、反问、比较问等。为了更好地揭示这种特殊问句的特点,这里也一并举例说明。如：

(16)师问了院主："只如先师道，尽十方世界是真实人体，你还见僧堂么？"了曰："和尚莫眼花？"师曰："先师迁化，肉犹暖在。"(《五灯会元·安国慧球禅师》)

(17)师乃云："……只如诸人尽是祖师指出底人，还信得及么？若信得及，与祖佛同参。若信不及，可谓自生退屈。……"(《古尊宿语录·慈明禅师语录》)

(18)师曰："向上本来无一色。"云："只如一色，还是宗门中意旨不？"(《祖堂集·曹山和尚》)

(19)问："只如无佛无人处，还有修行也无？"(《古尊宿语录·赵州真际禅师语录并行状》)

(20)师云："只如座，为当别有人，为复转座为上身？"(《祖堂集·曹山和尚》)

(21)师却问僧："只如不接是对宾，是不对宾？"曰："早是对宾了也。"(《五灯会元·曹山本寂禅师》)

(22)"如何是不分？"师云："无弁处。"僧曰："只如无弁处，这里岂不是父子通为一身？"(《祖堂集·曹山和尚》)

(23)一日，师问："只如古德，岂不是以心传心？"峰曰："兼不立文字语句。"(《五灯会元·镜清道怤禅师》)

(24)时有学人问："只如龙花之会，何异于灵山？"师云："化城教一级。"(《祖堂集·齐云和尚》)

以上例(16)、(17)中的"只如"型疑问句为是非问；例(18)、(19)为正反问；例(20)、(21)为选择问；例(22)、(23)为反诘问；例(24)为比较问。

我们在考察的文献中发现，"只如"并非仅局限用于疑问句的句首，有时也用在非疑问句的句首，但这种用法非常少。用在非疑问句句首的"只如"大多也具有提示和强调话题的作用。如：

(25)云居便去和尚处，问："和尚与摩道，有一人不肯。"师曰："为肯者说，不为不肯底，只如不肯底人，教伊出头来，我要见。"(《祖

堂集·洞山和尚》)

(26)师有时上堂云:“夫学道先须弁得自己宗旨,方可临机免失。只如锋芒未兆已前,都无是个非个。……”(《祖堂集·落浦和尚》)

二、“且置”型特指疑问句

“且置”型疑问句在禅宗语录中也比较普遍,且也是多出现在特指疑问句中,我们称之为“且置”型特指疑问句。在这种特指问句中,“且置”等词语具有承接话题和转换话题的作用。在我们考察的禅宗语录中,除了“且置”具有这种作用外,还有“则且置”、“即且置”、“即置”、“且致”、“且止”、“即且止”、“即且致”、“则不问”、“即不问”、“不疑”、“即不疑”、“粗知”、“即不要”、“即不无”、“且从”、“且拈放一边”等词语,我们把它们都归入“且置”类型中,统一称为“且置”型特指疑问句。如:

(1)师云:“信亦不由汝,不信亦不由汝。”僧云:“信不信且置,作么生师云是你心?”(《古尊宿语录·衢州子湖山第一代神力禅师语录》)

(2)招庆问:“从上宗乘中事,和尚此间如何言论?”师云:“不唱目前。”进曰:“不唱目前则且置,宗乘中事如何言论?”(《祖堂集·疏山涌泉和尚》)

(3)早参,示众云:“且道昨日与今朝是同是别?古人道:‘昨日今朝事恰同。’又道:‘昨日今朝事不同。’同与不同即且置,且道即今一句作么生?”(《古尊宿语录·石门山慈照禅师凤岩集》)

(4)问:“有一人荡尽来时,师还接否?”师曰:“荡尽即置,那一人是谁?”(《五灯会元·首山省念禅师》)

(5)师云:“犹是旧时气息。”僧云:“喏。”师云:“喏即且致,别作么?”(《古尊宿语录·潭州道吾真禅师语要》)

(6)师问曰:“有人持莫耶之剑拟取师头时如何?”洞山云:“取即且从,赍梨且唤什摩作老僧头?”(《祖堂集·龙牙和尚》)

(7)问僧:“有亦不是,无亦不是,不有不无亦不是。汝本来名个甚么?”曰:“学人已具名了。”师曰:“具名即不无,毕竟名个甚么?”(《五灯会元·含珠审哲禅师》)

(8)鼓山问静道者:“古人道,这里则易,那里则难。这里则且从,那里事作麽生?”(《祖堂集·保福和尚》)

(9)问:“承古人有言:‘看时浅浅用时深。’浅则不问,如何是深?”师便叉手闭目。(《祖堂集·曹山和尚》)

(10)进云:“和尚莫通三教也无?”师云:“三教且致,老君什摩时生?”(《祖堂集·钦山和尚》)

以上诸例中的“且置”、“则且置”等词语都具有承接上面话题的作用,其承接目的是启下,为转入下面一个话题作准备,不至于使对方感到太突兀,同时又对下面的话题起到一种强调和凸显的作用。

另外,“且置”型特指问句中有些“且置”类词语不具有承上的作用,但具有启下的作用。一方面强调、凸显下面的话题,另一方面也表明前后两个话题在语义上是有关联的,并不是毫无关系的。此种句型一般是问者一开始就开门见山,直接“某某且置”,然后提出问题。如:

(11)师示众云:“与摩时且置,不与摩时作摩生?”(《祖堂集·仰山和尚》)

(12)僧问:“拈槌举拂即且置,和尚如何为人?”师曰:“客来须接。”(《五灯会元·衡岳道辩禅师》)

(13)问:“温伯夫子相见则且置,和尚作摩生相见?”师云:“嘎。”(《祖堂集·招庆和尚》)

(14)问:“燃灯前即不问,燃灯后亦不问,如何是正燃灯?”(《古尊宿语录·汝州南院慧颙禅师语要》)

(15)僧问:“三乘十二分教则不问,如何是祖师西来的的意?”师举拂子示之。(《五灯会元·苏州西禅和尚》)

(16)示众云:“丛林言话即不要,作么生是宗门自己?”(《古尊宿语录·云门匡真禅师广录中》)

(17)座主问:"三乘十二分教,某甲粗知,未审和尚说何法示人?"(《五灯会元·同安常察禅师》)

(18)讲僧问:"三乘十二分教,某甲不疑,如何是祖师西来意?"(《五灯会元·三平义忠禅师》)

(19)问:"三乘十二分教即不疑,如何是宗门中事?"师曰:"不是衲僧分上事。"(《五灯会元·巴陵颢鉴禅师》)

此外,还有"只如"与"且置"杂糅在一起的特指问句型,这样"只如"与"且置"共同来强调下面所要论及的话题,凸显的作用更为突出。此种用例非常少,共4例。即:

(20)庆却问师:"将得经来,文殊在什摩处?"师云:"互换之机且从,只今作摩生?"(《祖堂集·保福和尚》)

(21)上堂云:"南泉斩猫儿,与归宗斩蛇,丛林中商量还有优劣也无?优劣且止,只如赵州戴靸鞋出去,又作么生?……"(《古尊宿语录·住庐山归宗语录》)

(22)雪峰上堂曰:"诸上座,望州亭与汝相见了也,乌石岭与汝相见了也。僧堂前与汝相见了也。"师举问鹅湖:"僧堂前相见即且置,祇如望州亭、乌石岭甚么处相见?"(《五灯会元·保福从展禅师》)

(23)又曰:"和尚岂不是嗣德山又不肯德山?"师曰:"是。"山曰:"不肯德山即不问,只如洞山有何亏阙?"师良久曰:"洞山好佛,祇是无光。"(《五灯会元·岩头全禅师》)

三、是非型特指疑问句

在唐宋禅宗语录中存在着一种"非疑问形式+语气词"的特殊疑问句,其中的语气词主要有"聻、你、尼、咻"等。其特点是:从形式上看,为一个是非问句,句中并不存在疑问词语;从功能上来看,则与是非问句相当。从考察来看,这种疑问句多数表特指问。句中的这个"非疑问形式"通常都是体词或体词性结构(记作"NP"),我们把这种类型的特指疑问句记为"NP+聻?"。如:

(1)师辞南泉,泉门送,提起师笠曰:"长老身材没量大,笠子太小生?"师曰:"虽然如此,大千世界总在里许。"泉曰:"王老师聻?"师戴笠便行。(《五灯会元·黄檗希运禅师》)

(2)师问云岩:"作甚么?"岩曰:"担屎。"师曰:"那个聻?"岩曰:"在。"(《五灯会元·药山惟俨禅师》)

(3)师问黄檗:"笠子太小生?"黄檗云:"虽然小,三千大千世界总在里许。"师云:"王老师你?"黄檗无对。(《祖堂集·南泉和尚》)

(4)师问云岩:"作什摩?"对曰:"担水。"师曰:"那个尼?"对曰:"在。"(《祖堂集·药山和尚》)

(5)睦州僧正并诸大德众,请师上堂。师问僧正,僧正应诺。师云:"监寺㗭"? 正云:"不在。"师云:"都监阇黎㗭"? 正云:"不在。"师云:"上座㗭"? 正云:"不在。"(《古尊宿语录·睦州和尚语录》)

(6)南泉门送黄蘗。泉曰:"如许大身材,戴椰子大笠子。"蘗云:"三千大千世界,总在里许。"泉曰:"王老师㗭?"黄蘗戴笠子便行。(《古尊宿语录·舒州龙门佛眼和尚语录》)

以上诸例都是询问人或物的所在,意义为"某某在哪"。

(7)云:"此人意作摩生?"云:"此人不落意。"云:"不落意此人聻?"师云:"高山顶上,无可与道者啖啄。"(《祖堂集·本仁和尚》)

(8)才展座具,时夹山问:"这里无残饭,不用展炊巾。"对曰:"非但无,有亦无着处。"夹山曰:"只今聻?"对曰:"非今。"(《祖堂集·落浦和尚》)

(9)师在洞山作务,误铲杀蚯蚓。山曰:"这个聻?"师曰:"他不死。"(《五灯会元·云居道膺禅师》)

以上例(7)至例(9)是询问情状,意义为人或物"怎么样"。

(10)师因倚遇上座来参,(遇后住法昌。)问:"庵主在么?"师曰:"谁?"曰:"行脚僧。"师曰:"作甚么?"曰:"礼拜庵主。"师曰:"恰值庵主不在。"曰:"你聻?"师曰:"向道不在,说甚么你我。"(《五灯会元·芭蕉谷泉禅师》)

例(10)根据具体语境来看,应为询问人物,即"你是谁"。这种用法罕见,仅1例,出自《五灯会元》。

(11)抚州曹山本寂禅师,泉州莆田黄氏子。少业儒,年十九,往福州灵石出家,二十五登戒。寻谒洞山,山问:"阇黎名甚么?"师曰:"本寂。"山曰:"那个聻?"师曰:"不名本寂。"(《五灯会元·曹山本寂禅师》)

例(11)从上下文来看,应为询问姓名,意义为"那个名甚么?"。用例也是罕见,仅1例。

另外,我们考察发现,在唐宋禅宗语录中,这种"NP+聻?"式疑问句有些并不是特指问句,从具体的语境来看,有些似乎可以理解为正反问及表示反诘语气。如:

(12)师因与清源王太尉说话,云:"但是世间一切杂学底事尽是网。"太尉云:"只如今还网得也无?"师云:"太尉哰?"太尉乃展手云:"即今有什么?"(《古尊宿语录·前后帝王问讯语》)

(13)丈曰:"汝拨炉中有火否?"师拨之曰:"无火。"丈躬起深拨得少火,举以示之曰:"汝道无,这个聻?"②(《五灯会元·沩山灵佑禅师》)

以上例(12)从上下文来看,文中的"太尉哰?"意义为"太尉还网得也无?",应是正反问。

以上例(13)中的"这个聻?"表反诘语气,意义为"(你说无火)这个是什么?"

由上面的例句可以看出,这种"NP+聻?"式疑问句对上下文及语境有极大的依赖性,语用色彩比较浓厚,要想知道此种句式具体与哪种类型的疑问句相对应,必须借助于上下文或具体语境,否则无法理解其传递的具体信息是什么。

在现代汉语中,存在着一种常见的"非疑问形式+呢"的疑问句,这种问句可以分为两种:一是由体词性结构加"呢"构成,可记为"NP+呢";一是由谓词或谓词性结构加"呢"构成,可记为"VP+呢"。那么,唐宋禅宗语录中的"NP+聻?"式疑问句是否与现代汉语中的"NP+呢"问句有某种历史渊源呢?或者说这种"NP+聻?"

式问句就是现代汉语中的"NP + 呢",只是其中的语气词发生了演变呢?

"聻"字是唐五代新兴的语气词,又作"你"、"尼"、"旎"。《广韵》上声止韵:"聻,乃里切,指物貌也。"关于现代汉语中语气词"呢"的来源,学界多认为语气词"聻"是"呢"的主要来源。如太田辰夫(1958/1987b)认为"呢"是表疑问的助词,用于承前疑问、假定及疑问的强调。其中表承前疑问(如"我的帽子呢")和疑问的强调(如"到底是什么呢")在五代都用"聻"。"聻"是从古代"尔"发展而来的。"聻"和"你"同音,期间也有写作"尼"的例子。按照太田辰夫的观点,现代汉语语气词"呢"的来源如下:

尔→聻(尼)→呢

江蓝生(1986)[2]认为,在唐时,白话已较多出现在书面语中,但即使在敦煌俗文学作品那样十分接近当时口语的数据中,也未能找到在语音和用法两方面都与表疑问语气"呢"相当的语助词,只有在禅家语录中才保存着表疑问语气"呢"的一点可贵线索。并进一步指出,"聻"字与"你"字音同,"尼"与"聻、你"音近。而"尼"字与后来的"呢"字形体声音更为接近,它的出现是一个十分重要的现象。

曹广顺(1986)[3]也认为,《祖堂集》中的"聻(你)"从当时的语音和语法功能以及以后的发展变化来看,有理由推论"聻"是现代汉语语气助词"呢"的主要来源。

孙锡信(1997)[4]赞同太田辰夫的观点,并作出进一步的解释,指出"聻"表示"指物貌"是从"尔"而来。"尔"可用于形容词、副词后,表示"……的样子"。"聻"从语义上与"尔"一脉相承,而语音上"聻"又是保留"尔"的古音的形式。"聻"由"指物貌"又引申出承前疑问的用法,这便是"只今聻"、"王老师聻"中"聻"的由来,"聻"在五代又记作"你"、"尼",至元代时又用"呢"代替"聻(你、尼)"。

曹广顺(1986)[5]根据"聻"的字形不断由繁到简的发展趋势来推断当时表语气的"聻"可能是一个假借字,由于"指物貌"的"聻"与新产生的语气词语音相近,又生僻少用而被假借。

我们认为，曹广顺关于语气词“聻”为假借字的观点尽管是一种推论，但还是有道理的。关于“聻”来源于“尔”的看法，可能还需要近一步考证，还不能形成定论。因为据我们考察，“聻”在唐五代更多的是用于表疑问语气和强调感叹语气，“指物貌”的“聻”在当时文献中罕见，仅出现在少数字书中。可以说，“聻”的本义“指物貌”与语气是没有关系的。不过，有一点应该肯定，即现代汉语表疑问语气的“呢”来源于“聻”。据此看来，现代汉语中的“NP + 呢”问句早在晚唐五代就已产生了，其最早的表达句式则是“NP + 聻？”。

现代汉语中的“NP + 呢”所表达的语法意义主要有两种：

一是询问人或事物之所在。如：

小张呢？——在书房里。

二是询问人或事物怎么样。如：

甲（问候）：你还好吗？

乙：我很好。你呢？

这两种用法在唐五代的“NP + 聻？”式疑问句中已具备，关于例句前面已举，此处不再赘述。

唐五代的“NP + 聻？”式疑问句由于是新生的句式，因此使用还不是很普遍，发展到现代汉语，在运用中尤其是口语交际中，它的使用频率还是比较高的。邵敬敏（1996）[6]指出：此种句式从询问角度讲，询问形式简洁，内涵比较宽泛。当交际内容涉及一些不易启齿或有意要回避的内容时，使用“NP + 呢”会比一般问句显得婉转而含蓄。从回答角度看，由于“NP + 呢”询问的信息比较宽泛，有一定的弹性，所以回答者往往可以有多种选择。可以简单回答，也可以超量回答。因此，“NP + 呢”问句形式简洁、内涵丰富、风格含蓄、回答富于弹性，正是这类句式重要的语用特点。而这正是其在口语中使用频率比较高的原因。

说明：

①“只如”在《五灯会元》和《古尊宿语录》中也作“祇如”、“祗

如”、“秖如”，在《祖堂集》在中均作“只如”，为论述方便，我们统一称作“只如”。

②此句苏渊雷点校为“汝道，无这个聻！”我们觉得此句依具体语境改为“汝道无，这个聻？”可能更好些。

注释：

[1]袁宾，《禅宗著作里的两种疑问句——兼论同行语法》，《语言研究》，1992 年第 2 期。

[2]江蓝生，《疑问语气词“呢”的来源》，《语文研究》，1986 年第 2 期。

[3][5]曹广顺，《〈祖堂集〉中与语气助词“呢”相关的几个助词》，《语文研究》，1986 年第 2 期。

[4]孙锡信著，《汉语历史语法丛稿》，上海：汉语大词典出版社，1997 年版。

[6]邵敬敏著，《现代汉语疑问句研究》，上海：华东师范大学出版社，1996 年版。

（原载《汉语史研究集刊》第十三辑，2010 年版，张鹏丽，陈明富）

方　言

豫南罗山方言的是非疑问语气词

罗山县位于河南省南部,其方言里有着极为丰富的疑问语气词。这些语气词可表是非疑问语气、特指疑问语气、选择疑问语气、反复疑问语气、反问语气、承前疑问语气等。其中有些与普通话和其他方言有共同之处,大部分则具有自身特征;有的能探其本字,有的有音无字。鉴于篇幅,这里只讨论其中的是非疑问语气词。这类语气词共有 10 个:不、没、san^{33}、$sɛ^{33}$、着、lan^{33}、哇、哦、哟、吧。[1][2]它们无论在数量还是在用法上都与普通话有着较大的差别。其中大多数普通话里没有,少数虽有但所表达的语气有着较大的差别。

一、不

"不[pu^{33}]"用于是非疑问句末表是非疑问,这是对古汉语用法的某些保留。"不"作是非疑问词至少在西汉已经出现,《史记·张仪列传》中就有"子去寡人之楚,亦思寡人不?"这样的句子。普通话里,"不"的这种功能主要由"吗"来完成。罗山方言中,"不"可置于动词或动词性短语后,表示对动作是否将要发生的询问。如:

(1)今晚黑儿(夜晚)的京剧说不定好看,你[n^{35}]到时候去不?

(2)老王买了个电视机,咱们去瞧瞧不?

(3)晚儿上(下午)学校放假,你回不?

(4)我有两把鱼杆,你去钓鱼不?

这种情况下,谓语动词一般要求是非持续性或持续时间不长的词,因为“不”在这里主要是对某个具体动作本身的询问,而不是询问动作的过程或状态。“不”置于动词或动词性短语后,也可表示对动作现在是否发生的询问,如:

(5)今了(今天)你的胃还痛不?

(6)窗子还透风不?

(7)小五,你瞧瞧外头的雪还下不?

(8)山上的风还在刮不?

(9)你瞧这根蜡烛还得点着不?

这种情况下的动词必须是带有持续性动作的词,因为“不”在这里主要是对现在正在持续发生的动作的询问。同时动词前面一般还要有副词“还”与“不”来搭配加强询问语气。另外,“不”表是非问时,还可置于形容词或形容词性短语后,表示对事物过去、现在或由过去到现在状态的询问,这些状态都是持续性的。如:

(10)昨儿晚儿上(昨天下午)停电了,教室里黑不?

(11)不晓得(知道)唐朝的都城长安当时大不?

(12)我手里这张画清楚不?

(13)你闻,田里的油菜香不?

(14)北京离郑州远不?

(15)你说,海豚到底聪明不?

上述几例中,(10)(11)是询问过去的状态,一般有表示过去的时间名词、副词或其短语配合使(10)中有时间名词短语“昨儿晚儿上”,(11)中有时间名词“当时”;(12)(13)是询问现在的状态,这类形容词一般由语境来帮助判断,尤其是主语的暗示;(14)(15)是询问由过去一直到现在的状态,也主要是通过语境来判断。这种句子所陈述的对象往往是在正常情况下的永恒的客观存在,如北京与郑州的“距离”是永远不会变的,“海豚”也是一种由古到今的存在实体。

二、没

“没”在普通话和许多方言里都可构成反复问句形式“V 没 V”。罗山方言也有此用法，但“V 没 V”并不等于“V 没”的结构：在“V 没”结构中，“没”可用普通话里的“吗”或“了吗”替换而意义不变，但“V 没 V”结构中的“没”是绝对不可用“吗”或“了吗”来替换的；“V 没”中的“没”正是“没”作为是非疑问语气词的用法所在。这种“没”可能由北方方言的“没有”演变而来。“没有”作为疑问语气词最初也是用于是非问的，尔后“有”在罗山方言里逐渐脱落，“没有”的功能完全由“没”承担。这种现象也是由语言发展的经济原则所致。罗山方言“没”在句末反复问句语气词的用法，相当于普通话的“吗”或“没有”。“没”作为是非疑问语气词时，主要置于动词或动词性短语后，询问动作过去是否发生过，如：

(16)老师，语文考试成绩出来了没？

(17)王秘书，我交给你的材料送走没？

(18)我们来晚了，车开了没？

(19)小刘，文章写出来没？

(20)老弟，这次考研外语过了没？

由以上例子可知，“没”前有时可加“了”来加强对过去动作的询问，有时也可不加“了”，这时的“没”相当于普通话的“了吗”。“没”也可置于表示动作正在发生的动词或动词短语后，用来询问动作现在的发生情况，如：

(21)头还在痛没？

(22)咱的黑猫在吃鱼没？

(23)那条马路还在铺柏油没？

(24)他们两个还在打没？

(25)你听听，山顶儿上的狼还在叫没？

从以上例句可知，句中一般要有时间副词“还”或“还在”来加强语气，表示对持续性动作的询问。另外，“没”也可置于形容词后表是非问，由于形容词只表性质或状态，不表时间，且“没”主要是询问过去或现在的情况，因而“没”表是非问时，形容词后一般要加上“了”或“点”来表时间的过去或现在。如：

(26)田里的水浅了没？

(27)山上的风小点没？

(28)湾儿头边那条公路比以前宽点没？

(29)她到了江苏后，皮肤白了没？

(30)她比以前漂亮了没？

形容词后加“了”或“点”表过去的状态如(26)(29)，表示现在的状态如(27)(28)(30)。其实，形容词后加“了”或“点”后，也就具备了动词的某些功能，这是形容词的动态化用法。[3]“不”与“没”虽有不少相似的用法，但也有一定的区别。其主要区别就是“不”主要用于询问动作的将来发生情况，而“没”主要用于询问动作过去的发生情况。这与它们的古汉语用法有一定的关系：“不”在古代有“是否”意，多用来询问未来发生的事情，“没”在古代有“没有”之意，多用来表示对动作过去的否定或询问。

三、san^{33}、sɛ^{33}、lan^{33}

这三个词在罗山方言里均有音无字，其中“san^{33}”与“sɛ^{33}”实际上为一个词的不同语音形式，意义用法没有区别，只是适用的人群和使用的习惯不同而已，也即仅有语用的区别。“san^{33}”的适用范围较广，“sɛ^{33}”仅为罗山南部地区的一些乡镇使用，而且这些地方也并非“sɛ^{33}”“独霸天下”，“san^{33}”仍然与之“分庭抗礼”。另外，“san^{33}”与“lan^{33}”语音虽不同，但用法也无区别，也只是使用的习惯不同罢了。鉴于这三个词的这种关系，这里仅用“san^{33}”代表“sɛ^{33}”与“lan^{33}”。当“san^{33}”用于是非疑问句时不能单用，必须与疑问语气词“不”或“没”搭配使用，构成“不(没)san^{33}”的固定格式。当“不san^{33}”连用时，其前的成分完全由“不”决定，因而“不”的几种用法都适用于“不 san^{33}”；不同的是，“不”后带“san^{33}”显得语气较为缓和，同时"询问"的口气稍显降低而"商量"的口气相对增强；另外语速也相对降了下来。"san^{33}"的这种用法，普通话是没有的，普通话里只有"吗"可表示相当的用法。如：

(31)小吴，后日儿(后天)的比赛你参加不 san^{33}？

(32)外头(外面)还响不 san^{33}？

(33)去年一整年，他们的生活还好不 san^{33}？

(34)电视屏幕的闪动还厉害不 san^{33}？

(35)这个人工湖的水深不 san^{33}？

以上五例中的谓词性成分依次为非连续性的动词、连续性的动词、过去持续状态的形容词、现在持续状态的形容词、由过去到现在持续状态的形容词。可见，"不"的几种用法"不 san^{33}"也适用，只是语气均明显比较平缓。"没"、"san^{33}"与类似于"不 san^{33}"连用，"san^{33}"仍起着缓和语气、平和语调的作用。如：

(36)公交车走了没 san^{33}？

(37)我送给你的那盆菊花在开没 san^{33}？

(38)二佬家的鸭子大点没 san^{33}？

(39)塘里的水多点没 san^{33}？

以上例句都能适用于"没"的情况，只是语气较为平缓。

四、着

太田辰夫在他的《中国语历史文法》中说："着，是北方话中表命令的场合用的助词。多用在以持续动词作述语的句子中。"[4] 这里所说的"着"是用于祈使句的助词。罗山方言里的"着"既可以作祈使句末的助词，也可作是非疑问语气和特指疑问语气的语气词。作是非疑问语气时，与"san^{33}"一样不能单用，必须与"不"、"没"一起构成"不着"、"没着"结构，用法与"不 san^{33}"、"没 san^{33}"没有太大区别。但是"着"所表示的语气却不同于"san^{33}"："san^{33}"只表疑问语气，而"着"除表疑问语气外，还隐含着明显的假设语气，即如果对方是肯定的回答，问话者将做出一个相应的主观反应，否则，问话者也做出一个相应的主观反应。如：

(40)大成家的楼房盖起来没着？

(41)下周一的例会你参加不着？

(42)天上的星星多不着？

(43)雨点稀了没着？

以上各句除表疑问还隐含着对方回答后的主观假设。如例(40)中,如果楼房没盖起来,问话人可能去帮忙,如果楼房盖起来了,问话人可能就不会帮忙,也可能去祝贺。又如例(41),如果对方不参加下周一的例会,问话人可能把知道的会议内容提前告诉对方,也可能给他请个假等,如果对方参加下周一的例会,问话人可能就不必多此一举了。虽然"san^{33}"有时也有可能隐含这种假设,但绝对不如"着"明显而强烈,"san^{33}"的重点仍是询问。"着"的这种假设式的是非疑问语气的用法,是"着"作为语气词的语用特征的最明显体现,它对交际双方有着明显的提示作用。普通话里是没有这种用法的。

五、哇

"哇[va^{41}]"[5]作是非疑问词时,可置于动词或动词性短语后,这时,其前大多有一个"了",用来对过去、现在或将来动作的询问。如：

(44)油菜又叫牛吃光了哇？

(45)你来的客走了哇？

(46)咋的,她又气哭了哇？

(47)猪又在圈里跑草哇？

(48)作业你准备后日儿(后天)交哇？

"了"前的动词一般是以[u]作为韵腹或韵尾的,"哇"在这里实际上是"啊"受"了"前动词语音同化的结果。"哇"前也可为形容词或形容词短语,这时"哇"前可带也可不带"了","哇"或"了"前的词一般也是以[u]为韵腹或韵尾的,如：

(49)我才一米七零,这还高哇?

(50)老王的新房八十平米,你瞧这还小哇?

(51)我买这么多还少了哇?

(52)这么便宜的,还有你的好哇?

这类句子中一般还用"还"字来加强语气。"哇"的这种用法初看起来与普通话没什么区别,其实至少有两点不同于普通话:一是"哇"的这种用法在普通话里既可用"哇"也可用"吗",但在罗山方言里只能用"哇";二是罗山方言的"哇"比普通话的"吗"询问语气要弱,而肯定语气要强,有向对方征求意见的语气,而普通话却要弱得多。

六、哦、哟

"哦"在罗山方言里读[$və^{51}$],与"哟"作是非疑问词时用法基本相同,可放在动词或形容词以及相应的短语后,像"哇"一样,其前可加"了"。同时也受语音同化的影响,"哦"或"了哦"前的词一般以[u]为韵腹或韵尾,"哟"或"了哟"前的词一般以[i]为韵腹或韵尾。它们与"哇"不同的是,"哇"在询问的同时,问话人对问题虽有看法但并没有多大把握,而"哦""哟"在征询的同时,问话人对问题有很大把握,至少已有很明确的看法,而问的意味很浓。如:

(53)你还在等,我怕车已经走了哦?

(54)这棵树有点高哦?

(55)这样做我怕不好哦?

(56)是不是他们的心不齐哟?

(57)我觉得是你不对哟?

(58)该罚的不该是他哟?

例(53)中问话者在已经认为车早已走了没必要再等下去;例(54)中问话者实际上在心里认为树很高;例(55)中问话者认为不应该这样做;(56)中问话者认为他们用心不齐。普通话里也有"哦"和"哟",但主要用作感叹词,有时也用作疑问词,其使用频率远不如罗山方言的“哦”和“哟”高。而最大的区别是：普通话的“哦”和“哟”征询意味较浓肯定语气相对弱；罗山方言的“哦”和“哟”征询意味较弱肯定语气较强；普通话的“哦”和“哟”读升调，而罗山方言的“哦”和“哟”读降调。

七、吧

“吧”用于是非疑问句中，可置于动词、形容词或相应的短语后。由“吧”构成的疑问句，询问的意味也不很浓，有点类似“哦”、“哟”的用法。如：

(59)那条草鱼最后逮住了吧？

(60)电脑这回买了吧？

(61)这边支得有点高吧？

以上三例中，真正询问的意味并不浓，因为在问话人看来，对方应该是早已逮住了草鱼、买了电脑、认为这边支得比那边高，但是为了确认和交谈的需要，还是问了问。这种用法普通话主要用“吗”，不多用“吧”。有时双方见面后，没话找话，也用“吧”来询问。这时“吧”的询问意味实际上没有什么意义，完全是为交际的需要，这种用法与普通话没有什么区别。如：

(62)午饭吃了吧？

(63)表爷(邻居家大爷)，身体还好吧？

(64)这顶帽子不错吧？

(65)小朋友，会数数了吧？

综上所述，从总体来看，罗山方言的是非疑问语气词是非常丰富的，用法也较多。它们无论在数量还是在用法上都与普通话有着较大的差别。这些用法中，有些是继承了古代汉语的某些特征，只是有的不易发现而已，而有些还是能溯出根源的，如“不”、“着”等的用法；但更多的是方言自身演变的结果，如“san^{35}”、“$sɛ^{33}$”、“着”的某些用法。当然，在某种意义上，这些方言词也都是间接继承古汉语而来的。

注释:

[1][4][日]太田辰夫著,《中国语历史文法》,北京:北京大学出版社,2003 年版。

[2]张斌著,《现代汉语》,上海:复旦大学出版社,2002 年版。

[3]邢福义著,《汉语语法三百问》,北京:商务印书馆,2002 年版。

[5]胡裕树著,《现代汉语》,上海:上海教育出版社,1987 年版。

(原载《河南科技大学学报》2006 年 04 期,陈明富,张鹏丽)

豫南罗山方言的五类疑问语气词

罗山县位于河南省南部,罗山方言里有着极为丰富的疑问语气词。其中有些与普通话和其他方言有共同之处,有些纯属自身特征;有的能探其本字,有的有音无字。除个别外,绝大多数疑问语气词都用于句末。本文主要讨论特指疑问语气词、选择疑问语气词、反复疑问语气词、反问疑问语气词、承前疑问语气词的类别和用法。

一、表特指疑问的语气词

这类疑问词主要有“着”、“san”、“sɛ”、“lan”、“哩”、“ian”、“an”。

1. 着

“着”作特指疑问语气词时,可用来询问人、事、处所等。

“着”在询问的同时,还暗含着一种处置对方回答的主观假设,这种假设视对方的回答而定。我们来看下面的句子:

(1)这条鱼有多重着?

(2)这钱是借谁的着?

(3)哪个坡儿(哪里)有水着?

(4)你给我说,他为某事儿(为啥儿)打你着?

上面四例中,问话者在询问的同时,其心里都有一种等待对方作答后的主观假设存在。如(1)中,如果这条鱼很重,问话者可能不买,如果不重,他可能想要;(2)中,借的钱,如果是问话人认为合适的,他可能心里能接受,倘若是他认为不合适的,他有可能心里接受不了;(3)中,如果有水的地方较近或者适合去,问话者可能去挑水或饮牛或做别的,如果有水的地方较远或者不适合去,他可能就不去做以上事情;(4)中,如果"他"打人有道理的话,问话人可能会作罢,如果"他"无理欺人,问话人可能要去讲理问罪或抱打不平等。这些可能都是问话人在等待对方回答时早已在心中做好了准备的心理活动,是一种下一步会立即实现的心理假设。

普通话里没有表特指疑问的"着"。"呢"在普通话里虽可表特指问,但没有用来处置对方回答的主观假设的功能。

2. san、sɛ、lan

这三个词在罗山方言里均有音无字,其中"san"与"sɛ"实际上为一个词的不同语音形式,用法没有区别,只是适用的人群不同而已。"san"的适用范围较广,"sɛ"仅为罗山南部地区的一些乡镇使用,而且这些地方也并非"sɛ"独霸天下,"san"仍然与之分庭抗礼。另外,"san"与"lan"语音虽不同,但用法也无区别,鉴于这种关系,这里用"san"代表"sɛ"与"lan"。

在罗山方言中,"san"即可表是非疑问语气,也可表特指疑问语气。当"san"用于是非疑问句时,它不能单用,必须与疑问语气词"不"或"没"搭配使用,构成"不(没)san"的固定格式。如:"外头(外面)还响不 san?"。

当"san"用于特指疑问句时,其前不与"没"、"不"、"了"等词连用,直接单用。其表现的语气较为缓和,一般不带商量口吻,如:

(5)这个姑娘是谁 san?

(6)你给我称了多少瓜子 san?

(7)到北京坐汽车有多远 san?

(8)你家一共来了几个客 san?

这种有“san”(或“sε”“lan”)作特指疑问语气词的疑问句,对方听起来觉得亲切自然,容易接受,便于交谈。

普通话里没有表特指问的“san”(或“sε”“lan”)。“呢”在普通话里虽可表特指问,但问的意味更浓些,缺少“san”(或“sε”“lan”)所特有的亲切、自然、缓和的语气和语调。

3. 哩

“哩”作特指疑问语气词,询问的意味较浓,如:

(9)你说,明了(明天)会有多少人来哩?

(10)我真有点想不通,这到底是谁哩?

(11)你们几个到底是谁个(哪个人)说了算哩?

“哩”在询问对方的同时,也要求问话人自己去主动思考他所提出的问题,以共同来解决心里的疑问。有时,“哩”完全变成问话人的自言自语,实际上并不需要对方的参与,如:

(12)我在哪哈(哪里)见过他哩?

(13)是谁怎么这么大胆哩?

(14)这个小鬼(小孩)跑哪哈去了吗?

罗山方言的特指疑问语气词“哩”基本上相当于普通话的“呢”。

4. ian、an

我们知道,普通话里表特指问时,常用语气词“呀”,但罗山方言不用“呀”,而用“ian”与“an”,且使用范围也较“呀”窄,这两个词也是有音无字。它们一般紧挨着疑问代词。其用法类似普通话的“呀”,并且许多场合可用“lan”来代替,如:

(15)喂,你说的是谁 ian?

(16)昨日他逮了几条鱼 ian?

(17)别敲了,你是哪个 an?

(18)将才(刚才)走了几辆车 an?

“ian”、“an”在句末帮助疑问时,语调一般较低,不像普通话里的“呀”那样高。

二、表选择疑问的语气词

罗山方言表选择问的情况不多,因为许多表选择问的意思都用反复疑问句的形式表达了,如:"今天你到底去不去?""这件衣服他要不要?"等等。罗山方言里真正用来表选择的疑问语气词只有一个"哩",如:

(19)你是想上复旦哩?还是想上南开哩?

(20)是强么(人名)高哩?还是小黑(人名)高哩?

(21)他那哈(那里)我是去好哩?还是不去好哩?

表选择问的"哩"在普通话里相当于"呢"。

三、表反复疑问的语气词

表反复疑问的语气词主要是"san"(或"sɛ"、"lan")、"着",句中一般有"不""没"两个词用来构成反复,这几个词作反复疑问语气词时,与它们作是非疑问词时的适用场合没什么大的区别,只是所处的句型不同,同时表达的语气稍有不同,一个是是非疑问语气,一个是反复疑问语气,如:

(22)窗子还透不透风 san?

(23)这根竹竿长不长 san?

(24)明了(明天)的会你去不去着?

(25)米鸡吃没吃着?

"san"(或"sɛ"、"lan")所隐含的和缓语气及"着"所隐含的假设在这种反复疑问句中仍然存在。普通话里没有表反复问的"san"(或"sɛ"、"lan")和"着",普通话里可用"呢"表反复问,但"呢"没有"san"(或"sɛ"、"lan")所隐含的和缓语气及"着"所隐含的假设效果。

四、表反问的疑问语气词

这类用法的疑问语气词有"哩"、"哇"、"呀"、"za"。

1. 哩

“哩”表反问时适用范围很窄，一般常与假设连词“要是”一块连用，有时也与疑问代词一块连用，如：

(26)他万一要是跑了哩？

(27)我要是不同意哩？

(28)谁让你跳哩？

“哩”不与“难道”配合使用。“哩”表反问相当于普通话里的“呢”，不过在普通话里，当“呢”与假设连词搭配使用时，其范围更广一些，除了常与“要是”连用外，还常与“如果”、“假如”等词连用，而罗山方言里很少与“如果”、“假如”等词连用。

2. 哇、呀、za

这三个词实际上是感叹语气词“啊”在罗山方言里的三个语音变体，但它们都是反问语气词。如果前面的词含[u]韵腹或韵尾，一般用“哇”，如果含[y]、[i]韵腹或韵尾，一般用“呀”，如果含[ɿ]韵或[ʅ]韵，一般用“za”，它们都是语音同化的结果，如：

(29)你别抱怨了，当时谁让你不去呀？

(30)我晓得(知道)天下雨呀？

(31)你好好瞧瞧，这不是 za？

(32)当时叫你不跑哇？

(33)这还不好哇？

五、表承前疑问的语气词

按太田辰夫[1]的说法，承前疑问是疑问词直接放在单体词句或单谓语句中，疑问的内容只有从上文或前面的谈话才能知道。罗山方言里共有两个承前疑问语气词，即“哩”与“an”，其中，“哩”表示在知晓或听懂前面谈话的基础上的询问，而“an”则是针对对方问话的询问，询问的原因是没听清或没听懂对方的谈话，要求对方再重复一下或表示自己没听明白。“an”单独使用，其前不加任何成分，如：

(34)你哩？反正我不知道。

(35)还哩？接着说吧。

(36)an？我没听清。

(37)an？你再说一遍。

普通话里表承前问时不用“哩”,而是用“呢”;普通话里也没有“an”一词,有时可用“啊”、“嗯”等词来表承前疑问,相当于“an”的功能,但使用范围不及罗山方言里的“an”广泛,在普通话里,承前问的内容有时可以过多地转化成一般询问句来表达,如“啊？请再说一遍”可转化成“请您再说一遍好吗”。

以上是罗山方言里的疑问语气词,通过分析,可以看出,从总体来看,这些语气词还是很丰富的,用法也较多,有些语气词还有多种用法。这些语气词中,除一部分与普通话和某些方言有共同处外[2][3],不少是罗山方言自己的特色。这些用法中,有些是继承了古代汉语的某些特征,只是有的不易发现而已。但有的还是能溯出根源的,如“不”作是非疑问语气词的用法,至少在西汉已经出现,《史记·张仪列传》中就有“子去寡人之楚,亦思寡人不”这样的句子,但更多的是方言自身演变的结果,如“an”、“sε”、“着”的某些用法。

注释:

[1][日]太田辰夫著,《中国语历史文法》,北京:北京大学出版社,2003 年版。

[2]吕叔湘主编,《现代汉语八百词》,北京:商务印书馆,1980 年版。

[3]胡裕树著,《现代汉语》,上海:上海教育出版社,1987 年版。

(原载《河南理工大学学报》2008 年 04 期,陈明富,张鹏丽)

河南罗山方言虚词“着”考察

罗山县位于河南省南部的大别山区,罗山方言是中原官话的一个分支,属信蚌片。罗山方言的虚词“着”,可作助词、介词、语气词,有许多具体用法,并伴随着丰富的形态变化,其形态的变化主要在于声母、韵母和声调的变化。罗山方言虚词“着”的用法,有些与普通话相似,更多则与普通话有很大差异[1][2][3]。

一、“着”作助词

在罗山方言里,像普通话和大多数其他方言一样,“着”作为助词是其作为虚词的主要用法[4][5][6]。

1.“着”可置于动词后,表动作的进行和状态的持续。其中表动作的进行时读[tɛ]轻声,表状态的持续时或读[tə]轻声。如:

(1)老师正盯着[tɛ],我一点都不敢动。

(2)房里头的灯一直亮着[tə],谁也不去关。

(3)电视机大半年都在那哈(那儿)放着[tə],谁也没动它。

其中,(1)表动作的进行,(2)(3)表状态的持续。

“着”后也可带宾语,构成“着 + V + O”结构。其中表动作的进行时读[tsə]轻声,表状态的持续时读[tə]轻声。如:

(4)张老板哩低着[tsə]个头,一句话也不说。

(5)他翻着[tsə]眼睛,好像在生气的样子。

(6)姥娘(姥姥)光瞧着[tə]我吃,她一直没动筷儿。

(7)强么一直望着[tə]他老爹(大伯),看他到底想搞某事(干啥)。

其中,(4)(5)表动作的进行,(6)(7)表状态的持续。

另外,“着”后也可以带补语,这一点与普通话差别不大。只是普通话中,这种补语标志的助词“着”,有时还可用助词“得”代替,而罗山方言里则只能用“着”，读作[tə]轻声。如：

(8)还是大屏幕的好，看着[tə]不累。

(9)这种桌面用着[tə]好得很。

(10)你还听着[tə]怪认真的，我一点也不晓得他讲某事。

(11)一个钟头了，你还看着[tə]怪紧的。

2.“着”放在动词后构成“V着V着”式，表动作的伴随状态，“着”读[tə]轻声，这种用法与普通话差别不大。如：

(12)他笑着[tə]笑着[tə]，脸说变就变了。

(13)大姐说着[tə]说着[tə]，就哭起来了。

3.“着”可放在少数形容词后表状态的持续，读[tsə]轻声。如：

(14)房里头一直亮着[tsə]灯。

(15)他整天黑着[tsə]个脸。

(16)校长又红着[tsə]个脖子，肯定又喝酒了。

罗山方言里，这种用法的形容词较少。“着”后一般有宾语，不带宾语的情况较少，带宾语时“着”读[tə]轻声或[$tɛ^{35}$]。如：

(17)房里的灯亮没？亮着[$tɛ^{35}$]。

(18)会上，他一直把脸黑着[tə]。

二、“着”作介词

虚词“着”在普通话里只作助词，而罗山方言里的“着”除可作助词外，还可作介词、语气词。作介词用时，只作方式介词，用来表凭借，意为“拿”、“用”，“着”读[$tsə^{15}$]。如：

(19)这些架子是着[$tsə^{15}$]竹子支起来的。

(20)你先着[$tsə^{15}$]棍子捅，看看它出来不出来再说。

(21)他着[$tsə^{15}$]石头砸的，你瞧哈都(全都)烂了。

(22)这土太松，最好着[$tsə^{15}$]牛踩踩。

(23)这菜呀，非得着[$tsə^{15}$]热水洗才干净。

(24)让你着[$tsə^{15}$]绳子拴紧，不听，跑了吧！

这种用法中，“着”初看有点像动词“用”，其实是介词。因为

“着 + n”不单独成句，其后必须有谓语动词，“着 + n”仅仅是表示其后动词动作发生的一种方式、一种凭借。另外，动词谓语的施事者为“着”前的主语，而不是“着”后的宾语。

以上“着”后的宾语必须是由物充当，如果是人，“着”就不再是介词，而变成能带兼语的动词了，意为“叫”、“让”，看下面例子：

(25)你们得着[tsə15]个人喊他一下，他在田畈(农田)里搞活(干活)。

(26)这次提亲，你准备着[tsə15]谁个(哪个人)去说？

(27)这事你们最好着[tsə15]老板亲自出面说好些。

以上三句，谓语动词“喊”、“说”、“出面”的施事都是“着”后的宾语，不是“着”前的主语，“着”相当于兼语动词“叫”或“让”。

另外，“着”放在动词“顺、朝、冲、沿”等后与其构成复合介词，“着”读[tə]轻声，这一点与普通话差别不大。如：

(28)顺着[tə]这条大路一直往前走，别拐弯！

(29)别冲着[tə]我发火，这事跟我没关系！

(30)朝着[tə]水里头砸，一气儿(一会儿)它就出来了。

三、“着”作语气词

在罗山方言里，“着”是一个很重要的语气词。“着”可置于动词或形容词后表示命令、叮嘱、警告等祈使语气，也可置于句末，表威胁语气，或表是非、特指等疑问语气。

1.“着”置于动词或形容词后表示一种祈使语气。又有以下几种情况：

1.1 “着”表命令语气，读[tə]轻声。如：

(31)你把火给我点着[tə]，快点！

(32)把电视给我开着[tə]，谁个叫你关的！

(33)快把盆端着[tə]，别把水泼了！

(34)把田里的谷瞧着[tə]，别让雀子(鸟)吃了。

1.2 “着”表叮嘱语气，读[tə]轻声。如：

(35)我不在家,你千万别把门闯着[tə]啊!

(36)天冷了,把棉衣穿着[tə]!

(37)你把账目好好记着[tə],别忘记了。

(38)我两个(我俩)可能回晚点,晚饭一定等着[tə]。

1.3 “着”表警告语气,这时“着”读[$tə^{35}$]或[tə]轻声。其中用于句中多读[$tə^{35}$],用于句末多读[tə]轻声。如:

(39)你给我听着[$tə^{35}$],哪里都不准去。

(40)姓王的,你给我记着[$tə^{35}$],我迟早得收拾你。

(41)别把事做绝了,以后你小心着[tə]点。

(42)可以,你不怕,咱们瞧着[tə]。

2.“着”放在句末,表一种假设性的威胁语气。这里的“着”与上面“1.3”中的“着”有些不同,虽然两者都含有警告威胁之意,但前面的“着”是动词后的词缀,这里的“着”则是一种语尾,与其前的动词没有任何粘着关系,它所表达的语气也是就全句而言的。同时,这里的“着”还含有一种假设语气。另外,读音也不同,“1.3”中的“着”读[$tə^{35}$]或[tə]轻声,这里的“着”读[$tsə^{41}$]。“着”可位于小句末,也可位于整句末。如:

(43)你要是跑着[$tsə^{41}$],瞧我不打断你的腿!

(44)要是不行着[$tsə^{41}$],到时候再跟你说!

(45)你要是溜着[$tsə^{41}$],到时候别怪我不讲客气!

(46)你下次要是再偷着[$tsə^{41}$],我非把你的爪子剁了!

(47)让你穿你不穿,再给我叫冷着[$tsə^{41}$]!

(48)钱这回我可是给齐了哈,瞧清除,下次再要着[$tsə^{41}$]!

以上句子含着一种明显的假设。如(43)中,警告威胁对方不要跑,如果跑了,将要打断对方的腿;(44)中,警靠威胁对方不要骗人,如果对方骗自己,即所说的方法不行,肯定饶不了对方;(45)中警告威胁对方不准溜,否则到时不客气。其余依此类推。

这种“着”的前面有时也可加上一个“了”字,表示对将来完成状态的一种威胁警告,如:

(49)你光在那哈(那儿)玩,羊要是丢了着[$tsə^{41}$]!

(50)让你别去你偏要去,要是让狗咬了着[$tsə^{41}$]!

(51)你一次也不瞧,东西要是被人偷了着[$tsə^{41}$]!

(52)你不去瞧哈(看一下),牛跑了着[$tsə^{41}$]!

这种用法的“着”由于暗含一种假设,因而句子里一般有“要、要是”来加强语气。

3.“着”放在句末,表是非疑问语气。作这种用法时,“着”前一般有疑问词“不”、“没”与之搭配使用,构成“不着”、“没着”的固定格式,这种格式在句中也含有一种假设,即如果对方有不同的回答,问话者心中就会做出一种相应的不同的主观反应。“着”读[tsə]轻声。

3.1 “着”与“不”构成“不着”结构。当“着”构成“不着”结构时,主要是对动作将来是否发生的一种询问,用时隐含着一种主观心理的假设,如:

(53)上街你去不着[tsə]?

(54)明了(明天)的会你去开不着[tsə]?

(55)这栋楼还盖不着[tsə]?

(56)学你还上不着[tsə]?

(57)小王今天来不着[tsə]?

(58)别急,主任咋说的,他说他管不着[tsə]?

以上这些都是对将来动作的询问,同时暗含着主观的假设。如(53),如果对方上街,问话人可能要等他,如果不去,问话人可能要先走了;(54),如果对方明天去开会,问话人可能就此作罢,如果对方不去开会,问话人可能会替对方请个假;(55),如果这栋楼还盖,问话人可能要集资,如果不盖,问话人可能作其他打算。其他依此类推。

“不着”也可放在形容词后表示一种对持续状态的询问。如:

(59)河的水多不着[tsə]?

(60)他屋的楼高不着[tsə]?

(61)你买的苹果大不着[tsə]?

(62)主任的口才好不着[tsə]?

(63)那天晚儿黑(夜晚),外头黑不着[tsə]?

这类句子虽是对持续状态的询问,仍然暗含着一种可能的主观的假设。

3.2 “着”与“没”构成“没着”结构。当“着”构成“没着”结构时,主要是对过去动作的询问,同时隐含一种主观假设。如:

(64)你们学校扩建没着[tsə]?

(65)树缈(树梢)上那个雀子飞走没着[tsə]?

(66)那个兔子跑没着[tsə]?

(67)你的作业做完了没着[tsə]?

(68)老师批评她没着[tsə]?

(69)你说他打人,有证人没着[tsə]?

这些句子都是对已发生的动作(最后一例除外)的询问,以求进一步证实。其中暗含的假设也不难理解,这里从略。

另外,“没着”也可放在形容词谓语句末,主要表示对过去或目前状态的询问,仍然暗含着一种主观的假设。如:

(70)外头的雨小点没着[tsə]?

(71)楼上的灯亮点没着[tsə]?

(72)老师的病轻点没着[tsə]?

(73)天黑了没着[tsə]?

(74)她比以前漂亮没着[tsə]?

(75)还喝哇,你看我的脸红没着[tsə]?

4.“着”放在句末,表特指疑问语气。在这种用法中,“着”可用来帮助询问人、事、处所等,“着”同样隐含着一种主观假设,“着”读[tsə]轻声。如:

(76)来了多少人着[tsə]?

(77)他们好好的,为某事吵架着[tsə]?

(78)这个事是谁告诉你的着[tsə]?

(79)哪哈(哪里)有矿石着[tsə]?

(80)你跟我说是谁个吓你的着[tsə]?

(81)昨儿(昨天)三么儿到底咋说的着[tsə]?

以上特指疑问句中,“着”放在句末都是用来加强特指疑问语气的。其中每句都含着不同的主观假设,如(76)例中,如果来的人多了,问话者可能要多做饭菜,多备碗筷;如果来的人不多,问话者可能就不必另行准备了。其余各例可依此类推,这里从略。

以上便是罗山方言中虚词“着”的具体用法。总之,罗山方言里的虚词“着”可作助词、介词以及语气词,并伴随着丰富的形态变化,其形态的变化主要在于声母、韵母和声调的变化,与普通话差别较大。“着”作助词时,可置于动词或少数形容词后表动作或状态的持续,“着”读[tə]轻声、[tsə]轻声、[tɛ]轻声或[$tɛ^{35}$];作介词时,用来表凭借的方式,意为“拿”、“用”,读[$tsə^{15}$];作语气词时,可置于动词或形容词后表示命令、叮嘱、警告等祈使语气,也可置于句末,表假设性的威胁语气或是非、特指等疑问语气,“着”读[tə]轻声、[$tə^{35}$]、[$tsə^{41}$]或[tsə]轻声。罗山方言“着”的这些用法及形态的变化,无疑是对汉语虚词用法的有益的必要的补充。

注释:

[1][4]吕叔湘主编,《现代汉语八百词》,北京:商务印书馆,1980 年版。

[2][5]王力著,《汉语语法史》,北京:商务印书馆,1989 年版。

[3][6]刘坚等著,《近代汉语虚词研究》,北京:语文出版社,1992 年版。

(原载《殷都学刊》2011 年 02 期,陈明富,张鹏丽)

河南罗山方言的声母系统及其中古音探源

罗山县位于河南省南部,罗山方言隶属于中原官话信蚌片。研究罗山方言不仅对于方言本身的研究,而且对于汉语史的研究和推广普通话都有积极的意义。尤其在方言消失如此迅速的今天,各方言的研究显得尤其重要和紧迫。罗山方言是罗山文化的一个重要部分,从这个角度而言,研究罗山方言也有重要的意义,本文只讨论罗山方言的声母问题。

以城关镇为中心的罗山方言共同语,除零声母外,共有20个声母。它们分别是p,p‘,m,f,v,ts,ts‘,s,z,t,t‘,n,l,tɕ,tɕ‘,ɕ,k,k‘,ŋ,x。另外,在罗山县的北部和南部的极少数地方,仍有舌尖后音tʂ,tʂ‘,ʂ,ʐ 的存在,但适用的人数和地域极为有限,不在本文分析之列,本文只探讨罗山方言的共同语,主要是探讨罗山方言共同语的声母与中古声母之间的承传关系。

一、下面用图表的方式来看罗山方言20个辅音声母的具体发音情况。

发音方法＼发音部位		双唇	唇齿	舌尖前	舌尖中	舌面前	舌根
塞音	不送气	1、帮 p			10、端 t		17、见 k
	送气	2、滂 p‘			11、透 t‘		18、溪 k‘
鼻音		3、明 m			12、泥 n		19、疑 ŋ
边音					13、来 l		
塞擦音	不送气			6、精 ts		14、tɕ	
	送气			7、清 ts‘		15、tɕ‘	
擦音	清		4、非 f	8、心 s		16、ɕ	20、晓 x
	浊		5、微 v	9、邪 z			

从上表可以看出,罗山方言的声母按发音方法可分为塞音、塞擦音、擦、鼻音、边音,其中塞音和塞擦音有送气与不送气之分,擦音分清浊;按发音部位分,有双唇、唇齿、舌尖前、舌尖中、舌面前、舌根音。

罗山方言共有六个浊声母,即明母、泥母、疑来、来母、微母、邪母,比普通话多出一倍。罗山方言的全浊声母基本消失,六个浊声母中,除了邪母实际是由古日母字转入外,其余五个均为次浊声母。另外,与大部分北方方言比,罗山方言共同语中没有舌尖后音。

二、下面重点探讨这二十个辅音声母与中古声母[1][2]的关系。

1. **帮母** P

主要来自中古帮母与並母(仄声),另有少量字来自滂母。例字:

帮母:巴布贝北半贬本并;并母:拔比别勃步部暴拌;滂母:媲鼻怖湃

2. **滂母** p‘

主要来自中古滂母与並母(平声),少量来自帮母、非母、敷母、透母。例字:

滂母:怕颇披批匹配胖品;并母:爬排佩畔朋旁陪凭;帮母:迫谱绊遍;非母:甫脯喷;敷母:捧;透母:魄

3. **明母** m

主要来自中古明母,少量来自帮母。例字:

明母:麻骂末没目沐毛妙曼免;帮母:秘泌

4. **非母** f

主要来自中古非母、敷母、奉母、匣母,少量来自晓母、喻三、溪母。例字:

非母:发法付非富否分方;敷母:俘副菲费泛芳访妃;奉母:佛伐扶匐伏负

帆分犯;匣母:胡狐会户淮黄患换;晓母:荒慌化花;喻三:汇;溪母:恢诙

5. **微母** v

主要来自中古微母,少量来自疑母、匣母、喻三、影母。例字:

微母:巫无万文蚊吻亡网望;疑母:我卧午吴玩;匣母:完丸皖

莞;喻三:

为韦胃位往;影母:威委汪尉乌屋

6. **精母** ts

主要来自中古的精母、庄母、章母、知母、澄母,少量来自彻母、从母(仄声)、心母、崇母(平声)。例字:

精母;作做姿姊子宗早再祖足;庄母:仄责爪斋债庄壮诤扎;章母:止旨支之者舟照周召;知母:追沾展站珍贞中知;澄母:择着兆丈宙坠逐;从母:杂昨坐自;心母:燥臊;崇母:栈状闸;彻母:侦

7. **清母** ts'

主要来自中古清母、彻母、澄母(仄声)、初母、昌母,少量来自从母(平声)、崇母(仄声)、邪母(平声)、书母、禅母、心母(仄声)。例字:

清母:擦措刺采醋脆猜;彻母:诧撤丑超畜耻逞宠;澄母:持虫沉陈长椎朝;初母:差岔刹揣抄吵窗叉;昌母:昌猖充斥秤臭车扯;从母:曹嘈层;崇母:锄雏豺柴;邪母:词祠辞饲;书母:春深伸娠;禅母:垂仇常;心母:赐

8. **心母** s

主要来自中心母、山母、船母、书母、禅母、邪母,少量来自初母、崇母。例字:

心母:塞娑嫂孙司私泗思诉;山母:沙瑟色所师史衰山生;船母:食实舌蛇剩绳神;书母:舍尸施诗失始室水;禅母:社时十什拾勺市视是;邪母:颂讼寺巳似诵;初母:拴涮;崇母:事柿士

9. **邪母** z

主要来自中古日母、喻四,少量来自疑母、影母、喻三、禅母。例字:

日母:惹柔仁人任仍染然认;喻四:用勇溶庸溶熔融;疑母:喁颙;影母:擁邕;喻三:荣;禅母:瑞

10. **端母** t

主要来自中古端母、定母(平声),少量来自透母。例字:

端母:答多低旦丁当短斗耽冬曲;定母:奠甸电宕段盾钝豆掉;透母:叨腆

11. **透母** t‘

主要来自中古透母、定母(仄声)。例字:

透母:他拖脱台土太退捅倘吞;定母:田填堂廷彤同覃头

12. **泥母** n

主要来中古的泥母、娘母、疑母,少量来自来母、端母。例字:

泥母:年捏你宁泥呢;娘母:尼女匿粘娘;疑母:倪拟牛逆宜虐伲;来母:辇;端母:鸟

13. **来母** l

主要来自中古来母,另有一部分来自泥母、娘母。例字:

来母:拉吏立吕了六脸两良令弄;泥母:奴乃那诺内;娘母:浓农

14. tɕ

主要来自中古精母、见母、从母(仄)、群母(仄)的细音以及章母,少量来自知母、崇母、澄母。例字:

精母:接焦尖箭津仅进俊骏;见母:家价假界斤景眷卷降;从母:截捷绝匠静婧净;群母:杰妓巨技咎柩件倦;章母:朱珠主注准煮蛀;知母:株猪著;崇母:撰骤;澄母:住柱

15. tɕ‘

主要来自中古的清母、溪母、从(平)、群(平)的细音,少量来自澄母、昌母、知母、船母、禅母、心母、邪母的细音。例字:

清母:切且鹊秋诠千七妻俏;溪母:恰欺缺躯丘欠气企;从母:憔酋樯情诮截捷;群母:求球拳禽勤强群;澄母:储除厨;昌母:喘串川穿春;知母:传;船母:唇;禅母:纯;心母:鞘;邪母:翔

16. ɕ

主要来自中古的心母、邪母、晓母、匣母的细音,少量来自书母、禅母、溪母。例字:

心母:悉析昔消小洗心辛匈;邪母:邪斜席俗旬详驯旋叙;晓母:瞎虾血歇吸希险休孝许;匣母:下霞夏匣淆形刑项兮;书母:说书舒

抒晌舜;禅母:署曙树竖;溪母:溪墟

17. **见母** k

主要来自中古见母的洪音,少量来自群母洪音。例字:

见母:各个隔格果挂歌革公攻埂;群母:共

18. **溪母** kʻ

主要来自中古溪母洪音,少量来自见母及群母(平)洪音。例字:

溪母:跨科克课客侃奎扣抗恐匡;群:狂

19. **疑母** ŋ

主要来自中古疑母、影母。例字:

疑母:敖耦偶岸研验昂砚严;影母:爱呕鸥暗奥安案鹌鞍矮哀

20. **晓母** x

主要来自中古的晓母、匣母。例字:

晓母:货火霍吼罕喊鼾憨黑海;匣母:何河贺核合汗浩豪号寒含后

三、除以上20个辅音声母外,罗山方言还有一个零声母,它主要来自中古的影母、疑母、喻三、喻四、日母,具体如下:

影母

[a]阿;[ia]鸦鸭押亚;[i]衣依揖;[iɛ]噎;[iɔ]约;[y]於淤迂;[iau]夭妖要;[iou]幽忧优;[ian]淹焉嫣烟;[yan]冤渊怨;[in]音阴因姻;[yn]蕴愠

疑母

[ia]牙涯讶;[iɔ]岳乐;[yɛ]月刖;[i]刈羿;[y]鱼禺娱语;[ian]颜言;[yan]元源;[in]吟银迎

喻三

[yɛ]曰越;[y]于盂雨;[iou]有右又;[ian]炎;[yan]员袁远院;[yn]云耘韵

喻四

[iɛ]耶爷夜野;[i]移夷颐;[y]余俞预裕;[iau]遥姚耀;[iou]由油游酉;[ian]延阎沿;[in]淫引;[yan]鸢缘;[yn]匀允孕;[iaŋ]羊洋阳养

日母

[er]耳二尔饵而;[y]乳汝濡入

从以上对罗山方言声母系统的描述及其对中古声母的承传来看,罗山方言与大部分北方方言相比,既有许多相似的地方,又有许多不同之处。就拿与普通话相比来说,微母、邪母、疑母都是普通话所没有的;另外,舌尖后音的消失及因此而引起的舌尖前音和舌面前音的重新组合问题,非母、微母、邪母、泥母、来母及晓母的归字问题,还有其他各母包括零声母的具体归字问题,都与普通话有着或大或小的不同。对罗山方言声母系统及其与中古声母关系的探讨,有助于汉语方言和汉语语音史的研究。

注释:

[1]王力著,《汉语语音史》,北京:中国社会科学出版社,1985年版。

[2]唐作藩著,《音韵学教程》,北京:北京大学出版社,1991年版。

(原载《河南科技大学学报》2010年03期,陈明富,张鹏丽)

河南罗山方言的韵母系统及其中古音探源

罗山县位于河南南部大别山区,罗山方言是中原官话的一个分支,属信蚌片。无论是声、韵、调,罗山方言都与普通话及其他方言有很多不同之处。在方言日益消失的今天,对方言的研究是非常必要的。对罗山方言的研究,有利于了解和保存罗山文化,有利于语言学的研究，有利于推广普通话。

本文主要是研究罗山方言的韵母系统及其来源问题。罗山方言共有38个韵母，这是以城关镇为中心的罗山方言共同语的韵母系统。下面作具体探讨：

一、罗山方言的韵母系统

罗山方言共有17个韵部、38个韵母，详细情况见表1。其中韵部名称使用“十八韵”之名。

表1 罗山方言的韵母系统

	阴声韵				阳声韵			
	开	齐	合	撮	开	齐	合	撮
麻 a	a	ia	ua	ya				
波 ɔ	ɔ	iɔ	uɔ					
歌 ə	ə							
皆 ɛ	?	iɛ	uɛ	yɛ				
支 ɿ	ɿ							
儿 ər	ər							
齐 i		i						
微 ei	ei		uei					
开 ai	ai		uai					
姑 u			u					
鱼 y				y				
侯 ou	ou	iou	uou					
豪 au	au	iau	uau					
寒 an					an	ian	uan	yan
痕 ən					ən	iən	uən	yən
唐 aŋ					aŋ	iaŋ	uaŋ	
庚 əŋ					əŋ	iəŋ		

从表1可以看出，罗山方言的韵母有以下几个特征：1. 入声韵已消失，只有阴声韵和阳声韵；2. 主元音多发前低音或中音，发后高音的较少；3. 阴声韵和阳声韵都四呼俱全；4. “十八音”里庚东五个韵母合为[əŋ]和[iəŋ]两个韵母，呈减化趋势；5. 舌尖后音已消失。

二、罗山方言韵母系统的来源

罗山方言的阴声韵源于中古的阴声韵和入声韵，阳声韵源于中古的阳声韵，下面以简表的形式来表示中古206韵（以平赅上去）到罗山方言17部38个韵母的情况（表2）。[1][2][3]

表2 罗山方言韵母系统的来源

中古韵母 / 罗山方言韵母		阴声韵		入声韵		阳声韵	
		韵目	例字	韵目	例字	韵目	例字
麻a	a	歌$_{开一}$ 戈$_{合一}$ 麻$_{开二三合二}$ 佳$_{开二}$	他爸巴花	合$_{开一}$ 盍$_{开一}$ 洽$_{开二}$ 狎$_{开二}$ 乏$_{合三}$ 曷$_{开一}$ 黠$_{开二}$ 鎋$_{开二}$ 薛$_{合三}$ 月$_{合三}$ 屑$_{合四}$	答炸法八伐		
	ia	麻$_{开二三}$ 皆$_{开二}$ 佳$_{开二}$ 夬$_{开二}$	家下佳	洽$_{开二}$ 狎$_{开二}$ 曷$_{开一}$ 黠$_{开二}$ 辖$_{开二}$	夹甲瞎		
	ua	麻$_{合二}$	瓜夸	末$_{合一}$ 黠$_{合二}$ 辖$_{合二}$ 薛$_{合三}$ 月$_{合三}$ 屑$_{合四}$	刷刮		
	ya						

续表

中古韵母 / 罗山方言韵母		阴声韵		入声韵		阳声韵	
		韵目	例字	韵目	例字	韵目	例字
波 ɔ	ɔ	戈$_{合一三}$ 模$_{合一}$	波摹	末$_{合一}$ 黠$_{合二}$ 辖$_{合二}$ 没$_{合一}$ 术$_{合三}$ 物$_{合三}$ 铎$_{开一}$ 觉$_{开二}$	末勃博剥		
	iɔ			药$_{开三}$ 觉$_{开二}$	约岳		
	uɔ	歌$_{开一}$ 戈$_{开三}$合$_{一三}$	多坐朵	末$_{合一}$ 黠$_{合二}$ 辖$_{合二}$ 铎$_{开一合一}$ 药$_{开三合三}$ 觉$_{开二}$ 德$_{合一}$ 职$_{合三}$	活昨托或		
歌 ə	ə	歌$_{开一}$ 戈$_{开三}$	歌科何	合$_{开一}$ 盍$_{开一}$ 曷$_{开一}$ 黠$_{开二}$ 辖$_{开二}$ 铎$_{开一}$	喝磕各乐		
皆 ɛ	ɛ	麻$_{开二三}$	车社者	叶$_{开三}$ 业$_{开三}$ 帖$_{开四}$ 薛$_{开三}$ 月$_{开三}$ 屑$_{开四}$ 德$_{开一}$ 职$_{开三}$ 陌$_{开二}$ 麦$_{开二}$	涉热刻责		
	iɛ	歌$_{开一}$ 麻$_{开二三}$	些夜也	叶$_{开三}$ 业$_{开三}$ 帖$_{开四}$ 薛$_{开三}$ 月$_{开三}$ 屑$_{开四}$	接别节雪		

续表

中古韵母 / 罗山方言韵母		阴声韵		入声韵		阳声韵	
		韵目	例字	韵目	例字	韵目	例字
皆 ε	uε			德$_{合一}$	国		
	yε	戈$_{合一三}$	靴瘸	薛$_{开三合三}$ 月$_{开三合三}$ 物$_{合三}$	说掘倔		
支 ɿ	ɿ	支$_{开三}$ 脂$_{开三}$ 之$_{开三}$ 祭$_{开三}$ 废$_{开三}$齐$_{开四}$	斯次是世	缉$_{开三}$ 质$_{开三}$ 迄$_{开三}$ 职$_{开三}$ 陌$_{开三}$ 昔$_{开三}$锡$_{开三}$	十日食石		
儿 ər	ər	支$_{开三}$ 脂$_{开三}$之$_{开三}$	儿而耳				
齐 i	i	祭$_{开三}$ 废$_{开三}$ 齐$_{开四}$ 支$_{开三}$ 脂$_{开三合三}$ 之$_{开三合三}$ 微$_{合三}$	例米皮衣季	缉$_{开三}$ 质$_{开三}$ 迄$_{开三}$ 职$_{开三}$ 陌$_{开三}$ 合三 昔$_{开三合三}$ 麦$_{合三}$锡$_{开三}$	立七力即役		
微 ei	ei	灰$_{合一}$ 泰$_{合一}$ 祭$_{合三}$ 废$_{合三}$ 齐$_{合四}$ 支$_{合三}$ 脂$_{合三}$微$_{合三}$	梅肺非累	没$_{合三}$德$_{开一}$	没贼		
	uei	齐$_{合四}$ 脂$_{合三}$微$_{合三}$	桂归瑰				

续表

中古韵母 / 罗山方言韵母		阴声韵		入声韵		阳声韵	
		韵目	例字	韵目	例字	韵目	例字
开 ai	ai	咍$_{\text{开一}}$ 泰$_{\text{开一合一}}$ 皆$_{\text{开二}}$ 佳$_{\text{开二}}$ 夬$_{\text{开二}}$ 灰$_{\text{合一}}$ 支$_{\text{合三}}$ 脂$_{\text{合三}}$微$_{\text{合三}}$	来太败外帅	质$_{\text{合三}}$	率		
	uai	灰$_{\text{合一}}$ 泰$_{\text{合一}}$ 皆$_{\text{合二}}$ 佳$_{\text{合二}}$夬$_{\text{合二}}$	块乖怪				
姑 u	u	模$_{\text{合一}}$ 侯$_{\text{开一}}$ 尤$_{\text{开三}}$幽$_{\text{开四}}$	胡母富	没$_{\text{合一}}$ 术$_{\text{合三}}$ 物$_{\text{合三}}$ 铎$_{\text{合一}}$ 屋$_{\text{合一三}}$沃$_{\text{合一}}$	忽弗缚服		
鱼 y	y	鱼$_{\text{合三}}$虞$_{\text{合三}}$	居雨	没$_{\text{合一}}$ 术$_{\text{合三}}$ 物$_{\text{合三}}$ 德$_{\text{开三}}$ 屋$_{\text{合三}}$烛$_{\text{合三}}$	律屈域玉		
侯 ou	ou	侯$_{\text{开一}}$ 尤$_{\text{开三}}$ 幽$_{\text{开四}}$ 模$_{\text{合一}}$鱼$_{\text{合三}}$	都斗初周手	屋$_{\text{合一三}}$ 烛$_{\text{合三}}$ 沃$_{\text{合一}}$没$_{\text{合一}}$	粥肉足突		
	iou	尤$_{\text{开三}}$幽$_{\text{开四}}$	流九幼				

续表

中古韵母 罗山方言韵母		阴声韵		入声韵		阳声韵	
		韵目	例字	韵目	例字	韵目	例字
豪 au	au	宵$_{开三}$ 萧$_{开四}$ 豪$_{开一}$肴$_{开一}$	保包 少朝	觉$_{开二}$ 铎$_{开一}$药$_{开三}$	雹郝勺		
	iau	宵$_{开三}$ 萧$_{开四}$ 豪$_{开一}$肴$_{开一}$	教校 小条	觉$_{开二}$	邈饺		
寒 an	an					覃$_{开一}$ 谈$_{开一}$ 咸$_{开二}$ 衔$_{开二}$ 盐$_{开三}$ 严$_{开三}$ 凡$_{合三}$ 寒$_{开一}$ 山$_{开二合二}$ 删$_{开二合二}$ 桓$_{合一}$ 元$_{开三合三}$ 先$_{合四}$ 仙$_{开三合三}$	贪凡 安判 欢
	ian					咸$_{开二}$ 衔$_{开二}$ 盐$_{开三}$ 严$_{开三}$ 添$_{开四}$ 山$_{开二}$ 删$_{开二}$ 仙$_{开三合三}$ 元$_{开三}$先$_{开四}$	减念 奸恋
	uan					桓$_{合一}$山$_{合二}$	官关
	yan					仙$_{合三}$ 元$_{合三}$先$_{合四}$	川员 犬

续表

中古韵母 / 罗山方言韵母		阴声韵		入声韵		阳声韵	
		韵目	例字	韵目	例字	韵目	例字
痕 ən	ən					侵$_{开三}$ 痕开一 真$_{开三}$ 殷$_{开三}$ 蒸$_{开三}$ 庚$_{开二三}$ 耕$_{开二}$ 清$_{开三}$ 魂$_{合一}$ 文$_{合三}$ 谆$_{合三}$ 登$_{开一}$	沉很身门伦恒争
	iən					侵$_{开三}$ 真$_{开三}$ 殷$_{开三}$ 蒸$_{开三}$ 庚开二$_{合二}$ 耕$_{开二合二}$ 清$_{合三}$ 青$_{合四}$	林民冰杏丁颖
	uən					魂$_{合一}$	昆坤捆
	yən					谆$_{合三}$ 文$_{合三}$	纯允君
唐 aŋ	aŋ					唐$_{开一合一}$ 阳$_{开三合三}$ 江$_{开二}$	忙张方胖望双
	iaŋ					阳$_{开三}$ 江$_{开二}$	良央江

续表

中古韵母 / 罗山方言韵母		阴声韵		入声韵		阳声韵	
		韵目	例字	韵目	例字	韵目	例字
唐 aŋ	uaŋ					唐$_{合一}$ 阳$_{合三}$	匡光况
庚 əŋ	əŋ					登$_{开一合一}$ 庚$_{合三}$ 东$_{合一三}$ 冬$_{合一}$ 钟$_{合三}$	弘横蒙封荣公中用
	iəŋ					清$_{合三}$ 青$_{合四}$ 东$_{合三}$ 钟$_{合三}$	兄穷凶

表2中麻部的撮口韵母[ya]在罗山方言里有音无字，只有一个零声母音节，仅代表两个词，表呕吐和大声喊叫之意。

可以看出，罗山方言的韵母与中古韵母之间有着很复杂的承传关系，这与各北方方言都有诸多不同之处。因而，了解罗山方言的韵母来源情况，对于研究方言和语音发展史无疑将大有裨益。

注释：

[1]唐作藩著，《音韵学教程》，北京：北京大学出版社，1991年版。

[2]王力主编，《古代汉语》，北京：中华书局，1999年版。

[3]王力著，《汉语语音史》，北京：中国社会科学出版社，1985年版。

（原载《河南科技大学学报》2009年02期，陈明富）

河南罗山方言的声调系统及其中古音探源

罗山县位于河南省南部的大别山区,罗山方言是中原官话的一个分支,属信蚌片。研究罗山方言对于了解罗山文化及汉语本身都具有重要的意义。本文只讨论语音里的声调问题。

罗山方言的声调调类共有五个,即阴平、阳平、上声、阴去、阳去。这里用阴阳上去来称呼调类,而不用第一声、第二声、第三声、第四声、第五声来称呼,主要是考虑到罗山方言声调与古声调的承传关系及清浊声母对声调分类的实际影响。罗山方言的调值分别为:阴平33、阳平15、上声35、阴去212、阳去41。罗山方言的声调及其与古声调的承传关系都与普通话有较大的差别[1][2][3]。

需要说明的是,这里的声调系统是以罗山城关镇为中心的罗山共同语的声调系统。另外,罗山南部极少数乡镇如定远、山店等有一小部分群众略带湖北随州口音,声调有些差别。但由于人数太少,不是主流,本文暂不做讨论。

下面重点讨论罗山方言调类与中古音调类的承传关系。为了具体探讨中古调类发展到罗山方言里的分合情况,本文用《韵镜》、《七音略》及《广韵》作字料,进行了细致的比较研究。

一、中古平声字到罗山方言的演变情况

这种演变情况,可见下表1。其中例字的多少表示中古平声到罗山方言五种调类实际字数多少的不同(余表同)。

罗山方言调类 项目 / 中古清浊声母		例字
全清	阴平	刀高糟骚端官杯该哉哀孤邦江宗冬兵京精包貂妖
	阳平	娃荀泓询洵
	上声	脂租崽褒倭些砭
	阴去	拘篦箭并
	阳去	须戈不涑施嘉佳一壹
次清	阴平	撑轻青昌汤香敲超胞亲胎批差妻枯区丰空充通
	阳平	夷咦呼诠滂
	上声	颇倾顷
	阴去	铺汇诧伥磅娉探兴
	阳去	誇夸
全浊	阴平	峥酣
	阳平	同虫蓬洪锤葵渠除排台裁豺贫频神秦痕乾田前
	上声	祈颓蹁
	阴去	攒茎
	阳去	
次浊	阴平	巍
	阳平	谋牛囚由南炎言延绵民辰人鱼余如为危儿而牙麻明
	上声	韦纫颈冥
	阴去	论那缪楞
	阳去	

由上表可以看出,中古平声的清声母字到罗山方言里基本上都变成阴平字;另外,全清和次清都有变为罗山方言其他四声的,其中次清变为上声和阳去的很少。中古平声的浊声母字到罗山方言里基本都变为阳平,这比清声母字变阴平的比例还要大,浊声母字到

其他四声的较少。

二、中古上声字到罗山方言的演变情况

请看下表2：

中古清浊声母 \ 罗山方言调类 项目		例字
全清	阴平	征摧潸沼泱鞅枉纠戡奄
	阳平	从弛捶髓癸挨旋长
	上声	感捡斩饮枕锦斗荀走酒整井丙饼影榜掌奖者姐把爪
	阴去	纪矩济黝堰算哑矿肘
	阳去	矢只枳咫
次清	阴平	松揣啡罕悄苍
	阳平	芦骇
	上声	讨考巧草好晓浅体楷采楚许岂毁桶孔喊
	阴去	去企贿扮忖趣歉
	阳去	
全浊	阴平	
	阳平	唯绍荷爸随踝
	上声	
	阴去	纣妇寿厚幸静杏荡丈下道抱赵辩善旱栈限近罢
	阳去	氏雉墅
次浊	阴平	
	阳平	靡弭与努驽嶙若言阮缭琰能蹂
	上声	脸母有藕纽猛皿冷仰养两马雅扰老了卯懒
	阴去	蕊叙怨听趁酉
	阳去	

由上表可以看出，中古上声字中全清、次清、次浊声母到罗山方言里大部分仍是上声字，但是全浊声母字绝大部分都变为罗山方言的阴去，这也是符合中古浊上声字到北方方言变为去声的规律。另外，中古全清声母字到罗山方言五种声调里都有，而次清、全浊、次浊都不齐全。

三、中古去声字到罗山方言的演变情况

请看下表3：

中古清浊声母 \ 罗山方言调类 \ 项目		例字
全清	阴平	中综尸衣骄教抓稍丧快汪深荫
	阳平	淙柴置强盎零员
	上声	演绢些舍饷柄醒狩枕闪
	阴去	富幼陋更敬放霸诈亚报吊到照奥见战宴扮贝债
	阳去	播
次清	阴平	烘吹嘘驱喷抄掩烹勘
	阳平	
	上声	统恐娶诃访闯
	阴去	太贷替慨菜翠痛控铳透臭聘庆倩畅唱向抗怕汉
	阳去	弃出吓副
全浊	阴平	召逗鸩赡赠
	阳平	鼻值殉漕巢和暇防膨蝗梵从
	上声	
	阴去	郑是圣胫病电苋便阵恨信大害代第细在械共重俸风忌
	阳去	

续表

中古清浊声母	罗山方言调类 项目	例字
次浊	阴平	恋
	阳平	为遗泥玩挠磨吟临
	上声	伪女屡孺刃染
	阴去	念茂授命孟妄谢奈庙傲尿岸羡面艺谜逝豫梦颂
	阳去	易裕

由上表可以看出，中古去声字到罗山方言里大部分为阴去字，无论清声母字还是浊声母字。其中全清声母字变阴去字的比例要小于次清、全浊和次浊，另外全清和次浊到罗山方言的分化五种声调都有，次清和全浊则都不完全。

四、中古入声字列罗山方言的演变情况

请看下表4：

中古清浊声母	罗山方言调类 项目	例字
全清	阴平	菊缩索绩拉腌
	阳平	笃爵郎
	上声	贬纷汩
	阴去	屋郁碧璧币式轼拭帅
	阳去	答夹邑急执的隔激伯博各脚约八哲结折节必吉
次清	阴平	扑酷窟劈
	阳平	匹

续表

项目 罗山方言调类 中古清浊声母		例字
次清	上声	火撮写
	阴去	彻撤泻
	阳去	七曲促秃哭畜恰妾尺策拍鹊阔血豁泼拂屈出猝忽
全浊	阴平	雹
	阳平	佛学特直食贼劾食乏杂狄别毒局蜀鹄浊勃术舌活夺拔白
	上声	
	阴去	续弼秩述倔射释获集或剧缚度
	阳去	踏捷沓涉合洽及寂籍昨折揭束
次浊	阴平	
	阳平	疙石
	上声	
	阴去	肉玉欲没物勒幕
	阳去	纳立入麦觅陌绎莫弱洛略愕诺擦热烈灭杀薛密月育木

由上表可以看出，中古入声字到罗山方言里分别分派给阴平、阳平、上声、阴去、阳去五种声调，罗山方言里没有入声字。其中中古全清字、次清字和次浊字都绝大部分归入罗山方言的阳去里了；中古全浊入声字大部分转为罗山方言里的阳平字，其余基本归入阴去和阳去里了。另外，除清声母外，中古入声字的浊声母在罗山方言的五种声调里都不够齐全。

通过实际统计和分析可以得知，中古调类在派入罗山方言的声调中，既有规律性，又很复杂。总体看来，中古平声字中，清声母字大部归阴平，浊声母字大部归阳平；中古上声字中，除全浊声母字大部归阴去外，其余的字大部归上声；中古去声字中，大部分都归入阴去；中古入声字中，除全浊声母字主要归入阳平及去声外，其余大部分都归入阳去。另外，每个声调的具体归类又是极其复杂和不平衡的。从整体看来，全清字归入的情况较次清、全浊、次浊复杂一些。中古声调到罗山方言的分配情况基本符合中古声调到北方方言的总体变化规律，但罗山方言的声调又有许多自身的特点。

上面是从分的角度，以中古声调为立足点来看中古声调到罗山方言里的分配情况。那么，如果从合的角度，以罗山方言为立足点来看中古声调到罗山方言的合并情况，又是什么样的呢？下面用一个简表5对上述内容作一个简单归纳：

项目 罗山方言调类 中古清浊声母		阴平	阳平	上声	阴去	阳去
平声	全清	＋＋＋＋	＋	＋	＋	＋
	次清	＋＋＋＋	＋	＋	＋	＋
	全浊	＋	＋＋＋＋＋	＋	＋	
	次浊	＋	＋＋＋＋＋	＋	＋	
上声	全清	＋	＋	＋＋＋＋	＋＋	＋
	次清	＋＋	＋＋	＋＋＋＋	＋	
	全浊		＋		＋＋＋＋＋	＋
	次浊		＋＋	＋＋＋＋	＋	
去声	全清	＋＋	＋	＋＋	＋＋＋＋	＋
	次清	＋＋		＋	＋＋＋＋	＋
	全浊	＋	＋＋		＋＋＋＋	
	次浊	＋	＋	＋	＋＋＋＋	＋
入声	全清	＋	＋	＋	＋＋	＋＋＋＋
	次清	＋	＋	＋	＋	＋＋＋＋
	全浊	＋	＋＋＋		＋＋	＋＋
	次浊		＋		＋	＋＋＋＋＋

注:“+”表示该项有例字,“+”号的多少代表中古某调类因声母清浊而转入罗山方言字数的相对量。

由于中古声调只知道调类不知道具体调值,因而中古调值与罗山方言调值无法比较。另外,罗山方言调值与普通话相比,由于它们承传中古声调的情况有差异,归类也不同,这样调值比较也不能一概而论。但就绝大部分字而言,罗山方言阴平调的调值在普通话里为阴平调的55,阳平15为普通话的阳平35,上声35为普通话的上声214,阴去212和阳去41为普通话的去声51。但由于中古声调调值无法知道,因而,无论是罗山方言,还是普通话的调值都无法与中古声调调值比较。

注释:

[1]唐作藩著,《音韵学教程》,北京:北京大学出版社,1991年版。

[2]王力著,《古代汉语》,北京:中华书局,1999年版。

[3]王力著,《汉语语音史》,北京:中国社会科学出版社,1985年版。

(原载《殷都学刊》2012年01期,陈明富,张鹏丽;
原题为《河南罗山方言声调系统的中古音探源》)

辞书

从"失"之义项疏漏看汉语辞书的编纂

随着汉语词汇研究的不断深入和辞书编纂工作的不断进步,汉语词汇义项的设置和编排已经取得了较大的进展,但这项工作还远没结束。下面从词语"失"之义项疏漏来看汉语词典的编纂问题。

"失"在辞书中有两个读音,即 shī 和 yì。shī,《广韵》式质切,入声,质韵,书母;yì,《集韵》弋质切,入声,质母,以母。读 yì 时,用于通假,主要通"逸"、"佚",表奔跑、安闲、疏忽、放荡等义,由于通假与本义无关,我们不作考虑。词语"失"的义项主要见 shī 音。《说文·手部》:"失,纵也。"段玉裁注:"在手而逸去为失。""失"的其他义项均与"纵"相关,为"纵"的引申义。下面我们来看几部权威的字典词典对于"失"(shī 音)义项的设置情况。

《新华字典》[1]:1. 丢。2. 没有掌握住。3. 没有达到目的。4. 错误,疏忽。5. 改变常态。

《汉语大字典》[2]:1. 遗失;丧失;丢掉。2. 遗漏。3. 耽误;错过。4. 不满足,未能达到(欲望)。5. 控制不好;没有把握住。6. 迷失,找不着。7. 不见;消失。8. 错误;过失。9. 损失。

《辞源》[3]:1. 失去。2. 放弃,改变。3. 错过,耽误。4. 不自禁,忍不住。5. 过失,错误。

《现代汉语词典》[4]:1. 失掉;丢掉。2. 没有把握住。3. 找不着,如迷失方向。4. 没有达到目的。5. 改变(常态)。6. 违背;背弃。7. 错误;过失。

《汉语大词典》[5]:1. 失掉;丢失。2. 错过;放过。3. 没有把握住或控制住。4. 违背;离开。5. 变易;错乱。6. 迷失;找不着。7. 错误,失误。

综合起来,以上五部字典词典义项多少不尽相同,但基本概括了“失”的以下意义:失去;疏忽;耽误;没有把握住或控制住;错误;没有达到目的;迷失;违背。从“失”的构词来看,也基本反映了这一情况,如“失言”、“失谬”、“失信”、“失声”、“失手”、“失慌”、“失闪”、“失涕”、“失悔”、“失迷”等。

但通过排查发现,有几个由“失”做语素构成的词语,却不符合以上情况。这几个词主要是“失窃”、“失盗”、“失火”、“失事”,以上义项没有一个能贴切解释“失窃”、“失盗”、“失火”、“失事”中语素“失”的含义,勉强接近的可能是义项“没有把握住或控制住”,但我们从这几部字典词典的实际举例来看,“没有把握住或控制住”义并不适合这几个词。如《现代汉语词典》:“没有把握住。如失手,失足,失于检点,百无一失。”《汉语大词典》:“没有把握住或控制住。参见‘失手’、‘失足’、‘失喜’、‘失笑’。”从这些举例不难看出,“没有把握住或控制住”的主要是指与自身有关的东西,如“手”、“足”、“喜”、“笑”等表情,这些都是自身能够控制的东西。而“失窃”、“失盗”、“失火”、“失事”等词则不同,“窃”、“盗”、“火”、“事”等都是身外的、主观之外的东西,这里的“失”用“没有把握住或控制住”义是无法解释得通的。也就是说“失窃”、“失盗”、“失火”、“失事”不适合以上“失”的义项。

“失窃”、“失盗”、“失火”、“失事”在《现代汉语词典》中均有收录,另外《辞源》只收录“失火”,没有“失窃”、“失盗”、“失事”。《现代汉语词典》“失火”义为“发生火灾”;“失窃”、“失盗”义为“财物被人偷走”;“失事”义为“发生不幸的事故”。不难看出,这几个词中的“失”均有“发生意外”之义,这些“意外”都是主观之外的东西,不是自身能够控制得了的。如“火灾”是突发的,事先并不知晓或能够控制,“财物被偷”是完全违背自身意愿的,“不幸的事故”更是自己不愿看到的事情。因而“发生意外”应为“失”的又一个含义，可惜几部重要的字典词典都疏漏没列。考虑到义项应尽量具体，尽量能适合词语中语素的直接释义，“失”表“发生意外”这一含义应确立为一个新的义项：“遭受；遭遇”，如“失窃”、“失盗”、“失火”之“失”义可释为“遭受”，“失事”之“失”义可释为“遭遇”。从意义来看，这一义项是由“失”之基本义“丢失”之义逐步引申而来的：由“丢失”实物很自然引申出“丢失”抽象物，即“没有把握住”之义，由主观上“没有把握住”，进一步引申出客观上“无法把握”，即“遭受、遭遇”之义。各字典词典对于“失”之义项之多寡与排序均不相同，根据各义项之间的引申关系，我们认为“失”之义项及排列应如下：1. 失掉；丢失。2. 没有把握住。3. 遭受；遭遇。4. 迷失；找不着。5. 违背；离开。6. 变易；错乱。7. 错误；过失。

从“失”之情况来看，义项疏漏，究其原因，主要有三点。一是在辞书编纂中，有时义项沿袭继承有余，而突破创新不够，从以上五部重要的字典词典中“失”的义项设置不难看出，从《汉语大字典》到《新华字典》，从《辞源》到《汉语大词典》、《现代汉语词典》，几乎没有增加什么新义项，各义项基本大同小异，创新之处还不够，当然这与汉语词汇的研究还不够深入有一定的关系。二是辞书编纂中，搜词范围不够，导致义项概括不够，如《辞源》只收录了“失火”，而并没有收录“失窃”、“失盗”、“失事”等词，不能不说是一个缺憾，其实它们在古汉语中也早已存在，如唐吴兢《乐府古题要解·雁门太守行》：“人畜牧于野，辄云以付稚子，终无失盗。”《水浒传》第五六回：“娘子在家失盗，等候得观察，不见回来。”《初刻拍案惊奇》卷二二：“州牧几日前曾见这张失事的报单过，晓得是真情。”清吴骞《扶风传信录》：“初二日，素娥复至，皆传仲仙命，令防失窃。”三是部分辞书词语收录虽全，但却疏于分析概括，新的义项没有及时归纳出来，如单从“失窃”、“失盗”、“失火”、“失事”等词来看，《汉语大词典》和《现代汉语词典》比《辞源》要全，但《汉语大词典》和《现代汉语词典》却并没能及时地对新词新义进行概括归纳，甚为可惜。

从词语“失”之义项疏漏分析来看，今后在辞书编纂中，要不断利用汉语词汇研究的最新成果，及时科学地合并或增设义项，既要继承吸收，又要有创新精神，从而使辞书编纂更好地为汉语学习和研究服务。

注释：

[1]中国社会科学院语言研究所词典编辑室编，《新华字典》，北京：商务印书馆，1998 年版。

[2]徐中舒主编，《汉语大字典》(缩印本)，成都：四川辞书出版社、武汉：湖北辞书出版社，1993 年版。

[3]商务印书馆编辑部等编，《辞源》(修订本)，北京：商务印书馆，1988 年版。

[4]中国社会科学院语言研究所词典编辑室编，《现代汉语词典》，北京：商务印书馆，2005 年版。

[5]罗竹风主编，《汉语大词典》，上海：汉语大词典出版社，1986—1993 年版。

(原载《辞书研究》2011 年 02 期，陈明富，张鹏丽)

《现代汉语词典》第五版常用词“水”义项设置之补正

《现代汉语词典》(第五版，下同)是目前我国现代汉语方面最通行、最实用、最权威的一部词典，它的许多优点是其他同类词典无法企及的。不过作为一部大型辞书，像许多辞书一样，《现代汉语词典》同样难免会存在一些或多或少的疏漏或不足之处，如在注音、释义、义项的设置、词性的标注、词条的收集等方面都有待于进一步完善。本文仅就常用词“水”的释义问题谈谈看法，希望能在《现代汉语词典》未来再版修订方面有一定的帮助。

常用词"水"是现代汉语中使用频率极高的一个词语,所属词条也非常多。但查看《现代汉语词典》的释义,甚感义项疏漏之明显。

《现代汉语词典》对"水"的释义如下:

(1)最简单的氢氧化合物,化学式 H_2O 无色。无色、无味、无臭的液体,在标准大气压(101325 帕)下,冰点 0℃,沸点 100℃,4℃时密度最大,为 1 克/毫升。(2)河流:汉 ~ | 淮 ~。(3)指江、河、湖、海、洋:~陆交通 | ~旱码头 | ~上人家。(4)(~儿)稀的汁:墨 ~ | 药 ~ | 甘蔗的 ~儿很甜。(5)指附加的费用或额外的收入:贴 ~ | 汇 ~ | 外 ~。(6)用于洗衣物等的次数:这衣裳洗几 ~ 也不变色。(7)姓。

以上七个义项能否涵盖所有涉"水"的词语呢?先来看下列词语,这几个词语的释义摘自《现代汉语词典》或《汉语大词典》[1]:

水绿:浅绿色。

水红:比粉红略深而较鲜艳的颜色。

水袖:传统戏曲服装中蟒、帔、开氅、褶子等袖端所缀的部分,用白色的绸绢制成。因其甩动时形似流水波纹,故称。

水裙:戏曲服装。白色短裙,系于腰间。系水裙的角色,大多为渔夫、樵夫、店小二等。

水旗:传统京剧使用的道具。白色,布质,方形,上绘水纹,表示水浪。京剧《白蛇传·水斗》中水族所持的旗即是。

以上词语中的"水"义很明显不适合《现代汉语词典》给"水"所列出的七个义项,它们已经从一般的具体的"水"或"河流"等义抽象化了,意思是"颜色或形状像水一样的",而且词性也不是名词,而是形容词。显然,"水"的这个意义应该列为一个新的义项。这个义项的缺失应该说是《现代汉语词典》一个不应该的疏漏。其实《现代汉语词典》对于很多名词的引申义或比喻义都注意到了,也都列出了合理的义项。如名词"浪",《现代汉语词典》在给出"波浪"义项后,接着就列出了"像波浪起伏的东西"这一义项,这样做显然是正确的。又如"木",《现代汉语词典》在给出其基本意义"树木"、"木头"

等后，又列出了“反应迟钝”及“麻木”等引申义，都是正确的。可惜对于“水”之“颜色或形状像水一样的”这一义项却疏漏了。

考察发现，《现代汉语词典》对于“水”的常用义项的疏漏还不止上面一项。下面再看两个从《现代汉语词典》中摘出的涉“水”词语及其释义：

钢水：液体状态的钢。钢水一般都铸成钢锭，也可以直接浇铸成铸件。

铁水：铁熔化而成的炽热液体。

生活中我们还会遇到一些类似的词语，如“铜水”、“银水”、“锡水”等，这些词语中的“水”，显然只是与水的形态相似，本质完全不同，《现代汉语词典》给出的七个义项也不能涵盖它们，它们应该列为一个新的义项“形态像水的液态物”。

除了某些常用词语义项的疏漏外，《现代汉语词典》在对某些义项的概括方面也有一些值得商榷的地方。下面仍然看对于“水”的释义，以下同样是从《现代汉语词典》中摘出的几个涉“水”词语及其释义：

红药水：汞溴红溶液的通称。

花露水：稀酒精中加香料制成的化妆品。

羊水：羊膜中的液体。羊水能使胎儿不受外界的震荡，并能减少胎儿在子宫内活动时对孕妇的刺激。

脑积水：脑脊液在脑膜腔内或脑室内蓄积过多的病症，症状是脑室扩张，颅骨骨缝张开，头部静脉怒张，头痛，智力发育停止。

胶水：（～儿）粘东西用的液体的胶。

镪水：强酸的俗称。

硝镪水：硝酸的俗称。

王水：一分浓硝酸和三分浓盐酸的混合液，腐蚀性极强，能溶解金、铂和某些在一般的酸类中不能溶解的金属。

以上几个词语中的“水”，如果非得用《现代汉语词典》中所给出的七个义项来解释的话，只有第四个义项“稀的汁”勉强适合。但是仔细分析,“稀的汁”用来解释“花露水”、“红药水”、“羊水”、“脑积水”尚可,但其解释“胶水”就有点勉强,因为“胶水”一般很浓,并非“稀”的。同时用“稀的汁”来解释像“镪水”、“硝镪水”、“王水”这样的化学物质也显得十分苍白,因为无论是“稀”还是“汁”都无法合理科学地解释化学中的化合物。对于以上这些涉“水”词语,可以用“由水构成的混合物或化合物”这一义项来统一概括,这样既能兼顾原义项中的某些词语,又能概括其他一些常用词语,既合理又避免疏漏。

关于“水”的非常用义我们就不讨论了。从以上分析来看,《现代汉语词典》对于“水”的释义,应该加上两个常用义项:“颜色或形状像水一样的”,“形态像水的液态物”。同时应将原释义中第四个义项“稀的汁”改为“由水构成的混合物或化合物”。这样,关于“水”的现代汉语义项及其排序应为:(1)最简单的氢氧化合物,化学式 H_2O 无色。(2)河流。(3)指江、河、湖、海、洋。(4)颜色或形状像水一样的。(5)(~儿)由水构成的混合物或化合物。(6)形态像水的液态物。(7)指附加的费用或额外的收入。(8)指洗的次数。(9)姓。

对于像“水”这样的常用词,由于其日常使用较为频繁,同时作为语素的构词能力也较强,因而所属词条往往较多,意义也较复杂。这样,在语文辞书的编纂中,对于这类多义常用词,如何科学合理地进行义项设置,就显得相当重要,这就要求我们不仅要对每一个义项做到科学而精炼地概括,而且更要力争不能有义项疏漏的情况。为此,我们认为在辞书编纂中,至少应该注意以下几个方面的情况:一是对于每个多义常用词的所属词条要尽量做到最大范围的搜集,所属词条搜集越全面,那么义项的设置才会越科学,才会最大程度上避免疏漏的情况;二是对于多义常用词作为构词语素在各个词条中的意义要仔细判断甄别,在语义概括时要实事求是,不能随意合并或分类,要按照语义引申关系与演变顺序等设置义项;三要多注意多义常用词作为构词语素在词语中位置靠后的情况,语文辞书的词条安排多为顺序的方式，这样编纂者容易忽略或不够重视常用词作为构词语素在词语中位置靠后的情况，以致容易忽略一些必要的语义信息，这里可以多吸收一些倒序辞书对于词条和义项的设置经验，以作为顺序辞书编纂的必要补充；四是在大型辞书的编纂中，一定要注意加强各编纂者对于编纂标准的执行力度，否则就会出现某些同类词语或非同类词语之间义项设置标准严重失调的情况；五是要随时注意吸收最新科研成果，要合理参考其他相关辞书的义项设置和词条收录情况，同时对于某些新兴语词也要注意合理吸收或关注。以上拙见，希望能对今后的再版或相关辞书的编纂有一定裨益。

注释：

[1]罗竹风主编，《汉语大词典》，上海：汉语大词典出版社，1986—1993 年版。

（原载《辞书研究》2012 年 03 期，张鹏丽，陈明富）

《汉语大词典》书证滞后举隅及大型词典编纂的思考

《汉语大词典》（以下简称《大词典》）是目前关于汉语词汇方面最全面最权威的大型辞书之一，《大词典》对汉语教学和研究产生了重大的影响。不过由于受到编纂时代学术研究水平的限制、编纂者的水平不一、词条众多、义项繁复、文献浩繁等多种主观和客观因素的影响，《大词典》难免存在不少缺点或不足之处。自《大词典》问世以来，学界就展开了积极的探讨，在词条漏收、义项缺失、义项排列欠妥、释义表述不当、书证滞后、书证排列混乱等方面都提出过中肯的意见，这些都为以后的修订和再版提供了宝贵的依据。随着文献的开发和大型语料库的逐步建立，随着学界研究的深入发展，对《大词典》的研究必将会更加全面而深入，这对于未来大型词典的修订和编纂无疑具有积极的意义。本文仅就《大词典》书证滞后问题再略加举隅，以期能对《大词典》的未来修订和再版有所裨益，同时就大型词典在编纂中的书证处理问题谈谈看法。

一、书证滞后举隅

本文选取了几组词语在《大词典》中的书证滞后情况，它们主要是涉“工匠”义名词、涉“买卖”义动词、涉“建造”义动词、涉“砍伐”义动词、涉“树木”个体量词，其中每组词语在《大词典》中所收词条都较多，《大词典》在处理这些词条的书证时，大部分做得较好，但每组均有书证明显或严重滞后现象，有些组别涉及的词语还较多。

（一）涉“工匠”义名词

（1）匠役。《大词典》：“匠役，旧指给官府或官宦人家服役的工匠。”[1]“匠役”至迟在明代即已出现，如《初刻拍案惊奇》卷二十：“刘元普便自聚起匠役人工，在庄厅上抬取一对灵柩，到坟茔上来。”但《大词典》最早书证仅为清代用例，如《清会典事例·盛京工·匠役》：“司匠管下，匠役七十九名，家属共三百八十七口。每匠岁给布、棉与黄瓦厂匠同，每家口岁给米、稗、盐与崇政殿壮丁同。”显然滞后。

（2）匠作。《大词典》：“匠作，工匠。”又“指缺乏艺术特色的作品。”[2]“匠作”表“工匠”义至迟在元代即已出现，如《宋史·王信传》：“入奏事，留为匠作少监，复考功郎官，转诨器少监兼右司郎官，升员外郎。”但《大词典》最早书证为明代用例，如《三国演义》第一〇二回：“（孔明）令唤集随军匠作一千余人，入葫芦谷中，别造‘木牛’‘流马’应用。”显然滞后。

（3）工伎。“工伎”在古代有“技艺”、“工匠”等义。《大词典》：“伎，指其他各种技艺。”又“工伎，指从事各种技艺的人。”[3]“工伎”表“工匠”义至迟在南北朝即已出现，如《颜氏家训·勉学》：“多见士大夫耻涉农商，差务工伎，射则不能穿札，笔则才记姓名，饱食醉酒，忽忽无事，以此销日，以此终年。”但《大词典》最早书证为宋代用例，如《资治通鉴·晋安帝隆安元年》：“燕将王沈等降魏。乐浪王惠、中书侍郎韩范、员外郎段宏、太史令刘起等帅工伎三百奔邺。”显然滞后。

(4)工役。“工役”在古代有“工程”、“工匠”等义。《大词典》：“工役，从事土木工程的人。”[4]“工役”表“工匠”义至迟在南北朝即已出现，如《魏书·献文六王传下·彭城王勰》：“可量遣工役，分给材瓦，禀王所好，速令制办，务从简素，以称王心。”又《世宗宣武帝纪》：“辛丑，诏赦冀州民杂工役为元愉所诖误者，其能斩获逆党，别加优赏。”但《大词典》最早书证仅为清代用例，即方东树《书〈望溪先生集〉后》：“作室者，卜里闬，量基址，程材用，庀工役。”显然过于滞后。

(二)涉“买卖”义动词

(5)货易。《大词典》：“货易，贸易；交易。”[5]“货易”至迟在汉代即已出现，如《风俗通义·佚文》：“汝南周霸，字翁仲，为太尉掾，妇于乳舍生女，自毒无男，时屠妇比卧得男，因相与私货易，裨钱数万。”但《大词典》最早书证为晋代用例，即法显《佛国记》：“国中不养猪鸡，不卖生口，市无屠行及酤酒者，货易则用贝齿。”显然滞后。

(三)涉“建造”义动词

(6)营造。“营造”在古代有“建造”、“制作”、“编造”等义。《大词典》：“营造，建造。”[6]“营造”表“建造”义至迟在南北朝即已出现，如《宋书·五行志四》：“初，帝即位，自邺迁洛，营造宫室，而不起宗庙，太祖神主犹在邺。”《北齐书·文襄六王传》：“武成幸其第，见而悦之，故盛兴后园之玩，于是贵贱慕学，处处营造。”但《大词典》最早书证为唐代用例，即《晋书·五行志上》：“清扫所灾之处，不敢于此有所营造。”显然滞后。

(7)营建。“营建”在古代有“建筑”、“创建”等义。《大词典》：“营建，兴建；建造。”[7]“营建”表“建造”义至迟在汉代即已出现，如

《汉书·扬雄传上》:“穿昆明池象滇河,营建章、凤阙、神明、馺娑,渐台、泰液象海水周流方丈、瀛洲、蓬莱。”但《大词典》最早书证为南北朝用例,即《后汉书·郎顗传》:“离房别观,本不常居,而皆务精土木,营建无已。”显然滞后。

(8)构营。《大词典》:“构营,建造。”[8]“构营”表“建造”义至迟在唐代即已出现,如《北史·高隆之传》:“又领营构大将,以十万夫彻洛阳宫殿,运于邺,构营之制,皆委隆之。”但《大词典》最早书证为宋代《宋高僧传·读诵·唐湖州法华寺大光传》中用例:“既止乌程,构营宝塔,日持《花偈》成报往愿焉。”显然滞后。

(9)创。“创”古代亦作“刅”、“剏”、“刱”,有“创造”、“初始”、“建筑”、“超出”等义。《文选·班固〈东京赋〉》:“由数朞而创万代。”吕延济注:“创,犹建也。”[9]《大词典》:“创,建造。”[10]“创”表“建造”义至迟在汉代即已出现,如《新序·杂事》:“夫垦田创邑,辟田殖谷,尽地之利,则臣不若宁戚,请置以为田官。”但《大词典》最早书证仅为宋代用例,如《新唐书·李昭德传》:“武后营神都,昭德规创文昌台及定鼎、上东诸门,标置华壮。”显然过于滞后。

(10)建筑。“建筑”既可作动词表“建造”义,又可作名词表“建筑物”之义,在古代主要作动词。《大词典》:“建筑,建造;建立。”[11]“建筑”一词至迟在元代即已出现,如《宋史·礼志六》:“乃诏临安府于国城之东,建筑九宫壝,其仪如祀上帝。”《宋史·地理志三》:“怀德军,本平夏城,绍圣四年建筑。大观二年,展城作军,名曰怀德。”但《大词典》最早书证为清代用例,即陈康祺《燕下乡脞录》卷七:“(年羹尧)建筑合阳城堡,不行题请,擅发银两。”显然滞后。

(11)造立。《大词典》:“造立,建筑;建造。”[12]“造立”表“建造”义至迟在南北朝即已常见,如《后汉书·任延传》:“又造立校官,自掾史子孙,皆令诣学受业。”《宋书·竟陵王诞传》:“而诞造立第舍,穷极工巧,园池之美,冠于一时。”《弘明集》卷第十三:“欲于空中造立宫室,终不能成。”《大词典》最早书证为唐代用例,即《南史·宋竟陵王诞传》:“而诞造立第舍,穷极工巧,园池之美,冠于一时。”显然滞后。

(12)造筑。《大词典》:“造筑,建造;建筑。”[13]“造筑”至迟在东汉即已出现,如《吴越春秋·阖闾内传》:“子胥乃使相土尝水,象天法地,造筑大城。”但《大词典》最早书证为南北朝用例,即《宋书·武帝纪上》:“加以士庶疲于转输,文武困于造筑。”显然滞后。

(四)涉“砍伐”义动词

(13)砍。“砍”义广泛,也常用于树木。此义在南北朝即出现,如《殷芸小说》卷二:“汉文翁当起田,砍柴为陂,夜有百十野猪,鼻载土着柴中。”但《大词典》最早书证仅为明代用例,即冯惟敏《僧尼共犯》第二折:“钝刀磨得快,双手砍西瓜。”显然过于滞后。

(14)刈。“刈”本指割草,《康熙字典》:“刈,《说文》芟草也。《徐曰》本作乂,后人又加刀作刈。”[14]引申为砍伐义,《大词典》:“刈,割取。”[15]又“刈,斩杀;砍断。”[16]“刈”先秦即可指砍伐树木,如《诗经·周南·汉广》:“翘翘错薪,言刈其楚。之子于归,言秣其马。”《六韬·龙韬》:“秋刈禾薪,其粮食储备也。”《离骚》:“冀枝叶之峻茂兮,愿俟时乎吾将刈。”但《大词典》最早书证为汉代用例,即《大戴礼记·用兵》:“及后世贪者之用兵也,以刈百姓,危国家也。”显然滞后。

(15)薪。“薪”既可指柴薪,又可指砍伐树木之义。《诗经·大雅·棫朴》:“薪之槱之。”孔颖达疏:“伐木析之谓之薪。”[17]《慧琳音义》卷六十六“薪积”注引《考声》云:“薪,析木也。”[18]《大词典》:“薪,打柴;砍伐。”[19]此义在《诗经》中就已出现,如《诗经·大雅·棫朴》:“芃芃棫朴,薪之槱之。”但《大词典》最早书证仅为宋代用例,即韩琦《重修北岳庙记》:“薪于是,畋于是,安知其所以为神哉?”显然过于滞后。

(16)斩刈。《大词典》:“斩刈,砍伐。”[20]“斩刈”至迟在汉代即已出现,如《孔子家语》卷第四:“夏桀昆吾,自满而极,亢意而不节,斩刈黎民如草芥焉。”《论衡·程材》:“士未入道门,邪恶未除,犹山野草木未斩刈,不成路也。”但《大词典》最早书证仅为清代用例,即陈康祺《郎潜纪闻》卷三："兵燹后，寿藤古木斩刈无存。"显然过于滞后。

(17)斫伐。《大词典》："斫伐，砍伐。"[21]"斫伐"至迟在唐代即已出现，如《晋书·石季龙载记上》："今隆冬雪寒，而皇太子使人斫伐宫材，引于漳水，功役数万，士众吁嗟。"但《大词典》最早书证仅为明代用例，即《水浒传》第四八回："他如今都把白杨树木斫伐去了，将何为记?"显然过于滞后。

(18)砍伐。"砍伐"至迟魏晋时即就已出现，如《太平广记》卷二九二引魏《贾逵碑》："庙前有柏树，有人窃来砍伐，始投斧刃，仍着于树中，所著处入寻而更生。"又如元无名氏《张协状元》第八出："但自家不务农桑，不忻砍伐。"但《大词典》最早书证仅为清代用例，即《元典章新集·刑禁·禁奸恶》："程震孙打死亲兄程六四，幸遇原免，又复挟雠砍伐伊叔程公震松木，胁诈钱物。"明显过于滞后。

(五)涉"树木"个体量词

(19)株。"株"最初指露在地面上的树根、树干或树桩，《说文·木部》："株，木根也。"[22]进而引申可作树木量词，《大词典》："株，量词。犹棵。"[23]《康熙字典》："株，木身也。《蜀志·诸葛表》成都有桑八百株。"[24]这里"木身"实际有量词的含义。"株"是古代汉语中使用时间极长、出现极为频繁的一个树木个体量词。在明清"棵"大量使用之前，"株"是汉语中最为重要的一个树木个体量词。"株"作树木量词在先秦即已出现，如《关尹子·四符》："五行回环不已，所以我之伪心流转造化，几亿万岁，未有穷极，然核芽相生，不知其几万株，天地虽大，不能芽空中之核。"但《大词典》最早书证仅为魏晋用例，即《三国志·蜀志·诸葛亮传》："成都有桑八百株，薄田十五顷。"显然过于滞后。

(20)树。"树"除了指树木外，还可作树木个体量词，《大词典》："树，量词。棵，株。"[25]"树"作量词至迟在南北朝即出现，如《魏书·食货志》："诸初受田者，男夫一人给田二十亩，课莳余，种桑五十树，枣五株，榆三根。"《齐民要术·种楸》："楸既无子，可于大树四面掘坑取栽移之。亦方两步一根,两亩一行。一行百二十树,五行合六百树。十年后,一树千钱,柴在外。"但《大词典》最早书证为唐代用例,即《隋书·礼仪志七》:"皇后首饰,花十二树。皇太子妃,公主,王妃,三师,三公及公夫人,一品命妇,并九树。"显然滞后。

从以上不难看出,《大词典》书证滞后情况还是较严重的。其中有些释义的书证滞后一两个朝代,如"匠役"、"匠作"、"工伎"、"货易"、"营造"、"营建"、"构营"、"刈"、"造立"等;有些书证则显然滞后时间更长,如"株"、"砍伐"、"斩刈"、"砍"、"创"、"工役"等。

二、关于大型词典编纂的思考

第一,如何避免书证滞后的现象。书证滞后会给断代研究、汉语史的研究以及文献的研究等带来一定的影响。由于完全杜绝这一现象至少在目前来看是很难或根本做不到的,因为书证问题牵涉的因素太多,既有编纂者的主观因素,也有文献的开发、学术的研究状况等客观因素,因而我们应该充分利用学界现有研究成果,力尽所能地尽量避免出现不必要的书证滞后现象,尤其像《大词典》、《汉语大字典》、《辞源》等大型语文辞书的编纂过程中一定要尽量避免书证滞后的情况。那么如何才能尽量避免出现书证滞后的情况呢?这一问题学界也有过一些探索,同时结合汉语史研究和辞书应用的切实体会,本文认为至少要做好以下几点:一是提高编纂者对编纂体例和编纂要求的理解力和执行力,某些义项的书证严重滞后,或书证本来较多却出现孤证现象,这显然是与某些编纂者的执行力度不够有一定关系;二是要充分利用最新的文献发掘整理成果和最新的训诂学等学术研究成果,不能简单地停留在原来的文献和研究成果基础上,更不能是对其他大型辞书的某些照搬照抄,我们发现《大词典》与《汉语大字典》等存在一些照搬现象,甚至有些释语都是一致的,这样对于辞书的编纂而言并不是健康的现象;三是在向其他辞书相同词条释义书证等借鉴时,要有敢于质疑和超越的精神及念头,不能盲目相信,否则会裹足不前;四、要充分利用大型权威的电子文献检索软件和大型综合语料库的建设成果,同时对照纸本文献进行书证检索,会大大提高效率。

第二,有关其他编纂问题的思考。前面我们也谈过,像《大词典》等大型语文辞书除了书证滞后现象外,还有词条漏收、义项缺失、义项排列欠妥、释义表述不当、书证排列混乱等问题存在。要想彻底解决这些问题,就不是简单的编纂本身的问题了。除了要提高编纂队伍和编纂技能等编纂本身的质量外,还必须要大力提高当前学术研究水平,既包括整体学术研究水平,也包括编纂者的实际学术研究水平。从某种意义上来说,什么样的学术研究水平就决定了那个时代的什么样的辞书编纂质量。对于《大词典》、《汉语大字典》、《辞源》等大型语文辞书而言,尤其训诂学、词汇学、汉语史、文献学、语料学等的研究现状,将直接影响到这些辞书的质量。因而要想提高辞书的编纂质量,必须将编纂内的编纂本身质量的提高和编纂外的学术研究水平的提高严密结合起来才行。

以上我们谈了一些有关《大词典》等辞书的书证滞后现象及其他编纂问题,并不是要否定它们,而恰恰是想更好地完善它们,使之更好地服务于我们的研究和生活。

注释:

[1][2]罗竹风主编,《汉语大词典》(第 1 卷),上海:汉语大词典出版社,1986 年版。

[3][4][10][11][15][16]罗竹风主编,《汉语大词典》(第 2 卷),上海:汉语大词典出版社,1988 年版。

[5][12][13]罗竹风主编,《汉语大词典》(第 10 卷),上海:汉语大词典出版社,1993 年版。

[6][7]罗竹风主编,《汉语大词典》(第 7 卷),上海:汉语大词典出版社,1991 年版。

[8][23][25]罗竹风主编,《汉语大词典》(第 4 卷),上海:汉语大词典出版社,1989 年版。

[9][17][18]宗福邦等编撰,《故训汇纂》,北京:商务印书馆,1977 年版。

[14][24](清)陈廷敬,张玉书等编撰,《康熙字典》,北京:中华书局,1985 年版。

[19]罗竹风主编,《汉语大词典》(第 9 卷),上海:汉语大词典出版社,1992 年版。

[20][21]罗竹风主编,《汉语大词典》(第 6 卷),上海:汉语大词典出版社,1991 年版。

[22](汉)许慎撰,徐铉校定,《说文解字》,北京:中华书局,1963 年版。

(原载《广西社会科学》2012 年 07 期,张鹏丽,陈明富)

其 他

"如此宁馨儿"新解

梁沈约编撰的《宋书·前废帝纪》中有这样一段:"初,太后疾笃,遣呼帝,帝曰:'病人间多鬼,可畏,那可往!'太后怒,语侍者:'将刀来,破我腹,那得生如此宁馨儿!'"这段话主要记述的是前废帝刘子业之母王太后病重时发生的一件事。唐李延寿修撰的《南史·宋本纪》中也记述了这件事:"太后疾笃,遣呼帝,帝曰:'病人间多鬼,可畏,那可往!'太后怒,语侍者曰:'将刀来破我腹,那得生宁馨儿!'"内容基本同于《宋书》,但最后一句为"那得生宁馨儿!",没有"如此"一词。

对于《宋书》中的"那得生如此宁馨儿"这一句,余嘉锡先生在《世说新语笺疏》中作了较深入的分析。他认为:"那得生如此宁馨儿"在梁裴子野《宋略》中作"哪得生如此儿",在梁萧绎《金楼子·箴戒》中也作"哪得生如此儿",在《南史·宋本纪》中作"那得生宁馨儿",由此得出:"宁馨,晋宋方言即为如此之意。沈休文著书不得其解,妄有增加,翻为重复。"

余先生认为"宁馨"为"如此"之意,这是正确的,但笔者对于他的"沈休文著书不得其解,妄有增加,翻为重复"这一观点持有异议。

沈休文(沈约,字休文)生于宋文帝元嘉十八年(441 年),吴兴武康(今浙江德清县西)人,历仕宋、齐、梁三朝,为齐梁文坛领袖。如果说他不懂得当时的方言"宁馨"即为"如此"意,似乎不合情理。至于和《宋书》同时期的《宋略》及《金楼子》为何作"哪得生如此儿”,笔者认为可以从以下一些因素进行分析。

裴子野为南朝齐梁时人,是中国古代著名的史学家,南齐永明末年,他因不满意沈约的《宋书》,故以《宋书》一百卷为基础,著《宋略》。裴子野在《宋略·总论》中提到:“因宋之新史,为《宋略》20卷,剪裁繁文,删摄事要,即其简寡,志以为名……”由此可以看出,裴子野认为《宋书》繁文太多,可以说这是他不满意的主要原因。于是他对《宋书》进行大幅度的剪裁,对于其中的“那得生如此宁馨儿”一句,裴子野也当作繁文而剪裁之,于是成为“那得生如此儿”。裴子野的叙事评论为当时史学界所称颂,从此,凡论刘宋史者,都以裴子野的《宋略》为上,沈约的《宋书》次之。这样,萧绎作《金楼子》以《宋略》为标准也作“那得生如此儿”就不足为奇了。

我们再来看一下唐李延寿修撰《南史》的背景。李延寿在修《南史》之前曾在颜师古和孔颖达手下做古籍的“删削”工作,后来继承父志继续撰写《南史》,以其父李大师的设计框架及宋齐梁陈的材料整理为基础,以《宋书》、《南齐书》、《梁书》、《陈书》为蓝本而成书。《南史》在内容方面最大的特征就是行文简约,删去了原有四书的所有繁文。《宋书》、《南齐书》、《梁书》、《陈书》共计两百五十一卷,而合四书为一体的《南史》仅八十卷,由此可看出删减内容之多。当然,对于李延寿修史的“删削”风格,历代学者都褒贬不一,有的学者持肯定态度,有的则持否定态度,认为《南史》的删削有不当删而删的地方。笔者也赞同这种观点,如《宋书》“那得生如此宁馨儿”在《南史》中成为“那得生宁馨儿”就属此种情况。至于原因将在下文讨论。

笔者认为,以上诸家对于沈约《宋书》中的“那得生如此宁馨儿”的理解及删削都有不当之处,并没有真正领悟沈约的创作旨意。如果按照诸家的做法,将“如此”或“宁馨”去掉,从语义角度来说,并没有什么变化,也不会影响句意的表达,但如果从语用及修辞的角度来看,就会丧失其原有的语言风格及表达效果。“那得生如此宁馨儿”一句中的“如此”与“宁馨”连用应为修辞上的“同义连用”。所谓“同义连用”是指两个或两个以上的意义相同、相近的词语并列组合，来满足表达中音节、意义、功能等方面需要的一种修辞方式。也叫“同义连文”①。这种修辞手法可以说古已有之，早在先秦的文献典籍中就有许多用例[1]，如：

《周易·系辞下》：“做结绳而为网罟，以田以渔。”（“网”与“罟”同义连用）

《左传·襄公十四年》：“昔秦国负恃其众，贪于土地，逐我诸戎。”（“负”与“恃”同义连用）

《孟子·梁惠王下》：“孟子对曰：‘凶年饥岁，君之民老弱转乎沟壑，壮者散而之四方者，几千人矣。’”（“凶年”与“饥岁”同义连用）

“如此”与“宁馨”为指示代词连用，意为“如此这样”、“如此这般”。当时王太后病重，本来想见见自己的儿子，没想到他不来也罢，还竟然说出“病人间多鬼，可畏，那可往”这样的不孝之语，于是王太后一气之下一口气说出“那得生如此宁馨儿”之语。“如此”、“宁馨”连用，起到一种强调语气的作用，更加突显“太后怒”的“神情生动”，从而把王太后的那种又气又恼又无奈的思想感情表达得淋漓尽致。如果删掉其中的“如此”或“宁馨”，则强调的意味大减，也削弱了“太后怒”时的那种“神情生动”。另外，加上“如此”使得音节更加和谐，语气更加连贯。

其实，在其他典籍文献中也有类似两个代词连用的情况。如：

《七侠五义》111 回：“俟事完回来时，路过此处再将腰牌交回。一个水贼竟有如此这样规矩！”

《粉妆楼》21 回：“孙翠娥见罗焜说话正大光明，只得进房告诉赵胜。赵胜见说，道：‘难得如此这般仗义疏财，你与我收下银子，请他进来谈谈，看他是何等之人。’”

沈约作为史学家和文学家，作为齐梁时期的文坛领袖人物，是积极倡导雕饰语词的，其修辞观点主要集中反映在《谢灵运传论》中，作者提出“以情纬文，以文被质”之说，认为“文”与“质”不仅要兼备，而且还要互动起来，从而达到内容与形式的统一。因此，沈约无论是写诗或修史都贯彻自己的修辞原则。这样做也是有其积极意义的,尤其是修史。

当然,不同的作家有不同的语言风格,史学家也如此,有的史学家可能要求以简明扼要的语言来包含丰富的内容,如《南史》的作者李延寿就有此主张。唐代著名的史学家刘知几也主张史书语言要简要和质朴,提出"省字,省句"说。

《春秋公羊传》中有这样一段:"郤克眇,季孙行父秃,孙良夫跛,齐史跛者逆跛者,秃者逆秃者,眇者逆眇者。"对于其中的"齐史跛者逆跛者,秃者逆秃者,眇者逆眇者"几句,刘知几认为属烦句,主张用"各以其类逆"来代替以上几句。而清代魏际瑞在《伯子论文》中则持相反观点,认为这样做的结果"简则简矣,而非公羊、史迁之文,又于神情特不生动"。因此主张文以气格为重,对于原文的累句、涩句、不成句处,若改后有伤气格,则宁存其自然。孔子在修《春秋》时所把握的准则之一就是对旧的史料要保留其原有的语言风格,提出"史有文法,辞有详略,不必改也"之说。

陈望道先生在《修辞学发凡》[2]中认为"消极修辞以明白精确为主,积极修辞则在表意明确的基础上力求语辞生动感人"。"消极修辞"和"积极修辞"是修辞的两大分野,也是言语表达的两大法式。这两个术语最早是清末龙伯纯在《文字发凡》[3]中提出的,他认为:"消极者,修辞最低之标准,准备上必要者也;积极者,修辞最高之准备也。"

综上所述,笔者认为,沈约《宋书》中的"那得生如此宁馨儿"应为积极修辞中的"生动感人",《宋略》、《金楼子》中的"哪得生如此儿"及《南史》中的"那得生宁馨儿"为消极修辞中的"明白精确",几种不同的表达方式就其本身而言不存在孰是孰非,只是修辞手法不同而已,但对旧的史料进行重新整理再创作时,要用自己切身的感受去理解原作品的本意,这样我们才能得其真正旨意[4][5][6]。因此,笔者更倾向于沈约《宋书》中的"那得生如此宁馨儿"这种修辞手法,因为史书文体的原则虽要求简要,但也不应排斥"神情生动",应根据题旨情境的需要来确定繁简。

说明:

①“同义连用”的涵义及以下三个例句均引自李索《古代汉语修辞学》。

注释:

[1]钱钟书著,《管锥编》,北京:中华书局,1986 年版。
[2]陈望道著,《修辞学发凡》,上海:上海大江书铺,1932 年版。
[3]龙伯纯著,《文字发凡》,上海:上海广智书局,1905 年版。
[4]陈光磊、王俊衡著,《中国修辞学通史》(先秦两汉魏晋南北朝卷),长春:吉林教育出版社,1998 年版。
[5]李索著,《古代汉语修辞学》,天津:天津人民出版社,2000 年版。
[6]王希杰著,《汉语修辞学》,北京:北京出版社,1982 年版。

(原载《汉字文化》2010 年 04 期,张鹏丽)

《老残游记》语言面貌管窥

刘鹗(1857—1909),字铁云,别署鸿都百炼生,江苏丹徒人,为太谷学派重要成员之一。他学识渊博,是近代著名小说家、诗人,同时精于考古、算学、医道、治河等领域。刘鹗一生为我们留下了丰富的文化遗产,除小说《老残游记》外,还著有《老残游记》续集(残存),诗歌创作《铁云诗存》,天算著作《勾股天元草》、《孤三角术》,治河著作《历代黄河变迁图考》、《治河七说》、《治河续说》,医学著作《人命安和集》(未竟),金石著作《铁云藏龟》、《铁云藏陶》、《铁云泥封》等。其中,《老残游记》为我国十大古典白话长篇小说之一,又是晚清四大谴责小说之一,备受世人赞誉。

本文主要想考察一下作为白话小说的《老残游记》,具体而言究竟是一种什么样的语言面貌。白话毕竟是一种抽象而模糊的说法,只是一种质的概括和界定,并没有量的严格规定,因而同为白话小说,《老残游记》同《三国演义》、《水浒传》、《红楼梦》等的语言面貌又不尽相同。这里还是先解释一下什么是白话。白话是指汉语书面语的一种,是与文言相对而言的,它是唐宋以来在口语的基础上形成的,起初只用于通俗文学作品,如唐代的变文,宋以后的话本、小说、部分学术著作等,到"五四"新文化运动以后,才在全社会上普遍应用。以"五四"为界限,又可将白话分为古白话和现代白话。现代白话实质上就是现代汉语,这个比较容易理解。关于文言与古白话的含义及其区别,柳士镇先生(2003)有一段精辟的解释[1]:

汉语是世界上历史最为悠久的语言之一,从道理上说,"五四"白话文运动之前的历史时期内汉族人民所使用的语言都应在古代汉语范围之内,但是我们现在所能见到的只是自3000多年前甲骨文时代开始的古代汉语的书面语言。由于语言是随着社会发展而发展的,各个时期的语言必然会发生程度不同的某些变化,因而古代汉语的书面语言也大致形成两个系统:一个是文言,另一个是古白话。所谓文言,是指以先秦口语为基础而形成的先秦两汉的书面语言以及后世历代作家如韩愈、柳宗元之类文人仿古作品中的语言;这种语言形式是我国古代典籍文献所使用的一种最基本的书面语言形式。它不仅显然不同于现代汉语,即便与秦汉以后的历代口语相比,也有很大的不同。所谓古白话,是指汉魏以来主要在北方话的基础上形成的口头语言;这种语言形式主要用于民间文学与笔记语录等部分作品之中,虽然由于我们目前的研究尚不够深入,对于其间部分词语的理解还不很透彻,但从总体面貌上看,它与现代汉语的差别较小,读来较易理解,是现代汉语的直接来源。尽管文言与古白话都不是一时一地的语言,在其内部分别有一些差异,但它们各自的总体面貌却保持着较高程度的一致性。而从这两个系统之间的比较来看,则无论在语音、词汇、语法还是在整体风格等方面,都存在着更为显著的不同,前者距离现代汉语远而后者距离现代汉语近。

本文对于《老残游记》语言面貌的考察,就是要看看这部作品中晚清古白话和文言的构成情况,即两者怎样的混杂情况。当然《老残游记》中也有一部分是上古和中古沿用下来一直使用在白话中的成分,主要是汉语中的一些基本成分,这些成分由于在近代汉语中没有什么发展演变,本文不再详细考察。通过对《老残游记》二十回语言的通体考察发现,其最主要的语言基础还是晚清白话,即当时的口语,这些口语成分主要是唐宋以来出现的新兴成分,包括一些新词或新义等,另外在《老残游记》的行文中还间杂少量的文言成分。

下面我们来看第七回的一个段落:

老残道:"是个柳小惠家。当年他老太爷做过我们的漕台,听说他家收藏的书极多。他刻了一部书,名叫《纳书楹》,都是宋、元板书。我想开一开眼界,不知道有法可以看得见吗?"掌柜的道:"柳家是俺们这儿第一个大人家,怎么不知道呢!只是这柳小惠柳大人早已去世,他们少爷叫柳凤仪,是个两榜,那一部的主事。听说他家书多的很,都是用大板箱装着,只怕有好几百箱子呢,堆在个大楼上,永远没有人去问他。有近房柳三爷,是个秀才,长到我们这里来坐坐。我问过他:'你们家里那些书是些什么宝贝?可叫我们听听罢咧。'他说:'我也没有看见过是什么样子。'我说:'难道就那们收着,不怕蛀虫吗?'"

在上面一段表达中,我们几乎看不出有什么文言成分,除了名词"漕台"、"两榜"、"主事"属当时的专有名词外,再就是动词"道"多少有一点半文言色彩,其余词语和表达都是当时的口语,甚至和今天的现代汉语也几乎没什么区别。比喻疑问词"呢",带有方言成分的代词"俺们",转折连词"只是",时间副词"永远",双音节重叠词语"坐坐"、"听听"等,都是当时使用频率极高的词语。"开一开"所构成的"V 一 V – NP"类结构也是晚清时常见的表达形式,如《二十年目睹之怪现状》第八十一回:“听一听四面寂无人声,正要起身去睡,忽然又看见起了四五阵。”

《老残游记》中的这种晚清白话语言成分,更多的是唐宋或元明以来流行至清代的口语成分,但也有不少成分是清代或晚清才兴起来的。关于近代常见的口语成分,可略见以下词语:

慌:慌在古代常表慌张、害怕、忙乱之义,到元代时,已可置于句末作程度补语,表很、厉害之义,如元李寿卿杂剧《说鱄诸伍员吹箫》:“无路子,今年赛牛王社,我做社头,每年家迎送神道呵,有那别处来的一条大汉,拿着管萧,知他吹些甚么,好歹要吃得醉饱了才去,被他打搅得慌。”柯丹邱南戏《荆钗记》:“求诗画的缠得慌,邓兴,去门首看,若有求诗的来,只说老爷不在。”明代继续使用,如《水浒传》第一百二回:“王庆勾着老婆的肩胛,摇头咬牙的叫道:‘阿也!痛的慌!’”《娇红记》第四十四出:“昨日被朋友缠的慌,起来迟了些。”《三宝太监西洋记》第十三回:“心里又激得慌,太阳又晒得慌,把那些符牒一道未了,又烧一道,一道未了,又烧一道,一气儿烧了四十八道。”清代这种用法一直沿用在口语中,如《醒世姻缘传》第五十六回:“怕怎么的?孩子闷的慌,叫他出去散散心。”《红楼梦》第十一回:“大老爷说家里有事,二老爷是不爱听戏又怕人闹的慌,都才去了。”《老残游记》共3例,即第一回:“我因为这两天困于酒食,觉得怪腻的慌。”第四回:“老残道:‘管他怎么呢,只是今晚这桌菜,依我看,倒是转送了你去请客罢。我很不原意吃他,怪烦的慌。’”第十二回:“老残笑道:‘人虽不贵,忘事到实在多的。你们贵上是几时来的?住在什么地方呢?我正闷的慌,找他谈天去。’”慌的这种用法,在不少北方方言里还存在,如内蒙古巴林左旗方言。

价:价在古代常表价格、钱款、名声等义,也可作结构或语气助词,位于定中、状中或句首、句末等位置,这种用法从宋代开始[2],一直沿用到清代口语。如宋柳永《凤衔杯》词之二:“追悔当年孤深愿,经年价两成幽怨。”辛弃疾《丑奴儿近·博山道中效李易安体》词:“千峰云起,骤雨一霎儿价;更远树斜阳,风景怎生图画?”元武汉臣杂剧《包待制智赚生金阁》："一群价飞鹰走犬相随逐，都是些貂裘暖帽锦衣服。"尚仲贤杂剧《尉迟恭三夺槊》："则听的韵悠悠的耳畔吹寒角，一回价不冬冬的催军鼓擂，响当当的助战锣敲。"杨显之杂剧《郑孔目风雪酷寒亭》："那里管详刑折狱，每日价卧柳眠花。"明《初刻拍案惊奇》卷三十九："女巫将着九坏单皮鼓打的厮琅琅价响，烧了好儿道符。"《今古奇观》第二十四卷："奶子看了簪虚心病发，晓得是儿子做出来，惊得面如土色，心头卜卜价跳。"《老残游记》里用例较多，如第一回："那阁子旁边风声呼呼价响，仿佛阁子都要摇动似的，天上云气一片一片价叠起。"第二回："两边荷叶荷花将船夹住，那荷叶初枯，擦的船嗤嗤价响；那水鸟被人惊起，格格价飞；那已老的莲蓬，不断的绷到船窗里面来。"第十七回："却说翠环听了这话，不住的迷迷价笑，忽然又柳眉双锁，默默无言。"第十九回："两人闷酒一替一杯价灌，不知不觉都有了几分醉。"在清代口语化的作品中，价的这种用法很常见，又如《醒世姻缘传》第四十九回："晁夫人不待价寻他，将言语支开他去了。"《官场现形记》第三十八回："大家是晓得脾气的，见了面，姑奶奶长，姑奶奶短，叫的应天价响。"

胡诌：胡诌就是信口瞎编、随意乱说之义，胡诌在元代就已出现，但在元明时，用量总体来看不是很多，到清代口语中，胡诌大量使用，一直沿用到现代一些方言中。如元高茂卿杂剧《翠红乡儿女两团圆》："哎，哥也，则你休听他这酒魔的汉呵，一谜里便胡诌乱说。"康进之杂剧《梁山泊李逵负荆》："誓今番泼水难收，到那里问缘由，怎敢便信口胡诌？"《三宝太监西洋记》第二十四回："番官听知，大笑了一声，说道：'好胡诌！自古到今，那里有个天会射得叫哩？'"《初刻拍案惊奇》卷二十八："看官听说：那戏文本子，多是胡诌，岂可凭信！"《老残游记》只见1例，即第四回："老残笑道：'你别信他们胡诌，没有的事。'"又如《红楼梦》第三十九回："宝玉又问他地名庄名，来往远近，坐落何方。刘姥姥便顺口胡诌了出来。"第七十回："宝玉笑道：'这词上我们平常，少不得也要胡诌起来。'"《孽海花》第十一回："我当时给他蒙住了，脸上拉不下来，又不好发作，索性给他畅论一回容成之术,素女方呀,医心方呀,胡诌了一大篇。”

把:把在古代常作动词,表拿、握、掌管、控制等义,也可称某些可握持的长形之物,如火把、木把等,或指扎成束的东西,如宋苏轼《新酿桂酒》:“酒材已遣门生致,菜把仍叨地主恩。”把的意义和用法较多,这里不一一列举。在把的众多用法中,有一种是放在数量词后表约数,这种用法从明代开始,到清代口语,甚至现代不少方言里,都有大量使用。明代如《西游记》第二十八回:“那大圣闻得此言,愈加凄惨,便问:‘你们还有多少在此山上?’群猴道:‘老者小者,只有千把。’”第九十三回:“我们也去摸他块把砖儿送人!”《警世通言·杜十娘怒沉百宝箱》:“若是别人,千把银子也讨了。”《二刻拍案惊奇》卷八:“我们只是散步消遣,要行要止,凭得自家,岂不为妙?只带个把家僮去跟跟便了。”《今古奇观》第三十二卷:“又除了破屋数间之外,柴米俱无,本有一只渔船,为嫁女儿,也卖掉了,要捉个把鱼儿变钱,渔具都无。”《老残游记》里把字较多,把表约数的用法也较多,如第五回:“那人道:‘是个清官!是个好官!衙门口有十二架站笼,天天不得空,难得有天把空得一个两个的。’”第七回:“这《千家诗》还算一半是冷货,一年不过销百把部;其余《三》、《百》、《千》,就销的广了。”第六回:“若别省人,不过敷衍的故事,得个把小保举而已,大权万不会有的。”第八回:“实在可怕的是豺狼虎豹,天晚了,倘若出来个把,我们就坏了。”又如《清忠谱》第十一折:“况且吏部是个美官,值不得拿万把银子,送与咱们?”《儒林外史》第二回:“况今年老爷衙门里,头班、二班、西班、快班,家家都兴龙灯,我料想看个不了,那得功夫来看乡里这条把灯!”《孽海花》第五回:“你们别拿官势吓人,别说个把穷翰林,就是中堂王爷吃了人家米,也得给银子!”《官场现形记》第三回:“停一会子我到隔壁,化上百把银子,找这徐都老爷写封信,替你疏通疏通,这不结了吗。”

吃烟:表抽烟、吸烟义的吃烟一词,仍出现在不少现代汉语方言里,如豫南罗山方言。普通话里不说吃烟,但在古汉语中,至少明末已经出现吃烟一词,但用量较少,如《陶庵梦忆》卷四:“如食橄榄,咽涩无味，而韵在回甘；如吃烟酒，鲠诘无奈，而软同沾醉。”到了清代，吃烟一词使用较多，《老残游记》发现不少用例，如第八回：“大家好容易将危桥走过，歇了一歇，吃了袋烟，再望前进。”第十二回：“因为山西人财主最多，却又人人吃烟，所以那里烟具比别省都精致。”又“我吃烟的朋友很多，为求他上瘾吃的一个没有，都是消遣消遣，就消遣进去了。”又“铁爷不吃烟，你叫他烧给我吃罢。”又“翠环此刻心里蜜蜜的高兴，正不知如何是好，听人瑞要吃烟，赶紧拿过签子来，替人瑞烧了两口吃着。”第十三回：“话说老残复行坐下，等黄人瑞吃几口烟，好把这惊天动地的案子说给他听，随便也就躺下来了。”又如《儿女英雄传》第二十八回：“一对新人是不吃烟的，伺候的人送上三碗茶，又给张姑娘装了袋烟来。”《二十年目睹之怪现状》第十三回：“他的两三个姨太太，早预备好了，在床上下了帐子，两三个人先在里面吃烟，吃的烟雾腾天的，把他扶到里面，把烟熏他，一面还吸了烟喷他。”《官场现形记》第十六回：“主人想吃烟，只要打两个呵欠，他已经点了灯，并打好两袋烟，装好伺候下了。”从文献来看，古代所吃的烟，大多指大烟。

《老残游记》中这类继承唐宋尤其是元明以来的口语成分较多，又如“赶紧”，“这们”，表仔细、恳切义的“切实”，表批、伙义的量词“拨”，表休息义的“打尖”，表模样义的“光景”，表妻子义的“女人”，表防滑义的“把滑”，表合适义的“得法”，等等，这里不再详释。另外，《老残游记》中白话语言成分，有不少词语或义项是清代或晚清才兴起来的。下面来看以下词语：

怪：怪在古汉语中常用来表惊异、责怪、怪不得等意义，清代时，怪又可作程度副词，表示很、十分的意思。怪的这种意义，主要见于反映当时北方方言的作品中。《老残游记》中共见4例，即：第一回：“我因为这两天困于酒食，觉得怪腻的慌。”第四回：“我很不原意吃他，怪烦的慌。”第十三回：“翠环道：‘看什么，怪臊的！’”又“铁爷，我看你老的样子怪慈悲的，怎么就不肯慈悲我们孩子一点吗？”又如《醒世姻缘传》第七十一回：“不知怎么，我乍见了你就怪喜欢的。”

《聊斋志异·阿绣》："见北向一家，两扇扉开，内一女郎，怪似阿绣。"《绮楼重梦》第四十回："他说长大粗丑的尚且打败了，千岁这样柔媚相貌，年纪又轻，身量又小，他的手劲儿大，怕打坏了，怪可怜的。"怪的这种用法在现代汉语的一些方言中还存在，如豫南罗山方言："好长时间没瞧到你[n^{35}]，怪好儿的吧？"

毛：古汉语中，毛可指毛发、粗心、不纯净等含义，到清代，毛又有惊慌的含义，不过从调查的情况来看，用例不多，使用地域也不广泛，主要在安徽江苏的长江沿线一带，以《官场现形记》使用较多。《老残游记》只见 1 个用例，即第一回："若遇风平浪静的时候，他驾驶的情状亦有操纵自如之妙，不意今日遇见这大的风浪，所以都毛了手脚。"又如《红楼梦》第九十九回："书办也说：'谁不知道李十太爷是能事的，把我一诈就吓毛了。'"《儒林外史》第五一回："祁太爷毛了，只得退了堂，将犯人寄监。"《官场现形记》第十九回："这个风声一出，合省的官吓毛了。"第三十六回："谁知这一吓，才把个小哥吓毛了。"第四十七回："钦差还没有下来，这里官场上得了信，早已吓毛了。"从语料的调查来看，表惊慌义的毛多置于"吓"后作其补语，表惊吓的程度。

开发：开发一词在古代可表开启、发掘、开导等义，到清代，开发又可表支付义，《老残游记》1 例，即第四回："别忙，你老房饭钱，我很不怕，自有人来替你开发。"又如《歧路灯》第五十七回："把串儿叫出来，将银子付与他。咱把这五百钱，开发酒务的赊欠。"《红楼梦》第一一三回："外头拉的账不开发，使得么？"《儿女英雄传》第一回："家人们在外边开发喜钱。"《官场现形记》第四十二回："还有些过境内委员老爷，或是专门来查事件的，他也是照着簿子开发，以致没一位委员不同他争论。"

钟头：表钟点义的词语钟头，在古汉语中主要见于晚清四大谴责小说，其他典籍很少发现。在四大谴责小说中共发现有 36 个用例，其中《老残游记》有 3 例，即第八回："听村庄上人说，到山集不过十五里地，然走了三个钟头，才走了一半。"第九回："倒有两三个钟头了。请问先生贵姓?”第十七回:“过了两个多钟头,只见人瑞从外面进来,口称:‘痛快,痛快!’”又如《孽海花》第二十二回:“口中念念有词,足足默祷了半个钟头方才立起。”《二十年目睹之怪现状》第三十七回:“要动起手来,三个钟头就完了事了。”《官场现形记》第六十回:“自从得电报到如今,不过一个钟头,自然藩台衙门里不会得信。”

这类见于《老残游记》的清代新词或新义也较多,又如“大明大白”,“玩意儿”,表乞讨义的“要饭”,表店铺义的“小号”,表女儿义的“姑娘”,表私人积蓄的“体己”,等等,这里不再一一阐释。

从上面的阐释来看,除了一部分上古和中古沿用下来一直使用在白话中的基本成分外,《老残游记》的白话成分中,不仅有唐宋以来一直沿用的口语成分,也有清代或晚清才新兴的词语或义项。另外,《老残游记》并不是当时纯粹的口语,还有一些文言成分,这些文言成分一部分是引用语言,引用语言一般要讲求原汁原味,尽量保持文言的原貌,如第九回的“情随境迁,感慨系之矣。”“攻乎异端,斯害也已。”“君不出令,则失其为君;民不出粟、米、丝、麻,以奉其上,则诛。”“大德不逾闲,小得出入,可也。”等等。一部分文言成分出现在对话中,主要是有些场合要求说话人要显得文雅一些,有时与说话环境有一定的关系,如第七回申东造与老残的一段对话,中间就夹杂一些文言成分:

东造道:“自然以为民除害为主。果能使地方安静,虽无不次之迁,要亦不至于冻馁。‘子孙饭’吃他做什么呢!但是缺分太苦,前任养小队五十名,盗案仍是叠出,加以亏空官款,因此挂误去官。弟思如赔累而地方安静,尚可设法弥补;若俱不可得,算是为何事呢!”老残道:“五十名小队,所费诚然太多。以此缺论,能筹款若干,便不至赔累呢?”东造道:“不过千金,尚不吃重。”

上面一段对话中,“果能使地方安静,虽无不次之迁,要亦不至于冻馁”一句,“尚可设法弥补”中的“尚可”,“若俱不可得”中的“俱”,“所费诚然太多”,“以此缺论”,“尚不吃重”中的“尚不”等,都带有很强的文言色彩。还有一部分文言成分出现在叙述语言中，有时也出现在某些对话中，主要是一些历史更替的成分，在作者的叙述语言中出现在同一个共时平面，这可能是受到作者深厚文言功底的影响所致，因为作者毕竟是一个学富五车的文人，平时所读诗书的文言语言难免会有所影响。这一点在行文中还是较明显的，尽管文言成分不是很多。如表示"说"义的词[3]，在《老残游记》中就有言、曰、云、道、说、说道等，其中文言色彩相对浓厚的言、曰、云、道尽管用量不是很大，但还是与说、说道等共时出现。如第十一回："道家说道：'天地不仁，以万物为刍狗；圣人不仁，以百姓为刍狗。'又云：'取已陈之刍狗而卧其下，必眯。'"第十二回："看了半日，复到店门口闲立。立了一会，方要回去，见一个戴红缨帽子的家人，走近面前，打了个千儿，说：'铁老爷，几时来的？'老残道：'我昨日到的。'嘴里说着，心里只想不起这是谁的家人。"第十六回："一封是内文案上袁希明的信，言：'白太尊现署泰安，即派人去代理，大约五七天可到。'"第九回："你道是怎样个诗？请看，诗曰：……"第十回："子平看窗台上有几本书，取来一看，面子上题了四个大字，曰'此中人语。'"又如表"都、全部"义的范围副词，在晚清白话中主要用都，但在《老残游记》中还是有相当数量俱、均的用例。如第三回："这趵突泉乃济南府七十二泉中的第一个泉，在大池之中，有四五亩地宽阔，两头均通溪河。"第十五回："连忙跑来看时，却好乡约、里正俱已到齐。"不过都的用量毕竟要远远大于俱和均，如第三回："大凡酷吏的政治，外面都是好看的。"再如"饮酒"义的表达，在明代以前几乎只有吃酒一词，没有喝酒一词，《水浒传》第一百三回发现1例："认得是：张世开的声音，一个妇人声音，又是一个男子声音。却在那里喝酒闲话。"到晚清时喝酒一词已经太常见了，但在《老残游记》中仍以吃酒为主，吃酒11例，喝酒只见7例。吃酒例如第五回："春间，他儿子在府城里，不知怎样，多吃了两杯酒，在人家店门口，就把这玉大人怎样糊涂，怎样好冤枉人，随口瞎说。"第十二回："人瑞道：'先拿碟子来吃酒罢。'"第十九回："从此每天来往，三四天后，人也熟了，魏老留在前厅吃酒。”喝酒例如第一回：“这日老残吃过午饭，因多喝了两杯酒，觉得身子有些困倦，就跑到自己房里一张睡榻上躺下，歇息歇息。”第七回：“倘若他的羽翼，到了有镖局的所在，进门打过暗号，他们就知道是那一路的朋友，当时必须留着喝酒吃饭，临行还要送他三二百个钱的盘川。”吃酒与喝酒混用的如第十五回：“又想起窗户台上有上房客人吃剩下的酒，赏小的吃的，就拿在火上煨热了，喝了几锺。”吃、喝与其他液体物质的搭配，在《老残游记》中也是共存的，显然，用吃的用例文言色彩要浓得多。如表“饮茶”义，吃茶与喝茶都有，吃茶如第三回：“分付成衣已毕，吃了午饭，步出西门，先到趵突泉上吃了一碗茶。”第十八回：“吃了一口茶，县里预备的轿子执事早已齐备，白公便坐了轿子，到县署去。”喝茶如第五回：“我们掌柜的进城收尸去了，店里没人，你老持饭喝茶，门口南边有个饭店带茶馆，可以去的。”表“吃稀饭”时，吃与喝在《老残游记》中也都存在，如第九回：“吃过馒头，喝了稀饭，那汉子舀了一盆水来，洗过脸，立起身来，在房内徘徊徘徊，舒展肢体。”第十四回：“大家喝了两口小米稀饭。”又“俺妈看见，哇的一声，吃的两口稀饭，跟着一口血块子一齐呕出来，又昏过去了。”由此看来，《老残游记》中的文言成分还是明显存在的，这主要是文人化作者的不经意的影响所致。

综上所述，《老残游记》的语言面貌主要是晚清口语化的白话底子，这种口语成分一部分是唐宋尤其元明以来的近代白话，一部分是清代甚至晚清才新兴的口语成分，另外《老残游记》中也有一些文言成分，一部分是语境的特殊需要，一部分是作者受文言作品不经意的影响所致。了解了《老残游记》的语言面貌，不仅有助于我们对该作品以及晚清白话作品的阅读理解，也有助于我们对晚清汉语以及汉语史的进一步了解。

注释：

[1]柳士镇，《略论〈三国演义〉的语言面貌》，《南京大学学报》，

2003 年第 6 期。
[2]罗竹风主编,《汉语大词典》,上海:汉语大词典出版社,1986—1993 年版。
[3]汪维辉著,《东汉—隋常用词演变研究》,南京:南京大学出版社,2000 年版。

(原载《南京理工大学学报》2008 年 06 期,陈明富,张鹏丽)

甲骨文与汉字教学

在汉文化的传播中,汉字具有极其重要的意义。汉字不同于拼音文字,它可以克服时间和地域的差异,是民族心理认同和民族文化传播的重要纽带之一。新时期,随着汉语言文字学等相关课程的深入建设,以及对外汉语等课程的广泛开展,汉字教学越发肩负着重要的使命。汉字数量庞大,总体具备难读、难写、难记等特点,每个汉字涉及音、形、义等几个方面,又兼之古今字、异体字、繁简字等等[1][2],这些都为汉字教学提出了重大的挑战。如何使汉字教学得心应手,如何让汉字尽可能地发挥传承和传播文化的作用,广大汉字教学工作者进行了积极的探索。结合教学实践,本文仅从甲骨文的角度谈谈汉字教学的某些心得。

甲骨文是已知成熟而系统的文字,在汉字发展史上具有重要意义。许多汉字经过长期的演化、规范及讹变等,今天已经很难从形体上来考究其意义[3],有些汉字必须结合其古体字及异体字等才能加以分析,而作为源头的意音文字甲骨文则是很好的析字材料之一。同时甲骨文也是汉字教学不可规避的对象。对于汉语文字学专业的学生,甲骨文是重点研究对象之一,对于一般的汉语言文学专业和对外汉语专业的学生,如果适当涉及一些甲骨文教学,也定能收到事半功倍的效果。

首先,甲骨文分析能增强学习的趣味性。汉字都是很有意义的，但是如果不了解汉字所蕴含的意义，则汉字教学难免枯燥乏味。不少汉字在最初造字时属于象形造字法，因而如能结合甲骨文讲解则能大大增强学生的兴趣和对汉字的感知能力，如“牛”的甲骨文为“”、“”、“”、“”①等形，像牛头的形状（而“”、“”等字在牛角上画上一个、三个等短横则表示祭祀所用牲牛的岁数，一说牲牛数）；“羊”的甲骨文形体为“”、“”、“”、“”、“”，像羊头的形状；“马”的甲骨文形体为“”、“”、“”、“”等，像马的侧面像；“象”的形体为“”、“”、“”等，像大象的侧面像，最突出的就是长而弯曲的鼻子；“王”的甲骨文形体为“”、“”、“”、“”、“”等，像斧头的样子，象征杀伐的大权，从而表王的含义。会意字同样也能增强趣味性，如“吹”甲骨文为“”、“”等形，像一个人向器皿里吹气的样子；“莫”的甲骨文形体为“”、“”、“”、“”等，表示太阳已经隐没到草丛或树林里去了，作否定词的“莫”则属于文字假借现象，非本意；“射”的甲骨文形体为“”、“”、“”、“”、“”等，箭搭在弓上，表示射箭的样子；“君”的甲骨文形体如“”、“”等，像手里拿着笔之类的东西，象征着治理国家之意，“口”表示发出号令，从而象征着号召力和统治力。以上甲骨文形体结构及其蕴含的意义，无疑会大大增强学生的理解力和学习兴趣，尤其在对外汉语教学中，效果更加非同一般。

甲骨文分析更能增强知识性。通过甲骨文形体结构的讲解和分析，可以增强学生对于汉字构形的更多理解，从而获得更多的汉字知识。如“出”有“走出”、“出来”等义，为什么有这种意义呢？尤其对外汉语课堂上，外国学生更不容易理解。对于“出”，从现代字形入手无法解释，但其甲骨文字形却会意明确，甲骨文“出”形体为“”、“”、“”、“”、“”等，脚趾朝外，像从房屋或某凹处走出，从而表达“出来”之义；“取”有“取得”、“获取”等义，在甲骨文中也十分显然，其甲骨文形体为“”、“”、“”、“”等，像用手抓住一只耳朵，为获取之义，古代战场上割下敌人的左耳以记功，《说文·又部》："取，捕取也。从又，从耳。《周礼》：'获者取左耳。'"[4]其中"又"即"手"；"登"有"登高"之义，甲骨文作""、""、""等，双手高举器具豆，双脚朝上，含高登、上升之义；"逆"在古代有"迎接"、"欢迎"之义，《说文·辵部》："逆，迎也。从辵，屰声。关东曰逆，关西曰迎。"[5]现代汉字很难看出"逆"与迎接的关系，但甲骨文却非常明确，其形体为""、""、""、""等，脚趾的方向和牛头的方向相对，表示迎接别人赠送的礼物；再如"老"、"考"二字，许慎在解释"六书"之"转注"时说："转注者，建类一首，同意相受，老考是也。""老"、"考"在甲骨文中形体相似，均为像老人拄拐状，"老"形为""、""、""等，"考"形为""、""等，它们在金文中也差别不大，金文"老"形为""、""等，"考"形为""、""等。以上汉字由于增加了甲骨文的讲解，无疑更加增添了对于汉字所蕴含知识性的掌握。

甲骨文分析在增强知识性的同时也有助于加强对汉字字义的理解。某些汉字很难从现在的形体来分析其含义，但是借助于甲骨文，则其意义不言自明。除了上述某些汉字外，又如"何"字，今天多用作疑问代词，但古汉语中也可作动词，表示"负荷"之义，今天写作"荷花"之"荷"，"何"甲骨文作""、""、""、""、""等形，表示人背戈或农具之类，也即"负荷"之义；"吏"作"官吏"讲，可是此义从何而来？甲骨文给出了明确答案，甲骨文作""、""、""等形，表示手持旗帜之类，起号召、召集之用，而这种工作一般为官吏所为，"吏"从而有"官吏"之义；"柴"字表示焚木祭祀之义，现代不易理解，但此义在甲骨文中则十分明晰，甲骨文"柴"为""、""、""、""等形，像手持树木祭祀祖先，应为古代的一种祭祀活动，其中的"不"、"丅"等即"示"，甲骨文中表示祭祀时供奉灵位的祭桌等；再如"集"字也是古代的一种祭名，在甲骨文中意义较为明确，其形体为""、""、""等，表手持鸟腿朝向灵位祭祀之义，也为古代祭名。可见，甲骨文字形对于汉字字义的理解意义较大。

甲骨文的构形有助于增强对异体字的了解。汉字自产生起，就一直存在异体现象。异体字，又称或体、重文等，异体字产生的原因很多，如隶定、讹写、偏旁位置不定、同意偏旁替代等。甲骨文在规范性上不够严格，异体较多。在甲骨文中，相同的偏旁在构形上前后左右上下往往无别，如“休”字既可写作“”，又可写作“”等；“叩”字既可写作“”，又可写作“”等；“名”既可写作“”，又可写作“”、“”、“”等。偏旁不同的异体现象在甲骨文中也很普遍，如“牢”既可写作“”、“”，又可写作“”、“”、“”等，即可从“牛”，也可从“羊”等；“达”既可写作“”，又可写作“”等，即可从“辵”，也可从“彳”等；“逐”既可写作“”、“”，又可写作“”、“”等，即可以从“豖”，也可以从“鹿”等；“征”既可写作“”，又可写作“”、“”等，即可以从“止”，亦可以从“彳”或“辵”。在甲骨文中，“止”、“彳”、“辵”常可通。学生对甲骨文的异体情况有所了解，也将有助于其对现代汉字异体现象产生的理解，有助于其通过异体字来学习掌握一定的汉字。

运用甲骨文知识，还能使教学更加具有科学性。如“行”的甲骨文形体为“”、“”、“”、“”、“”等，像道路的形状，但《说文·行部》：“行，人之步趋也。从彳，从亍。”[6]显然许慎的解释无论在字形结构，还是在本义上与甲骨文的实际情况都相去甚远；“止”甲骨文形体为“”、“”、“”、“”等，像人的脚趾，但《说文·止部》：“止，下基也。象草木出有址，故以止为足。”[7]“以止为足”不错，但“下基”、“象草木出有址”等解释分析与甲骨文就明显不符了；“余”甲骨文形体为“”、“”、“”、“”等，像木柱支撑房屋形，《说文·八部》：“余，语之舒也。从八，舍省声。”[8]这显然不是“余”的本义；“介”甲骨文形体为“”、“”、“”、“”等，像人身上有所披戴，《说文·八部》：“介，画也。从八从人。人各有介。”[9]与甲骨文相去甚远；“各”甲骨文形体为“”、“”、“”、“”等，脚趾朝下，像走进休息场所，当为“落”之初文，《说文·口部》：“各，异辞也。从口、夂。夂者，有行而止之，不相听也。”[10]显然与甲骨文不符;“曾”甲骨文形体为“”、“”等,像蒸煮用的箅子,即“曾”字,为“甑”的初文,《说文·八部》:“曾,词之舒也。从八从曰,声。”[11]显然非“曾”之本义;再如“若”甲骨文形体为“”、“”、“”、“”等,像女子跪着梳理头发之状,有顺从之义,《说文·艸部》:“若,择菜也。从艸、右。右,手也。一曰杜若,香草。”[12]与甲骨文相距甚远。显然,以上这些汉字的最初含义只能结合甲骨文形体分析才具有可靠性和科学性。

以上主要分析了甲骨文字形对于汉字教学的意义。不过尽管如此,汉字教学毕竟不能完全等同于甲骨文教学,因而在汉字实际教学中还得注意一些事项。

一、要根据教学性质和教学对象,适度安排甲骨文进行分析讲解。对于汉语文字学专业的学生,可以尽量多安排一些甲骨文知识,甚至可以专门开设甲骨文课;但对于一般的汉语文字课程,如对象是一般的汉语言文学或对外汉语专业学生,可根据需要,适度安排,精选讲解。

二、甲骨文构件复杂,不易掌握,在汉字教学中,注意选择有代表性的字形进行讲解,然后根据需要和学生掌握程度,再循序渐进地安排一些复杂的“变异”形体,或者不安排。如“女”字,可先分析常见的“”形,然后再分析“”、“”等;“亥”字可先分析“”、“”形,再分析“”、“”、“”等,其中“”、“”在甲骨文中有时可用来表“方”字,因而掌握难度较大,要求也较高。

三、在运用甲骨文进行字形讲解时,有时可适当辅以金文、陶文、简帛及封泥等文字进行分析。这里仅以金文为例,如“远”,在甲骨文中作“”、“”、“”等,可以辅以金文分析,如“”、“”、“”,显然,金文更接近于现代文字;“祭”在甲骨文里为“”、“”、“”、“”等形,表示手持肉祭祀,不过尚不如金文表意明确,后者如“”、“”、“”、“”等;如“周”甲骨文作“”、“”、“”、“”等形,金文可作“”、“”、“”、“”等,更接近于现代汉字;再如“追”甲骨文作“”、“”等形,金文作“”、“”等,更接近于现代汉字。

四、对于某些学界有争议的甲骨文字形，教学时尽量不采纳，如必须采纳，则对于学界的不同见解应客观陈述，也可发表自己的见解，但不要轻下定论，以免造成误导、如甲骨文中的“[illegible]”、“[illegible]”、“[illegible]”为一字多形，学界多释为“⿺辶弋”、“⿺辶戉”、“⿺辶戈”、“⿰彳式”、“⿰彳戋”等字，尚存争议[13]；甲骨文“[illegible]”、“[illegible]”、“[illegible]”也为一字多形，学界亦有争议，多释为“共”、“吉”、“昌”、“鬼”、“苦”等字，尚无定论[14]。对于这些争议文字，要实事求是，慎重对待。

说明：

①本文所用甲骨文、金文字体主要来自以下文献：《甲骨文合集》，郭沫若主编，胡厚宣总编辑，中国社会科学院历史研究所《甲骨文合集》编辑工作组编辑，中华书局，1978—1982 年版；《甲骨文编》，中国社会科学院考古研究所编，中华书局，1989 年版；《甲骨文字典》，徐中舒主编，四川辞书出版社，1988 年版；《新编甲骨文字典》，刘兴隆著，国际文化出版公司，1993 年版；《金文编》，容庚编著，中华书局，1985 年版。

注释：

[1]裘锡圭著，《文字学概要》，北京：商务印书馆，1988 年版。

[2]苏培成著，《现代汉字学纲要》，北京：北京大学出版社，1994 年版。

[3]唐兰撰，傅根清导读，《中国文字学》，上海：上海古籍出版社，2001 年版。

[4][5][6][7][8][9][10][11][12]（汉）许慎撰，徐铉校定，《说文解字》，北京：中华书局，1963 年版。

[13][14]刘兴隆著，《新编甲骨文字典》，北京：国际文化出版公司，1993 年版。

（原载《沈阳大学学报》2011 年 06 期，张鹏丽，陈明富）

后 记

吾等自携手于内师大,迄今凡十余载矣。吾等驽钝,蹉跎岁月,徒增马齿,碌碌半生,建树寥寥!吾等于汉语稍有涉猎,偶为小文以自励。现择其要者,都为一集,名曰《汉语脞论》,凡四十有一篇,涉文字、训诂、词汇、语法、方言、辞书等。其间有独著者,亦有二人合作者。今结集付梓,略有补苴,为简便计,篇尾不再赘言之。此等小文,断不敢妄言所谓学术之要义,仅为吾等为学之纪念而已。讹错难免,有惠赐雅教者,实乃吾等之幸事也!

学人共勉之!

陈明富　张鹏丽

2014 年 1 月于南京